Zur Karriereplanung!

Alles Gute

Claudia

15.4.1994

Zu diesem Buch

Frauen in Führungspositionen sind keine Seltenheit mehr, sie haben es aber nach wie vor nicht leicht. Wie ergeht es ihnen zwischen und mit den Männern? Was unterscheidet Frauen im Mittelmanagement von den Männern? Wie wurden sie, was sie sind? Was hat ihre Karriere beeinflußt? Wie gestalten sich ihre Beziehungen zu Mitarbeitern, Kollegen, Vorgesetzten? Wie sieht ihr Privat- bzw. Familienleben aus? Wie halten sie es mit der Macht? Und nicht zuletzt, wie beurteilen die Männer den Einbruch der Frauen in ihre angestammten Domänen?

Prof. Dr. Sonja Bischoff, Wirtschaftswissenschaftlerin an der Hamburger Hochschule für Wirtschaft und Politik, hat 50 Frauen und Männer aus dem Mittelmanagement von bundesdeutschen Unternehmen ausführlich befragt und in vielerlei Hinsicht erstaunliche, meist sehr offenherzige, manchmal geradezu verblüffende Auskünfte über das Berufs- und Privatleben ihrer Interviewpartner erhalten.

Frauen wie Männer gleichermaßen eröffnen die Ergebnisse der vorliegenden Umfrage neue bedenkenswerte Perspektiven für ihre Lebensplanung.

Nähere Angaben zur Autorin siehe Seite 255

Sonja Bischoff

Frauen zwischen Macht und Mann

Männer in der Defensive

Führungskräfte
in Zeiten des Umbruchs

rororo

Rowohlt

Originalausgabe
Redaktion Heike Wilhelmi
Veröffentlicht im Rowohlt Taschenbuch Verlag GmbH,
Reinbek bei Hamburg, Juli 1990

Umschlaggestaltung Walter Hellmann
Satz Palatino und Futura (Linotronic 500)
Gesamtherstellung Clausen & Bosse, Leck
Printed in Germany
1280-ISBN 3 499 18586 5

Inhaltsverzeichnis

Vorwort

In einer von der Wirtschaft bestimmten Weltordnung wird die Diskussion in erster Linie beherrscht von Wirtschaftstheoretikern, Wirtschaftspolitikern und Wirtschaftsjournalisten. Aber die Umbrüche, die wir erleben, finden erst einmal in den Köpfen aller Menschen statt und beziehen sich nicht nur auf die Wirtschaft. Dennoch scheint die Mediendiskussion stark von der Annahme beherrscht, daß wir es hauptsächlich mit Problemen wirtschaftspolitischer Natur zu tun hätten. Veränderungen dieser oder jener wirtschaftlichen Größe wie z. B. Inflation, Geldmenge, Beschäftigung, Staatsverschuldung etc. scheinen allein oder im Zusammenwirken die Situation zu bestimmen.

Nun, das ist nicht der Fall!

Das vorliegende Buch befaßt sich mit Männern und Frauen im Management und den Veränderungen, wie sie in der übersehbaren Zeit einer Generation zu beobachten sind. Dieses Jahrhundert, und besonders die 80er Jahre, haben sehr viel Wechsel gebracht, was die Situation der Frauen in der Gesellschaft betrifft. Der Mann und die Frau von 1990 sind in ihren Denk- und Verhaltensweisen nicht mehr die von 1909 und kaum noch die von 1969.

Von den Suffragetten, den Charleston tanzenden, etwas blutarmen Geschöpfen der goldenen 20er, den Glaube-und-Schönheit-Mutterkreuz-Idealtypen des Dritten Reiches, bis hin zu den weiblichen und männlichen Modemodellen in Werbung und Gesellschaft der Nachkriegszeit und der letzten 40 Jahre ... die Frage «was ist männlich, was ist weiblich» hat schon immer die

Gedanken beschäftigt, und die Zeitströme haben ihre Rollenverschiebungen gebracht.

Auch in letzter Zeit mischt sich in die erweiterte Mediendiskussion das sogenannte androgyne Wesen, das wohl den «dritten Weg» darstellen soll in der sozialpsychologischen Metamorphose der Geschlechter. Ich glaube allerdings nicht, daß wir in einem gut gemischten Biococktail Ersatz für echte Weiblichkeit und echte Männlichkeit finden werden. Die androgyne Organisation, von der die Autorin dieses Buches spricht, ist eine andere Situation, nämlich die Suche nach einer optimalen Lebensgruppe, in der Männer und Frauen sich gegenseitig authentisch wahrnehmen können und ergänzend zusammenarbeiten.

Ob starke Matriarchate in der Zeit bis 1000 vor Christus oder die Patriarchate der letzten 3000 Jahre: Wechsel und Veränderungen ließen Kulturen entstehen, aus denen Vernunft geboren wurde, und es vergingen viele Jahrtausende, bevor sie sich einigermaßen bewußt durchsetzen konnte. Die zur Bewältigung seines Lebens überaus dienlichen sozialen Institutionen wie z.B. Sitte, Sprache, Recht, Moral, Familie, Geld, Wirtschaft etc., die als Zivilisation und Kultur bezeichnet werden, hat der Mensch nicht mit Hilfe der Vernunft erfunden. Vielmehr ist die Vernunft als Ergebnis der Evolution sozialer Institutionen entstanden. Der Mensch ist somit kein Kulturwesen, weil er Vernunft hat, sondern er hat Vernunft, weil er ein Kulturwesen ist. So prägten Kultur, Zivilisation und Umwelt das jeweilige Männer- und Frauenbild. Dabei waren wohl immer und in jeder Form der Wandlung die Männer die Mächtigen und die Frauen diejenigen, die sie ermächtigten.

Ein Wort zum Management, denn damit haben Führungskräfte es ja zu tun. Ohne auf die verschiedenen Managementtheorien einzugehen, die mehr oder minder wesentlich an unseren Schwierigkeiten beteiligt sind, denken wir jetzt an jene, die wenigstens den Keim der Chance in sich tragen, aufgrund tieferer

Einsicht das wirklich Soziale des Menschen und der Gesellschaft zu begreifen und einen besseren Beitrag zur Lösung der Probleme unserer Zeit zu leisten. Dabei ist nicht nur der ökonomisch-politische Standpunkt, sondern der Managementstandpunkt schlechthin festzuhalten. Nicht zuletzt sind die Schwierigkeiten von heute ein Problem des Nicht-Funktionierens oder Schlecht-Funktionierens oder ihres Zusammenwirkens. Es sind daher die Probleme der Gestaltung und Lenkung, also des Managements, die einen erheblichen Teil der Probleme von heute ausmachen. In allen Wirtschaftsunternehmen bis zu Institutionen und soziotechnischen Systemen jeder Art sind wir letztendlich gezwungen, das Grundproblem von Management in der Beherrschung von Komplexität zu sehen. Die unvermeidbare Unvollständigkeit unseres Wissens und die beschleunigte Ausweitung der Komplexität unseres Lebens sucht Hilfe bei den Computersystemen, ohne dabei unser Leben vereinfachen zu können. Um Schritt zu halten mit dem Extremwuchs der Komplexität sind «männliche» und «weibliche» Vernunft gleichzeitig gefordert.

Auch in diesen Rahmen stellt die Autorin die Frauen und Männer ihres Buches, die erstaunlich offen über Einstellung und Vorstellung ihrer Berufsgeschichte berichten und dabei auch die Umstände ihres Privatlebens erfrischend frei auf den Tisch legen.

Ein nicht unbeachtlicher Raum wird in der Studie dem Führungsstil gegeben, der üblicherweise als etwas Machbares angesehen wird und durch Training bewußt verändert werden könne. Praktische Schulungsergebnisse geben allerdings keinen großen Anlaß zum Optimismus, vielmehr scheint mir, daß wir den Führungsstil ab gewissen Entwicklungs- und Altersphasen auf dem Wege des bewußten Einwirkens nicht mehr verändern können. Wenn aber Veränderung des Führungsstils allenfalls peripher möglich ist, dann ist es unsinnig, weiblichen Führungskräften sogenanntes männliches Führungsverhalten beibringen zu wollen – falls überhaupt ein Unterschied existieren sollte.

Das Buch erscheint kurz vor dem Millenniumwechsel, kurz vor dem Eintritt in das 3. Jahrtausend unserer Zeitrechnung, in einer Zeit, in der die Entwicklungsgeschichte unserer Spezies neue zwingende Notwendigkeiten vorschreibt. Wir setzen für das nächste Jahrtausend die Segel für den kosmischen Raum und können es uns dabei nicht leisten, die Hälfte der Menschheit zu vergessen oder sie in ihrem Potential nicht voll auszunutzen; und dazu gehört das Führungspotential der Frau.

Die Autorin hat es verstanden, mit schlichten, pragmatischen Erkenntnissen ihrer Studie zu verdeutlichen, wie wichtig es ist, bis in die Lebensführung des einzelnen hinein, daß Frauen und Männer aus ihrem tradierten Rollenverhalten aussteigen, um gleichwertig miteinander zu lernen und unsere Zukunft zu gestalten, und daß sie sich weit öffnen dem Wechsel und den Veränderungen, die nicht nur das dauerhafteste Element des Lebens sind, sondern auch gerade in unserer Zeit eine enorme Beschleunigung der Entwicklung unseres Bewußtseins bewerkstelligen.

Dieses Buch hat eine große Chance, zu diesem Prozeß beizutragen, deshalb wünsche ich ihm eine große und intelligente Leserschaft – bei Frauen *und* – noch mehr – bei Männern.

Frankfurt/Main, im Januar 1990 — Prof. Peter Schmitt C. B. E.

Warum dieses Buch?

1983/84 erreichte die Quotierungsdiskussion die Hochschulen, wurde das EUROPEAN WOMEN'S MANAGEMENT DEVELOPMENT NETWORK gegründet, begann man die Öffentlichkeit für eine Minderheit unter den Frauen zu interessieren: Die Frau in der Führungsposition wurde entdeckt. Man wußte von Unternehmerinnen, Rechtsanwältinnen, Ärztinnen, Lehrerinnen, kaum jedoch von den Frauen, die als angestellte Führungskräfte in Unternehmen Personal- und Umsatzverantwortung tragen.

Es wurden in der Öffentlichkeit Statements über diese Frauen abgegeben, Forderungen für sie gestellt, jedoch kaum jemand kannte diese Frauen. Daher führte ich 1986 zusammen mit der Zeitschrift *Capital* und der Unterstützung der zuständigen Redakteurin, Frau Dr. Renate Hauser, die schriftliche Befragung «Männer und Frauen in Führungspositionen in der BRD» durch, die zu einigen überraschenden Ergebnissen kam. Die wichtigsten Aussagen werden in Kapitel 1 noch einmal zusammengefaßt.

Da sich gerade die sensationellsten Ergebnisse, nämlich die deutlichen Einkommens- und Positionsnachteile der Frauen im Vergleich zu den Männern aus dem Zahlenmaterial nicht erklären ließen, und etwa achtzig Teilnehmer der schriftlichen Befragung mir das Angebot eines weiterführenden Gesprächs gemacht hatten, entschloß ich mich im April 1988 eine Interviewstudie anzuschließen, deren Ergebnisse mit diesem Buch vorgelegt werden. Außerdem sind in die Überlegungen meine

Erfahrungen mit Studenten und Absolventen beiderlei Geschlechts mit eingeflossen, die ich tagtäglich als Hochschullehrerin für Betriebswirtschaftslehre mache. Verzichtet habe ich dagegen auf die Einbeziehung der auch im deutschsprachigen Raum inzwischen umfangreichen einschlägigen Literatur, da diese in einigen Dissertationen bereits hervorragend aufgearbeitet wurde.

Im Laufe meiner Arbeit an den Interviews geschah etwas Unvorhergesehenes: Die Männer in Führungspositionen – ursprünglich «nur» als Vergleichsgruppe, als «Placebo», wie der Verfasser des Vorworts mehr scherzhaft als bösartig meinte – herangezogen, wurden zum ebenso interessanten wie eigenständigen Gegenstand dieses Buches. Abgesehen von wenigen Ausnahmen, waren die Männer in den Gesprächen von allergrößter Offenheit, sowohl was die berufliche wie auch familiäre Situation angeht. So erweiterte sich auch der Adressatenkreis des Buches: Ursprünglich mehr als erklärende Bestandsaufnahme der heutigen Situation von Frauen im Management von Unternehmen und als Einstiegsorientierung für solche Frauen, die dort hinkommen wollen, gedacht, stellt es nun auch die Probleme der Männer im Management dar und geht damit auch insbesondere diejenigen an, die heute in Unternehmen dafür verantwortlich sind, wie der Führungskräftebereich in Zukunft aussehen soll. Für Unternehmensleitungen gilt ebenso wie für Frauen, die den Einstieg in eine Karriere in einer Männerdomäne suchen: Erkennen Sie die Signale des Umbruchs und nutzen Sie die Potentiale der Veränderung für sich!

Dank

an alle, die meine Arbeit unterstützt haben!
Da sind zuerst die 341 Männer und 175 Frauen, die sich an der schriftlichen Befragung 1986 beteiligt hatten und die 27 Männer und 22 Frauen, die sich die Zeit für das Interview mit mir genommen haben! Und Dank nicht nur für die Zeit, vor allem auch für die Offenheit und das Vertrauen, was mir entgegengebracht wurde!

Für die hervorragende Bewältigung der umfangreichen Schreibarbeiten danke ich Frau Ruth Pinto, die die Interviewtexte geschrieben hat, und Frau Birgit Schubert, die bei bescheidenster Ausstattung eines Arbeitsplatzes in einer Hochschule (ohne Bildschirm und ohne Drucker) mit Geduld, Ausdauer und bewundernswert anhaltend guter Laune das Manuskript erstellt hat. Dank auch Herrn Stefan Schmidt, studentischer Mitarbeiter, der mit Engagement beim Korrekturlesen dabei war.

Und – last but not least – Dank an zwei Menschen, ohne deren Begleitung die Arbeiten in so kurzer Zeit so konzentriert nicht möglich gewesen wären. Frau Wilma Schrader danke ich, daß sie mir auch im 15. Jahr treu geblieben ist und sich um meinen Haushalt gekümmert hat.

Ganz besonderen Dank schulde ich Herrn Prof. Peter Schmitt, der mir mit seiner langjährigen Erfahrung als geschäftsführender Gesellschafter eines der bedeutendsten Institute der empirischen Sozialforschung in der BRD der 50er und 60er Jahre und ebenso aus der Perspektive einer 20jährigen Tätigkeit als Vorsitzender der Geschäftsführung und des Aufsichtsrats der deutschen Gesellschaften und Mitglied des Europavorstands der international tätigen Muttergesellschaft eines Chemiekonzerns immer wieder ebenso kompetenter wie auch ermutigender Gesprächspartner in der ganzen Zeit der Interviews, der Auswertung und des Schreibens war. Ich bin glücklich, daß eine solche

Persönlichkeit, die wissenschaftlichen Hintergrund, Managementperspektive und erfolgreiche Autorenschaft in sich vereinigt, meiner Bitte, das Vorwort zu schreiben, nachgekommen ist!

Hamburg, im Januar 1990 Prof. Dr. Sonja Bischoff

1. Männer und Frauen im Mittelmanagement von Unternehmen – Bestandsaufnahme

Ziele, Fragestellungen und Durchführung der Untersuchung

Wenn man bedenkt, in wie hohem Ausmaß die Entscheidungen der Führungskräfte in den Unternehmen unser aller Wohlstand begründen und beeinflussen, so erscheint es fast unglaublich, daß das Interesse am arbeitenden Menschen sich bisher überwiegend auf Büroangestellte und Schichtarbeiter konzentriert hat. Daher erschien es mir dringlich, eine Antwort auf die Frage zu erhalten, wer denn eigentlich die Männer und Frauen sind, die heute die Führungspositionen in den Unternehmen ausfüllen. Dabei ging es mir nicht um außergewöhnliche Einzelfallgeschichten außergewöhnlicher Persönlichkeiten, sondern ganz schlicht um eine Bestandsaufnahme unterhalb der Ebene der obersten Unternehmensleitungen, sozusagen um den «normalen» Karrieremann und die «normale» Karrierefrau (falls man von letzterer überhaupt schon so sprechen kann).

Dabei rückt angesichts der Diskussionen um Diskriminierung von Frauen, Förderung von Frauen usw. beabsichtigt der Aspekt in den Vordergrund, Unterschiede und Übereinstimmungen zwischen Frauen und Männern in Führungspositionen zu entdecken. Diese Frage erscheint insofern besonders interessant, als umfangreiche amerikanische Forschungen für die USA belegen, daß es keine bedeutenden Unterschiede zwischen Männern und Frauen in Führungspositionen gibt, zumindest nicht solche, die geschlechtsspezifische Begründungen nahelegen. Ob diese Aussage auch die Verhältnisse hierzulande zutreffend beschreibt, dafür sollen die im folgenden in Auszügen dargestellten Untersuchungsergebnisse Anhaltspunkte liefern.

Um möglichen Unterschieden bzw. Übereinstimmungen zwischen Männern und Frauen in Führungspositionen auf die Spur zu kommen, stellte ich folgende Fragen:

- Wie sieht die Arbeitssituation der Führungskräfte hierzulande aus? In welchen Unternehmen arbeiten sie, in welchen Positionen sind sie tätig, wieviel arbeiten sie und zu welchen Bedingungen?
- Wie sind sie in ihre derzeitigen Stellungen gekommen, d. h. welcher berufliche Werdegang liegt hinter ihnen und gibt es vielleicht besondere familiäre Bedingungen, die typisch sind für Männer und Frauen in Führungspositionen?
- Schließlich gehören nicht nur die objektiven Daten, die eine Arbeitssituation beschreiben, zum Bild der heutigen Führungskräfte, sondern ebenso deren persönliche subjektive Einschätzung ihrer Position und Situation. Durch diese Frage erweitert sich schnell der Blick auf die Beziehung zwischen dem «Berufsmenschen» Führungskraft und dem «Privatmenschen» Führungskraft sowie auf die die Position und Arbeitssituation beeinflussenden Beziehungen zwischen beiden.

Die Grundgesamtheit der Untersuchung sind die Inhaber von Führungspositionen unterhalb der Ebene der obersten Unternehmensleitungen. Die Adressen wurden nach dem Zufallsprinzip aus der Datei «Wer leitet das Mittel-Management der deutschen Wirtschaft?» des Verlags Hoppenstedt in Darmstadt ausgewählt. Die Stichprobengröße betrug 1878 Fälle, davon 1003 Männer und 875 Frauen. 1986 verzeichnete diese Datei rund 50000 Führungskräfte, worunter knapp 2000 Frauen waren, also etwa 4%. Aufgrund unzustellbarer Briefe reduzierte sich der Bruttoansatz auf 995 Männer und 871 Frauen. Insgesamt gingen 516 Fragebögen ein, von denen 7 von männlichen Führungskräften und 4 von weiblichen Führungskräften aus zeitlichen Gründen bei der Auswertung nicht mehr berücksichtigt werden konnten. Demnach betrug die Rücklaufquote im

Durchschnitt 27,7%. Von den angesprochenen Männern haben sich 341 (davon 334 in die Auswertung einbezogen), das entspricht 34,3%, an der Untersuchung beteiligt, von den angesprochenen Frauen 175 (davon 171 in die Auswertung einbezogen), das entspricht 20,1%.

Die vollständige Darstellung der Ergebnisse wurde unter dem Titel «Männer und Frauen in Führungspositionen in der Bundesrepublik Deutschland – Ergebnisse einer schriftlichen Umfrage» erstmals 1986 vom Verlag Gruner + Jahr, Hamburg, herausgegeben von *Capital*, Köln, veröffentlicht.

Wo sie arbeiten – Branchen, Unternehmen, Funktionen

Der globale Überblick über die Unternehmen, in denen die befragten Frauen und Männer beschäftigt sind, zeigt, daß Frauen zwar ebenso wie Männer am häufigsten in einem Industriebetrieb tätig sind, jedoch im Vergleich zu den Männern deutlich stärker im Handel vertreten sind, während Männer wiederum häufiger als Frauen in den Führungspositionen der Dienstleistungsbetriebe zu finden sind.

Branche*	Männer	Frauen
Industrie	60%	55%
Handel	8%	22%
Dienstleistung	31%	23%

Im Hinblick auf die Unternehmensgröße der Arbeitgeber ist festzustellen, daß Frauen deutlich häufiger in kleineren Unternehmen beschäftigt sind als Männer (s. Tab. S. 23).

Die Verteilung auf die Funktionsbereiche zeigt sowohl bei Männern wie bei Frauen deutliche Schwerpunkte. Männliche Führungskräfte sind am häufigsten im Bereich Marketing/Vertrieb/Verkauf (34%) beschäftigt, gefolgt von den Bereichen Finanzen/Rechnungswesen/Controlling (18%) und Positionen

* Soweit sich die Prozentzahlen nicht zu 100 addieren, wurden keine Angaben gemacht; wenn sie sich auf über 100 addieren, gab es Mehrfachnennungen. Das gilt auch für alle folgenden Tabellen.

Unternehmensgröße	Männer	Frauen
Umsatz < 100 Mio p. a.	43%	70%
Umsatz > 100 Mio p. a.	49%	24%
Beschäftigte < 1000	53%	68%
Beschäftigte > 1000	33%	14%

im Bereich des General-Management (17%). Frauen sind mit Abstand am häufigsten im Bereich Finanzen/Rechnungswesen/Controlling (44%) sowie im Personalbereich (28%) vertreten. Erst dann folgt mit einem Anteil von 19% der Nennungen der Bereich Marketing/Vertrieb/Verkauf. Deutlich weniger häufig als Männer sind Frauen im Bereich des General-Management vertreten: im Vergleich zu 17% der Männer, die dort tätig sind, sind es nur 9% der Frauen. Der Anteil der Frauen gegenüber dem der Männer ist höher in den Bereichen

Finanzen/Rechnungswesen/Controlling,
Personalwesen,
Werbung/PR/Kommunikation und
Einkauf,

während der Anteil der Männer höher ist als der der Frauen in den Bereichen

Marketing/Vertrieb/Verkauf,
Produktion,
General-Management und
Forschung und Entwicklung.

(s. auch Tab. S. 24)

Funktionsbereich	Männer	Frauen
Marketing/Vertrieb/Verkauf	34%	19%
Personalwesen	10%	28%
Produktion	11%	2%
Werbung/PR/Kommunikation	9%	13%
Finanzen/Rechnungswesen/ Controlling	18%	44%
Einkauf	13%	15%
Forschung und Entwicklung	7%	3%
General-Management	17%	9%
Sonstiges	11%	13%

Wofür sie arbeiten – Gehalt und Position

Der Status einer Führungskraft in der Wirtschaft ist im wesentlichen bestimmt durch das Bruttojahresgehalt und die erreichte hierarchische Position.

Die folgende Übersicht zeigt die gehaltliche Einordnung von Männern und Frauen, die dem mittleren Management angehören:

	Männer		Frauen	
bis DM 80000	8%	23%	36%	63%
DM 80000 bis DM 100000	15%		27%	
DM 100000 bis DM 150000	57%	76%	31%	36%
über DM 150000	19%		5%	

Die meisten Frauen in Führungspositionen des mittleren Managements verdienen weniger als die meisten Männer; während 63% der Frauen unter DM 100000 Jahresgehalt beziehen, verdienen 76% der Männer mehr als DM 100000 pro Jahr.

Das Bild der Verteilung auf die Einkommensklassen entspricht dem der Verteilung auf die hierarchischen Positionen, wie die folgende Übersicht dokumentiert:

	Männer	Frauen
Abteilungsleiter und darunter	27%	44%
Hauptabteilungsleiter	53%	25%
Geschäftsführer/Vorstand	17%	18%

Während die meisten Frauen auf der Abteilungsleiterebene und darunter beschäftigt sind, gehören die meisten Männer der Hauptabteilungsleiterebene an. Wie wenig allerdings der Positionsunterschied zwischen Männern und Frauen den Gehaltsunterschied erklären kann, macht folgende Übersicht der Einkommen bis und ab DM 100 000 deutlich:

	Abteilungsleiter	Hauptabteilungsleiter	Geschäftsführer / Vorstand
Männer			
Einkommen (DM)			
bis 100 000	39%	19%	10%
ab 100 000	60%	79%	90%
Frauen			
Einkommen (DM)			
bis 100 000	72%	43%	47%
ab 100 000	28%	57%	53%

Selbst auf gleicher hierarchischer Ebene verdienen Frauen durchweg weniger als Männer.

In diesem Zusammenhang ist es einerseits erstaunlich, daß 17% der Männer und 18% der Frauen ihre Position der Geschäftsleitungsebene zurechnen, da das Adressenmaterial aus der Datei «Mittel-Management» stammte, andererseits lassen sich dafür jedoch auch plausible Erklärungen finden: Zum Beispiel könnte es sich um Geschäftsführer von Tochtergesellschaften handeln, oder die in der Datei verzeichneten Personen sind inzwischen aufgestiegen. Dennoch bleibt der vergleichsweise hohe Anteil der weiblichen Geschäftsführer erklärungsbedürftig, da die Besetzung der beiden anderen hierarchischen Ebenen diesen Anteil nicht erwarten läßt.

Es ist zu vermuten, daß hier die beteiligungsmäßigen und/ oder familiären Beziehungen zum Unternehmen einen Einfluß haben. 10% der Männer und 23% der Frauen haben angegeben, daß sie in einer beteiligungsmäßigen und/oder familiären Beziehung zum Unternehmen stehen. Der Vergleich der hierarchischen Positionen, die von beteiligten und nicht beteiligten Frauen erreicht worden sind, zeigt, daß 63% der Geschäftsführerinnen in einer beteiligungsmäßigen und/oder familiären Beziehung stehen, nur 37% «reine» Angestellte sind. Bei den Männern waren es gerade jeweils 50%. Bei der von Frauen erreichten hierarchischen Position muß also immer berücksichtigt werden, daß sie in höherem Maße als Männer durch persönliche Beziehungen zum Unternehmen eine andere, vermutlich günstigere Ausgangsposition gehabt haben.

Gibt es nun anhand
- der objektiven Daten der Arbeitssituation,
- des beruflichen Werdegangs und des familiären Hintergrunds sowie
- der persönlichen Einschätzung der Befragten

Anhaltspunkte dafür, daß Einkommens- und Positionsunterschiede in den genannten Bereichen begründet sind?

Es zeigte sich, daß Frauen zu einem fast genauso hohen Anteil wie die Männer in der Industrie beschäftigt sind, jedoch zu einem geringeren Anteil als die Männer im Dienstleistungssektor, dafür wiederum stärker im Handel vertreten sind.

Ein Vergleich der Einkommen der Frauen und Männer in den verschiedenen Branchen zeigt, daß die meisten Frauen in allen Branchen (im Handel 62%, in der Industrie 66%, im Dienstleistungssektor 57%) unter DM 100000 verdienen, die meisten Männer in allen Branchen über DM 100000 verdienen (im Handel 71%, in der Industrie 75%, im Dienstleistungssektor 80%).

In allen Branchen sind Frauen am häufigsten auf der Abteilungsleiterebene und darunter anzutreffen, Männer dagegen am häufigsten auf der Hauptabteilungsleiterebene.

Frauen sind deutlich häufiger als Männer in kleineren Unternehmen in Führungspositionen gelangt.

Zwar verdienen auch die Männer in den Unternehmen bis DM 100 Mio Jahresumsatz nicht ganz so häufig wie in den Unternehmen mit einem Jahresumsatz von über DM 100 Mio ein Einkommen von über DM 100 000, nämlich nur 67% gegenüber 82%, doch ist die Einkommenssituation der Frauen wesentlich ungünstiger als die der Männer in beiden Unternehmensgrößenklassen. 69% der Frauen in den kleineren Unternehmen verdienen unter DM 100 000, was nur für 31% der Männer dort gilt, und 56% der Frauen in den größeren Unternehmen verdienen unter DM 100 000, was nur auf 17% der Männer in dieser Unternehmensgrößenklasse zutrifft.

Wenn es so etwas wie «Frauendomänen» oder «Männerdomänen» gibt, dann sind es bei den Frauen der Bereich Finanzen/Rechnungswesen/Controlling und der Personalbereich, bei den Männern der Bereich Marketing/Vertrieb/Verkauf.

Es wird deutlich, daß der Anteil der Frauen in solchen Funktionen, die mehr den Charakter der Unterstützung haben (Finanzen/Personal/Werbung), höher ist als der der Männer, während Männer zu höheren Anteilen in solchen Bereichen tätig sind, die den konkreten betrieblichen Umsatz- bzw. Umwandlungsprozessen zuzurechnen sind (General-Management/Marketing/Produktion). Sogar auf der Geschäftsführungsebene läßt sich derartige Prioritätensetzung von Männern und Frauen erkennen: 59% der männlichen Geschäftsführer betrachten ihre Aufgabe als General-Management-Funktion und befassen sich schwerpunktmäßig mit dem Bereich Marketing/Vertrieb/Verkauf (31%), während die weiblichen Geschäftsführer nur mit 33% angeben, General-Management-Funktionen zu erfüllen, aber zu 40% ihre Aufgaben im Finanzbereich und zu 20% im

Personalbereich sehen, dagegen nur mit 27% den Bereich Marketing/Vertrieb/Verkauf als Tätigkeitsbereich angeben.

Ein Blick auf die Einkommenssituation von Männern und Frauen in den insbesondere von Frauen stark besetzten Bereichen macht deutlich, daß der Einkommensnachteil der Frauen nicht aus den von Frauen überwiegend besetzten Tätigkeitsbereichen resultiert. So verdienen beispielsweise 64% der Frauen im Bereich Finanzen/Rechnungswesen/Controlling weniger als DM 100000, aber nur 25% der dort beschäftigten Männer. Ähnliches gilt für den Personalbereich, wo 60% der Frauen unter DM 100000 verdienen, aber nur 26% der Männer. In den von Frauen schwächer besetzten Bereichen sind die Einkommensdiskrepanzen ähnlich groß, wie folgende Tabelle zeigt:

	Männer im Bereich Finanzen	Personal	Marketing	Einkauf	Werbung
Einkommen bis DM 100000	25%	26%	24%	31%	24%
Einkommen ab DM 100000	75%	74%	75%	67%	76%
	Frauen...				
Einkommen bis DM 100000	64%	60%	66%	77%	59%
Einkommen ab DM 100000	36%	39%	33%	23%	41%

In den Bereichen Marketing/Vertrieb/Verkauf, Einkauf und Werbung entspricht der Einkommensunterschied dem Positionsunterschied. Frauen sind am häufigsten auf der Abteilungsleiterebene, Männer am häufigsten auf der Hauptabteilungsleiterebene zu finden. Vergleicht man die hierarchische Einordnung von Männern und Frauen im Bereich Finanzen/

Rechnungswesen/Controlling, so ist festzustellen, daß die Verteilung auf die drei Ebenen fast gleich ist, so daß zumindest für diesen Bereich der Einkommensnachteil der Frauen nicht aus den rangniedrigeren Positionen erklärt werden kann.

Es zeigt sich, daß knapp die Hälfte der Männer studiert hat, jedoch nur etwa ein gutes Viertel der Frauen. Da der Anteil der Männer und Frauen mit Studium mit den höheren Einkommen und mit den ranghöheren Positionen deutlich zunimmt, kann zumindest vermutet werden, daß der Einkommens- und Positionsunterschied zwischen Frauen und Männern unter anderem in den bisher bei Frauen noch nicht in dem Maße vorhandenen Ausbildungsvoraussetzungen, wie sie Männer mitbringen, begründet liegt. Ein Hinweis darauf ist auch, daß der Zusammenhang zwischen der Ausbildung und dem beruflichen Einstieg in der höchsten Einkommensklasse und in den oberen hierarchischen Positionen in seiner Bedeutung höher eingeschätzt wird als auf der unteren Ebene und bei niedrigeren Einkommen. In die gleiche Richtung deutet auch die Antwort auf die Frage nach den die Karriere begünstigt habenden Erfolgsfaktoren: Am häufigsten wird von allen Befragten die fachliche Qualifikation genannt. Neben der Qualität der Ausbildung wurde von den meisten Frauen und Männern (42%) besonders die Bedeutung von neben der Ausbildung ausgeübten direkt berufsorientierten Aktivitäten für den erfolgreichen Berufseinstieg betont.

Ob allerdings tatsächlich der höherrangige berufsqualifizierende Abschluß, ob das Studium dazu führt, daß Frauen dasselbe Einkommensniveau wie die Männer erreichen, soll noch einmal die verkürzte Übersicht deutlich machen (s. Tab. S. 31).

Zwar war festgestellt worden, daß Frauen mit Studium eher mehr verdienen als Frauen mit Lehre, aber die Einkommensposition der Männer mit Studium ist dennoch deutlich besser als die der Frauen mit Studium. Auch im Hinblick auf die hierarchi-

	Männer mit Studium	Frauen mit Studium
Einkommen bis DM 100000	11%	46%
Einkommen ab DM 100000	87%	51%

schen Positionen ist festzustellen, daß Frauen mit Studium zwar eher auf der Hauptabteilungsleiterebene und Geschäftsführungsebene zu finden sind als Frauen mit Lehre, jedoch erreichen die Anteilswerte auf der Hauptabteilungsleiterebene bei weitem nicht die der Männer.

Die meisten Frauen in Führungspositionen verdienen weniger als die meisten Männer in Führungspositionen, was darauf zurückzuführen sein kann,
- daß sie überwiegend auf niedrigerer hierarchischer Ebene als Männer tätig sind,
- daß sie häufiger als Männer in einer Branche tätig sind, in der im allgemeinen weniger verdient wird,
- daß sie häufiger als Männer in kleineren Unternehmen tätig sind,
- daß sie häufiger als Männer in solchen Funktionen tätig sind, in denen Leistung und Erfolg weniger unmittelbar einkommensbestimmend sind als in anderen Funktionen,
- daß sie etwas jünger sind als Männer,
- daß sie seltener studiert haben als Männer.

Diese Erklärungen werden durch die Befragungsergebnisse gestützt, doch ist das nur die «halbe Wahrheit»:

Frauen in Führungspositionen verdienen auch dann weniger als Männer in Führungspositionen,
- wenn sie auf gleicher hierarchischer Ebene tätig sind wie Männer,

– wenn sie in derselben Branche tätig sind wie die Männer,
– wenn sie in Unternehmen gleicher Größenklasse tätig sind wie die Männer,
– wenn sie in denselben Funktionen tätig sind wie die Männer,
– wenn sie genauso alt sind wie die Männer,
– wenn sie die gleichen formalen berufsqualifizierenden Abschlüsse wie die Männer aufweisen.

Warum?

Darauf versucht dieses Buch Antworten zu geben, insbesondere in den Kapiteln 4 und 5.

Zunächst aber noch ein Blick darauf, ob und wie sich diese Ergebnisse der Befragung in der Zufriedenheit der Führungskräfte niederschlagen.

Das Bild der Führungskräfte in den Unternehmen wäre unvollständig, würde man nicht ihre persönliche Sicht der Arbeitssituation mit in die Betrachtung einbeziehen.

Auf die Frage nach der Zufriedenheit mit der Arbeitssituation antworteten die meisten Männer (71%) und die meisten Frauen (75%) mit «ja», wobei der Anteil, der die Frage bejahte, mit wachsendem Einkommen und mit höherer hierarchischer Position zunimmt! Damit ist ein Hinweis darauf gegeben, daß die persönlichen Gratifikationen in Form von Gehalt und Position als Bestandteil der Arbeitssituation einen nicht zu unterschätzenden Einfluß auf die Arbeitszufriedenheit haben.

Das geht auch aus der Übersicht der Gründe hervor, die von denjenigen, die die Frage nach der Zufriedenheit verneint haben, angegeben worden sind (s. Tab. S. 33).

Vereinzelt wurden noch andere Gründe angeführt, unter anderem instabile Unternehmenssituation, die Firmenpolitik, mangelnde Aufstiegsmöglichkeiten, fehlender Entscheidungsfreiraum, mangelnde Möglichkeiten, eigene Ideen zu verwirklichen.

	Männer	Frauen
Unzufrieden mit		
der Ausstattung mit Mitarbeitern und Arbeitsmitteln	55%	46%
dem Gehalt	30%	32%
der hierarchischen Stellung	23%	27%
der Aufgabe	15%	22%

Gruppen, die häufiger als andere mit ihrer Situation unzufrieden sind, sind vor allem die folgenden:
- Allein lebende Frauen (33% sind mit ihrer Arbeitssituation unzufrieden, was nur für 19% der mit einem Partner zusammenlebenden Frauen gilt) sind vor allem mit dem Gehalt unzufrieden (41%),
- Frauen im Bereich Werbung/PR/Kommunikation (41% dort sind unzufrieden, die Angaben für die anderen Bereiche liegen zwischen 17% und 24%) nennen zwar am häufigsten mit 56% die Ausstattung, jedoch schon mit 44% ebenfalls das Gehalt als Ursache ihrer Unzufriedenheit.

Ein bemerkenswerter Unterschied in der Einschätzung ihrer Arbeitssituation ergibt sich zwischen Männern und Frauen in den Unternehmen verschiedener Größenklassen. Während weniger Männer (25%) als Frauen (34%) in den Unternehmen mit über DM 100 Mio Jahresumsatz die Frage nach der Arbeitszufriedenheit verneinen, sind es in den Unternehmen bis zu DM 100 Mio Jahresumsatz weniger Frauen (21%) als Männer (33%). Oder anders ausgedrückt: Frauen sind überwiegend in kleineren Betrieben zufriedener, Männer überwiegend in den größeren Betrieben. Ein Blick auf die angeführten Gründe für die Unzufriedenheit ergibt folgendes: Frauen in den größeren Unternehmen beklagen sehr viel häufiger als Frauen in den kleineren Unternehmen die mangelhafte Ausstattung mit Personal- und Arbeitsmitteln, während die Einschätzung bei den Männern gerade umgekehrt ausfällt. Auch mit der Aufgabe sind Frauen in den größeren Betrieben häufiger unzufrieden als Frauen in den kleineren Betrieben und Männer in den größeren Betrieben.

Wie sie leben – Familie und Freunde

Betrachtet man den durch die Berufstätigkeit des Vaters geprägten sozialen Status der Familien, so zeigt sich, daß Frauen in Führungspositionen häufiger aus Familien kommen, in denen der Vater leitender Angestellter oder Beamter, Freiberufler oder Unternehmer ist, während die Männer häufiger als die Frauen angeben, daß der Vater mittlerer Angestellter oder Beamter, einfacher Angestellter oder Beamter oder Arbeiter ist. Einen ähnlichen Unterschied stellt man bei der Berufstätigkeit der jeweiligen Ehepartner fest: Während die Partner der Frauen überwiegend der Ebene der leitenden Angestellten entstammen, sind die Partnerinnen der Männer – wenn nicht gar nicht berufstätige oder teilzeitbeschäftigte Hausfrauen (56%) – auf der Ebene der mittleren Angestellten tätig.

Während 89% der Männer verheiratet sind oder mit einer festen Lebenspartnerin zusammenleben, gilt das nur für 58% der Frauen.

Während die Männer in allen hierarchischen Positionen zu annähernd 90% verheiratet sind, gilt das zu höheren Anteilen, nämlich zu jeweils 63% nur für die Frauen auf der untersten und obersten hierarchischen Ebene, denn von den Frauen auf Hauptabteilungsleiterebene sind weniger als die Hälfte, nämlich nur 48% verheiratet. Gleichzeitig ist auch auf dieser Ebene der Anteil der ledigen Frauen mit 38% am größten; insgesamt leben 45% allein. Lediglich auf Abteilungsleiter- und Geschäftsführungsebene ist der Anteil der alleinstehenden Frauen mit 37% bzw. 34% geringer, wobei unter diesen der Anteil der geschiedenen bzw. getrenntlebenden Frauen auf Abteilungsleiterebene deutlich höher ist als auf der Geschäftsführungsebene, wo unter den alleinstehenden Frauen die ledigen mit 27% den höheren Anteil stellen.

Wenn Frauen in der obersten Einkommensklasse und in der obersten hierarchischen Position häufiger verheiratet sind als Frauen in den unmittelbar darunterliegenden Rängen, so mag das auf die Einbeziehung der Frauen zurückzuführen sein, die in einer beteiligungsmäßigen und/oder familiären Beziehung zum Unternehmen stehen. Ein Blick auf die zugehörige Verteilung zeigt, daß von den beteiligten Frauen immerhin 75% verheiratet oder zusammenlebend sind, 20% ledig und nur 3% geschieden oder getrenntlebend. Dagegen beträgt der Anteil der verheirateten Frauen, die nicht in einer derartigen Beziehung zum Unternehmen stehen, nur 53%, ledig sind 29% und geschieden oder getrenntlebend 15%. Bei Männern fällt der Unterschied wesentlich weniger drastisch aus: Während 91% der beteiligten Männer verheiratet sind, sind es ebenfalls fast so viele, nämlich 89%, unter den nicht beteiligten Männern.

Daß in diesem Zusammenhang auch die Betriebsgröße eine Rolle spielt, erscheint erwähnenswert, da der Anteil verheirateter Frauen mit 63% und der Anteil der alleinstehenden Frauen mit 35% in Unternehmen mit einem Jahresumsatz bis zu DM 100 Mio sich deutlich unterscheidet von den Anteilen in Unternehmen mit über DM 100 Mio Jahresumsatz. Hier ist mit 56% die Mehrzahl der dort in Führungspositionen beschäftigten Frauen alleinstehend (44% ledig, 12% geschieden), während der Anteil verheirateter Frauen in diesen größeren Unternehmen nur 44% beträgt.

Angesichts der Feststellungen zum Familienstand überrascht nicht, daß zwar 87% der Männer Kinder haben, jedoch nur 39% der Frauen. Die Frage nach der Zahl der Kinder ergab, daß 52% der Männer Väter zweier Kinder sind, 22% haben ein Kind, 21%

drei Kinder. Dagegen haben Frauen – wenn sie Kinder haben – überwiegend (61%) nur ein Kind, 24% haben zwei Kinder und nur 10% drei Kinder.

In diesem Zusammenhang muß erwähnt werden, daß immerhin 24% der alleinlebenden Frauen angeben, Kinder zu haben, wenn auch überwiegend (81%) nur ein Kind. Eine der befragten alleinlebenden Frauen hat 2 Kinder, eine weitere 3 Kinder und eine sogar 6 Kinder.

Frauen in der Hauptabteilungsleiterebene haben deutlich seltener Kinder (und wenn, auch weniger) als Frauen auf der Abteilungsleiter- und Geschäftsführungsebene. Damit korrespondiert, daß Frauen, die in einer beteiligungsmäßigen und/oder familiären Beziehung zum Unternehmen stehen, öfter und mehr Kinder haben als Frauen, die solche Beziehungen nicht haben. Es sieht so aus, als ob Frauen, die in einer beteiligungsmäßigen und/oder familiären Beziehung zum Unternehmen stehen, diese Ausgangsposition vermutlich in hohem Maße nutzen, um sich der Familie zu widmen. In Abhängigkeit von der Betriebsgröße läßt sich feststellen, daß Frauen in kleineren Unternehmen sehr viel häufiger Kinder haben als Frauen, die in größeren Unternehmen beschäftigt sind.

Wie aus den Antworten auf die Frage nach der Berufstätigkeit der Ehe- und Lebenspartner hervorgeht, sind die Männer überwiegend mit Frauen verbunden, denen als «Nur-Hausfrauen», teilzeitbeschäftigten Hausfrauen oder berufstätigen Frauen auf der Ebene der «mittleren Angestellten oder Beamten» kaum umfangreiche Aktivitäten im Hinblick auf die eigene Karriere unterstellt werden können. Umgekehrt zeigt sich bei den Frauen, daß deren Ehe- oder Lebenspartner überwiegend der Gruppe der «leitenden Angestellten oder Beamten» angehören, also einer Ebene zugehörig sind, die ohne ausgeprägte Karriereambitionen kaum erreichbar ist. Demzufolge war die Frage zu stellen, wer denn nun möglicherweise – eher der Mann oder eher die Frau – im Fall dieser – im amerikanischen so treffend als «Dual-Career-Couples» bezeichneten – Verbindungen häufiger auf Karrierevorteile zugunsten des Partners verzichtet, da in solchen Fällen wohl in vielerlei Hinsicht Kollisionen unvermeidbar wären.

Die Antworten auf die Frage «Haben Sie schon einmal auf Ihrem Berufsweg auf einen möglichen, Ihnen wesentlich erschienenen Karrierevorteil zugunsten Ihres Partners/Ihrer Familie verzichtet?» fielen auf den ersten Blick mehr als überraschend aus, wie folgende kurze Übersicht zeigt:

	Männer	Frauen
ja	38%	29%
nein	60%	68%
keine Angaben	2%	3%

Die hier vorliegenden Zahlen deuten in keiner Weise darauf hin, daß Frauen etwa häufiger als Männer auf Karrierevorteile zugunsten des Partners und/oder der Familie verzichten – allerdings: Eher verzichten sie – wie die große Zahl der alleinstehenden Frauen zeigt – überhaupt auf Partnerschaft und Familie! Diese Schlußfolgerung liegt auf der Hand, wenn man bedenkt, daß die Frage von fast allen Frauen (bis auf 3%), also auch von den alleinlebenden Frauen beantwortet worden ist. Insofern täuscht der Eindruck, daß Männer, obwohl sie im allgemeinen höhere Einkommen und höhere hierarchische Positionen erreichen, obwohl sie häufiger mit vermutlich weniger karriereambitionierten Frauen verheiratet sind, häufiger als Frauen auf Karrierevorteile zugunsten der Familie verzichten.

Betrachtet man die Gruppe der Frauen etwas näher, so zeigt sich, daß es sogar etwas häufiger die alleinlebenden Frauen sind als die mit einem Lebenspartner zusammenlebenden Frauen, die schon einmal auf einen Karrierevorteil zugunsten des Partners oder der Familie verzichtet haben. Besonders deutlich tritt der Unterschied zutage bei den Frauen mit und ohne Kinder: Während von den Frauen ohne Kinder nur 16% angeben, schon einmal einen solchen Verzicht geleistet zu haben, sind es bei Frauen mit Kindern etwa die Hälfte!

Ein Blick auf die Einkommensklassen zeigt bei den Männern kaum Unterschiede, während bei den Frauen deutlich wird, daß Frauen in der Einkommensklasse bis DM 80 000 häufiger meinen, schon einmal verzichtet zu haben, als die Frauen mit den höheren Einkommen; in der höchsten Einkommensklasse beträgt der Anteil nur 22% (zum Vergleich der Anteil der Männer: 37%). Zieht man die hierarchischen Positionen hinzu, so ergibt sich, daß insbesondere die Männer auf Hauptabteilungsleiterebene mit 43% und die Frauen auf der Geschäftsführungsebene mit 37% meinen, schon einmal verzichtet zu haben. Deutliche Unterschiede zwischen Männern und Frauen zeigt das altersmäßige Bild. Während der Anteil derer, der schon einmal auf einen Karrierevorteil zugunsten von Familie/Partner verzichtet hat, bei den Männern mit zunehmendem Alter zunimmt, läßt sich das für die Frauen nicht so eindeutig feststellen; hier ist der Anteil mit 37% in der Gruppe der 40–49jährigen am größten, während in der Altersgruppe bis 39 Jahre 25% und in der Altersgruppe 50 Jahre und älter 28% diese Frage bejahen.

Wie sieht nun die Einschätzung des Verzichts aus der Sicht des Partners aus? Darüber sollten die Antworten auf die Frage «Hat Ihr Partner schon einmal auf einen Karrierevorteil zugunsten Ihrer beruflichen Entwicklung verzichtet?» Auskunft geben. Hier liegen die Unterschiede klar auf der Hand: Männer beantworten die Frage zu 63% mit «nein», zu 31% mit «ja», während Frauen mit überwältigender Mehrheit, nämlich mit 85% die Frage verneinen und nur 7% der Frauen meinen, daß der Partner zu ihren Gunsten schon einmal verzichtet hätte. Selbst wenn man die Anzahl der alleinstehenden Frauen berücksichtigt, die die Frage ebenfalls beantwortet haben, ist der Unterschied in den Antworten der Männer und Frauen mehr als deutlich.

Gerade vor diesem Hintergrund interessiert die Frage, welche Rolle Ehe- und Lebenspartner spielen, wenn der Austausch über berufliche Probleme notwendig ist. Es zeigt sich, daß sowohl für die Männer wie auch für die Frauen der Ehe- oder Lebenspartner der wichtigste Gesprächspartner ist. Der Verzicht – insbesondere der Frauen über 40 Jahre – auf einen Lebenspartner muß vor dem Hintergrund der Tatsache, daß die meisten Männer (73%) und die meisten Frauen (58%) angegeben haben, daß sie mit dem Partner berufliche Probleme vertrauensvoll besprechen können, als besonders gravierend eingeschätzt werden.

Sowohl die meisten Männer (89%) als auch die meisten Frauen (87%) bejahen die Frage nach einer oder mehreren stabilen und schon lang andauernden Freundschaften. Das gilt in allen Einkommensklassen, allen hierarchischen Positionen, allen Altersgruppen für Männer und Frauen gleichermaßen.

Dennoch haben 18% der Männer und 13% der Frauen angegeben, keinen Gesprächspartner zu haben, mit dem sie berufliche Probleme vertrauensvoll besprechen können. Wenn jedoch solche Gesprächspartner vorhanden sind (81% der Männer und 87% der Frauen bejahen dies), dann sind es – wie oben erwähnt – überwiegend die Ehe- oder Lebenspartner, seltener Freund oder Freundin (für 20% der Männer und 26% der Frauen). Lediglich für die alleinlebenden Frauen und Männer sind Freund oder Freundin häufiger (41%) als der Ehe- oder Lebenspartner (29%) der ins Vertrauen gezogene Gesprächspartner.

Auf die Frage, ob sich der Gesprächspartner, dem man sein Vertrauen entgegenbringt, innerhalb oder außerhalb des Unternehmens befindet, antworteten 31% der Männer und 29% der

Frauen gar nicht. Soweit die Frage beantwortet wurde, geben 46% der Männer an, den Gesprächspartner außerhalb des Unternehmens zu haben, 36% der Männer haben ihn innerhalb des Unternehmens gefunden. Bei den Frauen stellt sich das Verhältnis gerade umgekehrt dar: Die meisten Frauen (45%) geben an, ihren Gesprächspartner innerhalb des Unternehmens zu haben, 37% haben ihn außerhalb des Unternehmens gefunden. Den Gesprächspartner für berufliche Probleme innerhalb des Unternehmens zu haben, geben in der Mehrzahl die Frauen an, die mehr als DM 150000 verdienen (56%), die mit einem Partner zusammenleben (46%), die in einer beteiligungsmäßigen und/oder familären Beziehung zum Unternehmen stehen (63%) und auf Geschäftsführungsebene tätig sind (59%).

Wohin sie wollen – Aufstiegsorientierung und Mobilität

Wenn in der Diskussion um weibliche und männliche Führungskräfte Unterschiede hervorgehoben werden, so ist es häufig die geographische Mobilität, die den Frauen gegenüber den Männern abgesprochen wird. Daher wurde gefragt, ob in der Vergangenheit schon ein- oder mehrmals im Interesse des beruflichen Fortkommens der Wohnort gewechselt wurde und ob man es in Zukunft (noch einmal) tun würde.

Es zeigt sich, daß in der Tat Frauen in der Vergangenheit weniger häufig als Männer beruflich bedingt den Wohnort gewechselt hatten: Frauen zu 30% und Männer zu 56%, wobei für beide gilt, daß der Anteil der die Frage bejahenden mit steigendem Einkommen zunimmt (bei den Männern wächst der Anteil von 43% in der Einkommensklasse bis DM 80000 auf 71% in der Einkommensklasse über DM 150000; bei den Frauen steigt der Anteil von 18% in der Einkommensklasse bis DM 80000 auf 56% in der Einkommensklasse über DM 150000). Für die hierarchischen Positionen gilt dieser Zusammenhang nicht im gleichen Maße: Hier sind es insbesondere die Frauen und Männer auf der mittleren Ebene, d. h. auf der Hauptabteilungsleiterebene, die in der Vergangenheit schon ein- oder mehrmals den Wohnort gewechselt haben.

Betrachtet man allein die Gruppe der Frauen, so hat – was naheliegend erscheint – ein höherer Anteil an alleinlebenden Frauen (nämlich 45%) und ein wesentlich geringerer Anteil von den mit einem Partner zusammenlebenden Frauen (21%) schon ein- oder mehrmals den Wohnort gewechselt.

Bezüglich der Altersgruppen erscheint erwähnenswert, daß zwar der Anteil der Männer, der beruflich bedingt schon ein- oder mehrmals umgezogen ist, mit zunehmendem Alter wächst, jedoch der Anteil der Frauen mit zunehmendem Alter abnimmt.

Deutlich ist auch der Mobilitätsunterschied in der Vergangenheit bei Männern und Frauen mit Studium gegenüber den Männern und Frauen mit Lehre: Bei den Männern und Frauen mit Studium ist der Anteil derer, die Wohnortwechsel angeben, höher als bei den Männern und Frauen mit Lehre, wobei der Unterschied bei den Frauen besonders augenfällig wird; 53% der Frauen mit Studium (62% der Männer mit Studium) geben Wohnortwechsel an, dagegen nur 23% der Frauen mit Lehre (49% der Männer mit Lehre).

Was die Unternehmensgröße angeht, so ist festzustellen, daß Männer und Frauen in den größeren Unternehmen mit über DM 100 Mio Jahresumsatz eher schon einmal den Wohnort gewechselt haben als Männer und Frauen in den kleineren Unternehmen mit bis zu DM 100 Mio Jahresumsatz.

Im Hinblick auf die Funktionsbereiche geben insbesondere Frauen im Bereich Werbung/PR/Kommunikation an, in der Vergangenheit schon ein- oder mehrmals berufsbedingt umgezogen zu sein (55% der dort beschäftigten Frauen), kaum jedoch die Frauen im Einkauf (15%), weniger im Personalbereich (25%) sowie im Bereich Finanzen/Rechnungswesen/Controlling (28%). Für die Männer stellt sich das Bild folgendermaßen dar: Die niedrigste Quote der bereits ein- oder mehrmals Umgezogenen weist mit 40% der Einkauf auf, die höchste mit 65% der Bereich Marketing/Vertrieb/Verkauf (Anteil bei den Frauen: 36%). Im Unterschied zu den Frauen im Personalbereich, von denen im Vergleich zu den Frauen in den anderen Bereichen nur ein geringer Anteil Wohnortwechsel angibt, steht bei den Männern der Anteil mit 60% der dort tätigen an zweiter Stelle.

Eine Einschätzung möglicher Mobilitätsunterschiede zwischen Männern und Frauen kann sich aber nicht nur auf die Vergangenheitsdaten stützen, da hier unterschiedlichste Gründe eine Rolle gespielt haben können. Daher ist die Bereitschaft, in Zukunft im Interesse der Karriere den Wohnort zu wechseln, darzustellen; gleichzeitig ist der Frage nachzugehen, in welchem Umfang Männer und Frauen weiteren beruflichen Aufstieg anstreben.

Auf die Frage nach möglichem Wohnortwechsel in der Zukunft, antworteten 54% der Männer und 48% der Frauen mit «ja», sowohl 42% der Männer als auch 42% der Frauen mit «nein», so daß zumindest aus der Ablehnung heraus kein Unterschied in der Mobilitätsbereitschaft zwischen Männern und Frauen festgestellt werden kann. Allerdings muß bei der Interpretation dieser Zahlen berücksichtigt werden, daß nur 4% der Männer, aber 10% der Frauen die Frage nicht beantwortet haben. Dennoch erscheint es gerechtfertigt, hieraus keine für Männer und Frauen abweichenden Schlußfolgerungen zu ziehen, wenn man die Einkommensklasse, die hierarchische Position und die Altersgruppe betrachtet, aus denen heraus ein Wohnortwechsel für den Aufstieg besonders begründet erscheint (s. Tab. S. 45).

Die Zahlen machen deutlich, daß bei den Befragten, die insbesondere für weiteren – häufig geographische Mobilität erfordernden – Aufstieg in der Hierarchie und im Einkommensgefüge in Frage kommen, die Bereitschaft zum Wohnortwechsel geschlechtsunabhängig vorhanden bzw. nicht vorhanden ist. Ergänzend sei analog der obigen Ausführungen zum Wohnortwechsel in der Vergangenheit noch angemerkt, daß insbesondere unter den Frauen mit Studium diese Bereitschaft für die Zukunft stark ausgeprägt ist: 64% der studierten Frauen sind zum Wohnortwechsel bereit, dagegen nur 42% der Frauen mit Lehre, 55% der studierten Männer und 52% der Männer mit Lehre. Auch die mit einem Partner zusammenlebenden Frauen,

	Männer	Frauen
	mit Einkommen bis DM 80000	
Bereitschaft zum Wohnortwechsel im Interesse der Karriere		
ja	39%	40%
nein	50%	50%
keine Angaben	11%	10%

	Männer	Frauen
	auf Abteilungsleiterebene	
Bereitschaft zum Wohnortwechsel im Interesse der Karriere		
ja	45%	43%
nein	51%	51%
keine Angaben	5%	6%

	Männer	Frauen
	bis 39 Jahre alt	
Bereitschaft zum Wohnortwechsel im Interesse der Karriere		
ja	63%	58%
nein	32%	38%
keine Angaben	5%	4%

die in der Vergangenheit vergleichsweise nur zu einem geringen Anteil (21%) den Wohnort gewechselt haben, geben zu 47% an, es in Zukunft tun zu wollen, ebenso wie 48% der alleinlebenden Frauen.

Ein nicht ganz eindeutiges Bild der Übereinstimmung zwischen Männern und Frauen ergibt sich bei den Antworten auf die Frage danach, ob weiterer beruflicher Aufstieg angestrebt wird. Hier zeigt sich, daß der Aufstiegswille bei den Männern offenbar doch eine stärkere Ausprägung aufweist, wenn man vergleicht, daß 41% der Männer, aber nur 31% Frauen diese Frage bejahen, dagegen nur 57% der Männer, aber 67% der Frauen die Frage verneinen (keine Angabe: jeweils 2%). In etwa gelten die hier deutlich gewordenen Relationen für fast alle Einkommensklassen, alle hierarchischen Positionen und alle Altersgruppen. Für die Männer erscheint zudem erwähnenswert, daß der Aufstiegswille in den höheren Einkommenskategorien ebenso stark ist wie in den niedrigeren Einkommensklassen: Die Frage wird von 43% der Männer (35% der Frauen) in der Einkommensklasse bis DM 80000 ebenso bejaht, wie von 43% der Männer (26% der Frauen) in der Einkommensklasse DM 100000 bis DM 150000, und in der Einkommensklasse über DM 150000 sind es auch noch 40% der Männer (22% der Frauen), die weiteren beruflichen Aufstieg anstreben. Auch der Rang der hierarchischen Position dämpft nicht den Aufstiegswillen der Männer: 40% der Abteilungsleiter, 43% der Hauptabteilungsleiter und 36% der Geschäftsführer streben weiteren beruflichen Aufstieg an, dagegen nimmt die Aufstiegsorientierung der Frauen mit Erreichung ranghöherer Positionen ausschließlich ab: Während noch 31% der Abteilungsleiterinnen beruflichen Aufstieg anstreben, sind es von den Hauptabteilungsleiterinnen nur noch 26% und auf der Geschäftsführungsebene nur noch 20% der dort tätigen Frauen, die diesen Willen bekunden.

Andererseits muß betont werden, daß Frauen mit Studium in ihrer Aufstiegsorientierung ebenso einzuschätzen sind wie die Männer mit Studium: Frauen mit Studium geben zu 47% an, weiter aufsteigen zu wollen (Frauen mit Lehre: 23%), Männer mit Studium zu 49% (Männer mit Lehre: 39%).

Dieses Ergebnis weist darauf hin, daß Frauen – wenn sie in eine karriereorientierte Ausbildung investiert haben – auch entsprechend aufstiegsorientiert sind, was Männern gewissermaßen «blanco» unterstellt wird. Ob die im übrigen bei den Frauen weniger deutlich geäußerte Neigung zum weiteren Aufstieg gegen eine originäre Karriereorientierung spricht, sei dahingestellt, zumal die Befragungsergebnisse im Hinblick auf Einkommens- und Positionsunterschiede zu Lasten der Frauen sowie die Aussagen über Vorurteile nicht gerade geeignet sind, die Motivation zum Aufstieg anhaltend zu fördern.

2. Wie sie wurden, was sie sind –

Berufsentscheidung und Karriereentwicklung

Die Selbstverständlichkeit der Berufstätigkeit als Voraussetzung für die Karriere

Da es sich bei den Interviewpartnern überwiegend um Führungskräfte im Alter zwischen 40 und 50 Jahren handelt, überraschte nicht, daß für alle Männer die Berufstätigkeit zum Zeitpunkt der Berufsentscheidung als selbstverständlich galt. Auch die Männer, die in der Phase der Berufsvorbereitung und des Berufseinstiegs geheiratet hatten, ließen keinen Zweifel daran, daß zumindest zu diesem Zeitpunkt die Rollenverteilung klar war, und zwar auch dann, wenn die (zukünftige) Frau eine qualifizierte Ausbildung oder bereits eine gute Position aufzuweisen hatte; d. h., daß zumindest zu Beginn der Partnerschaft und der Berufstätigkeit die traditionelle Rollenverteilung zwischen Mann und Frau nicht in Frage gestellt wurde. In einigen Fällen hatten die Frauen ihre recht guten beruflichen Positionen, die sie zum Hauptverdiener der Familie prädestiniert hätten, aufgegeben, um die Karriere ihres Mannes zu fördern oder zumindest nicht zu behindern. Allerdings blieb das nicht immer ohne negative Folgen für Partnerschaft und Familienleben. Die Akzeptanz der traditionellen Rollenverteilung sagt eben noch nichts über deren bruchlose Internalisierung aus, so daß es in einigen Fällen in späteren Zeiten nicht nur «im Ehegetriebe knirschte», sondern Scheidung und sogar Krankheit der Ehefrau sehr offen in Verbindung gebracht wurden mit der Karriere des Mannes. Hierauf wird noch eingegangen (vgl. Kapitel 3, S. 131 f.).

Männer oder Hausmänner?

Wenn sich auch keinem der Männer zu Beginn der Berufstätigkeit die Alternative «Berufstätigkeit oder Hausmanndasein» stellte, so wirkte die Frage danach heute, etwa 20 Jahre nach dem Berufseinstieg, offenbar nicht deplaziert, da einige sich durchaus schon einmal mit diesem Gedanken beschäftigt hatten. Allerdings scheiden sich hier die Geister, wenn man die Gesamtheit der interviewten Männer zugrundelegt; etwa die Hälfte konnte sich ein Hausmanndasein überhaupt nicht vorstellen, während die andere Hälfte mehr oder minder differenziert äußerte, durchaus schon einmal mit dem Gedanken, Hausmann zu sein, gespielt zu haben. Die Äußerungen hierzu reichten von «war nie ein Thema» bis zu »könnte durchaus Hausmann sein». Unter denen, die meinten, daß sie es durchaus könnten, machten einige Männer aufschlußreiche Zusätze wie «heute ja», «spielerisch ja, aber nicht ernsthaft», «wenn es die Situation erfordern würde» bis hin zu «gerne!». Im zuletzt genannten Fall waren die Überlegungen sogar soweit gediehen, daß es schließlich nur noch wirtschaftliche Gründe waren, die den Mann davon abhielten, die Berufstätigkeit aufzugeben.

Selbst wenn Männer heute geneigt wären, einen Rollentausch vorzunehmen, so steht dem bekanntlich nicht nur das schlechte Image des Hausmannes entgegen, sondern auch die Tatsache, daß diese Männer inzwischen hohe Einkommensniveaus erreicht haben und damit den Familien einen Lebensstandard ermöglichen, auf den man nicht ohne weiteres verzichten mag, und der durch die Berufstätigkeit der Ehefrau nicht – mindestens nicht so schnell – wiederhergestellt werden könnte.

Wenn von den Männern die Alternative «Hausmann» abgelehnt wurde, dann häufig mit allergrößter Vehemenz: Sie waren der Meinung, daß ein solcher Gedanke ja nun wirklich abwegig sei, oder hielten einen solchen Mann sogar für einen Trottel.

(Daß ein erfolgreicher Mann mit dieser Auffassung nicht alleine steht, beweisen öffentliche Äußerungen erfolgreicher Frauen mit denselben Worten.)

Frauen: Von Anfang an dabei oder wiedereingestiegen – Auswirkungen auf den Erfolg?

Frauen, die etwa im Alter von Ende 40 eine Position im oberen Segment des mittleren Managements erreicht haben, haben sich meistens sehr früh für die Berufstätigkeit entschieden, und oft war mit dieser frühen Berufsentscheidung die Absicht verknüpft, immer im Beruf zu bleiben. Diese frühen Entscheidungen für dauerhafte Berufstätigkeit können oft nicht aus besonders zu benennenden Einflüssen abgeleitet werden, sondern erscheinen ebenso selbstverständlich wie die Entscheidungen der Männer, d. h., daß eine Abwägung zwischen verschiedenen Alternativen gar nicht vorgenommen wurde. Dabei muß berücksichtigt werden, daß die älteren Frauen in den Nachkriegsjahren überhaupt keine Wahl zwischen Berufstätigkeit und Hausfrauendasein hatten, da der akute Männermangel und der starke materielle Nachholbedarf dieser Zeit ihre Berufstätigkeit selbstverständlich machte. Für die jüngeren Frauen wiederum war schon die Berufsausbildung eine Selbstverständlichkeit, so daß häufig während der Ausbildung der Wunsch reifte, den gewählten Beruf ein Leben lang auszuüben.

Dennoch gibt es auch herausragende Begründungen für die Berufstätigkeit, die man üblicherweise nur bei Männern vermuten würde. So erklärte z. B. eine Leiterin des Rechnungswesens, daß sie schon durch die sportlichen Aktivitäten in ihrer Jugendzeit an Herausforderungen gewöhnt war, diese dann später im Berufsleben wieder erlebte und ihr somit die Situation beruflicher Herausforderung als selbstverständlich vorkam. Eine weitere geradezu typisch männlich erscheinende Begründung für die Berufstätigkeit lieferte eine Frau, die mit 19 Jahren in den USA ihre Karriere begonnen hatte und erst mit 35 Jahren geheiratet hat. Sie erklärte: «Ich wollte erst einmal 'was sein, bevor ich mich jemandem stellte.»

Auch diejenigen Frauen, die aufgrund beengter finanzieller Verhältnisse im Elternhaus und bedingt durch die gesellschaftspolitische Situation nicht das werden konnten, was sie wollten, haben ihre Berufstätigkeit im Beruf zweiter Wahl nicht aufgegeben, sondern, im Gegenteil, in diesem Beruf reüssiert. Ob es Zufall ist, daß unter diesen erfolgreichen Managerinnen zwei verhinderte Medizinerinnen und eine verhinderte Apothekerin sind?

Während drei Viertel der Interviewpartnerinnen sozusagen «von Anfang an dabei waren», hat ein Viertel der befragten Frauen erst Anfang bis Mitte 30 ihre Berufsentscheidung getroffen. Eine Ausnahme stellte die Frau dar, die sich, nachdem sie kinderlos blieb, auf eine lebenslange Berufstätigkeit einrichtete; bei den anderen 4 Frauen handelt es sich um sogenannte Wiedereinsteigerinnen. In diesen Fällen war der Karrierestart durch die familiäre Situation nach einer Scheidung bedingt, wobei zusätzlicher materieller Druck durch zu versorgende Kinder entstand. Offenbar war die durch die Scheidung hervorgerufene Initialzündung stark genug, daß alle diese Frauen – sowohl was Position als auch was Einkommen angeht – ebensolche Höhen erklommen haben wie die Früheinsteigerinnen.

Es verwundert nicht, daß alle Frauen, die erst Anfang/Mitte 30 ihre Karriere begonnen haben, Führungspositionen in mittleren Betrieben erreicht haben; bei der Bewerbung in einem Großunternehmen wären sie schon aus Altersgründen durch die üblichen Raster der Personalauswahl gefallen. Zwar haben alle diese Frauen eine Ausbildung, zum Teil Lehre, zum Teil Studium, absolviert, jedoch war die Ausbildung nicht die Basis für den Wiedereinstieg; sie wurden erfolgreich in Bereichen, die allenfalls als «ausbildungsnah» bezeichnet werden können. In einem Fall führte der Weg vom Wiedereinstieg als Teilzeitsekretärin über den Aufbau der Marketingabteilung zur Abteilungsleiterin dieses Bereichs. Keine dieser Frauen konnte ihren Wiedereinstieg planen, alle nahmen die Angebote wahr, die sich ihnen zufällig darboten und entwickelten ihre Karriere im Gleichschritt mit der Unternehmensentwicklung.

Warum Frauen nicht aussteigen

Die Antwort auf diese Frage läßt sich auf eine kurze, auf den ersten Blick widersprüchliche Formel bringen: Frauen wollen nicht aussteigen und haben deshalb keine Kinder – und Frauen steigen nicht aus, weil sie Kinder haben.

Hinter dieser Aussage steht zum einen die Auffassung jüngerer Frauen, daß Kinder und Karriere nicht vereinbar seien, auch dann nicht, wenn elterliche oder andere Unterstützung hätte aktiviert werden können. So auch die Äußerung einer Geschäftsführerin, 38 Jahre alt, die darüber hinaus der Auffassung ist, daß Kinder von der Mutter erzogen werden müßten, sonst sollte man keine Kinder haben. Sie ist verheiratet, und diese Auffassung wird von ihrem Mann mitgetragen; beide leben in erster Linie für den Beruf. Eine andere junge Frau (Hauptabteilungsleiterin in einer Bank, 34 Jahre alt) will ebenfalls keinen Kompromiß zwischen Kindern und Karriere schließen. «Einerseits könnte ich mir nach 16 Jahren Berufstätigkeit nicht vorstellen, wirklich immer zu Hause zu bleiben wegen eines Kindes, und andererseits möchte ich auch nicht für den Fall, daß ich ein Kind hätte, dies nur an dem kurzen Feierabend sehen.» Außerdem hat sie die Entwicklung ihrer Freundinnen, die wegen der Kinder aus dem Beruf ausgeschieden sind, abgeschreckt. Als die Freundinnen mit Mitte 20 Kinder bekamen, hat sie sich überlegt, ob das nicht auch für sie ganz schön wäre, hat dann aber nach ein paar Jahren festgestellt, daß sie mit diesen Freundinnen keine Unterhaltung mehr führen konnte, weil sie sich nur noch auf Kinder und Küche konzentrierten.

Betrachtet man diese beiden Fälle, so sind weniger fehlende praktische Möglichkeiten, Kinder und Karriere zu vereinbaren, Grund für den Verzicht auf Kinder, sondern beide Frauen wollen ganz bewußt den Kompromiß, der ihres Erachtens zu Lasten der Kinder ginge, vermeiden.

Das Frauen gerade wegen ihrer Kinder die Karriere nicht unterbrechen, erscheint angesichts der derzeitig geführten Diskussion um die Vereinbarkeit von Kindern und Karriere paradox, doch folgende Fälle dokumentieren, daß dieser Zusammenhang keinen Seltenheitswert hat. Zunächst sei angemerkt, daß die Hälfte der Interviewpartnerinnen Kinder hatte, und drei dieser Frauen wegen der Kinder zur Berufstätigkeit als Späteinsteigerinnen gezwungen waren und schließlich Karriere machten. Der ungewöhnlichste Fall ist sicher der einer 36jährigen Hauptabteilungsleiterin, zuständig für Produktion, Forschung und Entwicklung. Diese Frau hat mit 16 Jahren während der Schulzeit bereits ihr Kind bekommen und später nach dem Abitur den Vater des Kindes, ihren damaligen Klassenkameraden geheiratet. Ihr Kommentar zu ihrer Karriere vor diesem Hintergrund: «Wenn man das durchgestanden hat, dann schafft man auch alles andere im Leben!»

Die übrigen Frauen mit jeweils einem Kind haben ihre Kinder sehr früh bekommen, im Alter von 20 bis 22 Jahren und haben dann wegen der Trennung von dem Vater der Kinder ihre Berufstätigkeit nicht aufgegeben. Insofern kann man davon ausgehen, daß ebenso wie bei den Späteinsteigerinnen die Karriere mitbegründet worden ist durch den Zwang, eine schwierige wirtschaftliche Situation zu bewältigen.

Dennoch ist es zu einfach, finanziellen Druck als einzigen Karrieremotor bei diesen Frauen zu vermuten. Alle diese Frauen erklärten, daß sie sich immer eine lebenslange Berufstätigkeit vorgestellt haben, schon früh deutliche Berufswünsche entwickelt hatten, die sich jedoch durch ihr Kind nicht immer realisieren ließen. Wenn diese Frauen über ihre Karriere berichten, dann schwingt eine große Portion Stolz darüber mit, daß sie keine Familienpause gemacht haben und obendrein in einem Beruf erfolgreich geworden sind, den sie ursprünglich gar nicht ergreifen wollten.

Hier zeichnet sich Typisches ab: Schwierige Lebenssituationen werden als Herausforderungen begriffen, die es zu meistern gilt! Kein Zufall, daß diese Frauen gewissermaßen uno acto ihre private und berufliche Entwicklung erfolgreich in Einklang miteinander gebracht haben. Zwar wurden die mittlerweile erwachsenen Kinder dieser Frauen nicht gefragt, was jedoch bruchstückhaft über sie und von ihnen zu erfahren war, deutet nicht darauf hin, daß es sich hier um besondere Problemkinder gehandelt hätte.

Bleibt zu fragen: Warum sind die Frauen, die nicht aus familiär bedingtem wirtschaftlichem Druck ein Leben lang berufstätig waren, tatsächlich nicht ausgestiegen? Sind sie nur deshalb nicht ausgestiegen, weil es keine Gelegenheit dazu gab?

Keine dieser Frauen hat je an Ausstieg gedacht im Sinne des Ausstiegs aus der Berufstätigkeit. Wenn von Ausstieg die Rede war, dann allenfalls von Ausstieg im Sinne von Umstieg auf eine unternehmerische Tätigkeit. Ein Viertel der interviewten Frauen glaubt, als selbständige Unternehmerin glücklicher, zufriedener und noch erfolgreicher geworden zu sein. Eine 49jährige Hauptabteilungsleiterin (Personalwesen): «Aus der heutigen Perspektive würde ich mich wahrscheinlich selbständig machen, weil ich so handle, als wenn ich Unternehmer wäre. Ich denke immer bei allem, was nutzt das dem Unternehmen. Dann hätte ich den direkteren Erfolg.»

Immerhin leben 8 der 11 kinderlosen befragten Frauen, ob verheiratet oder nicht, mit einem Partner zusammen. Keine betrachtet diese Partnerschaft jedoch als willkommene Hängematte für den Ausstieg. Das wird auch deutlich, wenn man die Berufsentscheidungen dieser Frauen etwas näher betrachtet. So hat beispielsweise die Leiterin zweier Warenhäuser, 44 Jahre alt, eine Ausbildung in einem typischen Männerberuf gemacht, nämlich als Schriftsetzer, und schon 1957 abgeschlossen. 1959 wurde es Frauen verboten, in diesem Beruf zu arbeiten, und so begann sie eine neue Lehre als Großhandelskaufmann und ist heute für einen Umsatz von annähernd 1 Mio DM pro Tag verantwortlich. Trotz oder gerade wegen des beruflich ebenso erfolgreichen, aber häuslich ambitionierten Ehemannes hat sie nie an Rückzug ins Familienleben gedacht, wohl an Umstieg in die Selbständigkeit. Selbst die 63jährige Hauptabteilungsleiterin (Forschung und Entwicklung), die – bedingt durch die Nachkriegssituation – keinen Partner gefunden hat, hatte schon in jungen Jahren einen so starken Berufswunsch (den sie nicht realisieren konnte), daß sie den Rückzug aus dem Beruf von Anfang an gar nicht in Erwägung gezogen hat. Auch sehen diese Frauen ihre Kinderlosigkeit nicht als Opfer für die Karriere an, sondern betrachten diese und – wenn ohne Partner lebend – auch ihr Single-Dasein als der Karriere ausgesprochen zuträglich – und konstatieren dies mit großer Zufriedenheit.

Und schließlich gibt es noch einen Grund, warum Frauen nicht aussteigen. Wenn diese Frauen in Führungspositionen etwas fürchten, und das gilt insbesondere für die alleinlebenden Frauen, dann ist es die Abhängigkeit. Dagegen taucht bei den mit einem Partner zusammenlebenden Frauen schon eher die Furcht vor der Einsamkeit auf, oder sie weisen beide Empfindungen für sich energisch zurück. Die alleinlebenden Frauen fürchten die Abhängigkeit wie der Teufel das Weihwasser. So eine Abteilungsleiterin (Marketing), 45 Jahre alt: «Die Abhängigkeit, die ich von meinem Partner hatte, habe ich abgeschafft.

Einsamkeit habe ich nie verspürt.» Ähnlich äußert sich eine Prokuristin in der Versicherungswirtschaft, 52 Jahre alt: «Einsamkeit habe ich nie gefürchtet. Ich bin wahnsinnig gern allein. Die Abhängigkeit habe ich auch noch nie gefürchtet, aber immer für mich abgelehnt.»

Und last but not least vielleicht der wichtigste Grund dafür, daß Frauen nicht aussteigen: Sie sind erfolgreich – und wer den Erfolg, basierend auf der eigenen Leistung, einmal erlebt hat, wird diese Lust nicht mehr missen wollen. Doch dazu später mehr (vgl. Kapitel 4, S. 141 ff.).

Die Selbstverständlichkeit der besonderen Position – für die Männer die Führung, für die Frauen das Geld?

So selbstverständlich allen Männern die Entscheidung für den Beruf gewesen ist, so selbstverständlich war für fast alle Männer auch das Streben nach einer Führungsposition. Ein solches Streben offenbarte sich schon sehr früh, spätestens während des Studiums oder bei dessen Abschluß. Die Äußerung eines 61jährigen Maschinenbauingenieurs, heute Unternehmer und frisch promovierter Philosoph, belegt, wie früh und stark ausgeprägt solche Wünsche entstehen können: «Früher gab es hier in der Gegend ein paar Fabrikanten, die hatten eine Jagd, und diese Menschen, die etwas geleistet haben, haben mich sehr beeindruckt. Ich war Einzelkind und bin sehr streng und unterdrückt erzogen worden. Die Leistung war gewissermaßen mein Ventil. Es war immer die Grundeinstellung meines Lebens, Leistung zu bringen, etwas Besonderes zu erreichen. Mit 10 Jahren schon habe ich – und nicht etwa meine Eltern – die Entscheidung getroffen, nicht auf der Grundschule zu bleiben, sondern das Gymnasium zu besuchen.»

Daß der Wille, beruflich Erfolg zu haben und eine Führungsposition zu erlangen, in der vermeintlichen oder vermeintlich bewiesenen unzureichenden Leistung in jungen Jahren begründet sein kann, macht auch die Äußerung eines 45jährigen Abteilungsleiters (Marketing/Vertrieb/Verkauf) in der pharmazeutischen Industrie deutlich: «Ich habe Chemie studiert, weil ich ursprünglich davon träumte, zu forschen und ein Patent nach dem anderen zu machen. Dann habe ich aber ein so schlechtes Examen gemacht, so daß mir nichts anderes übrig blieb, als in den Verkauf zu gehen, und um die unerfüllte Zukunftsperspektive zu kompensieren, habe ich eine Führungsposition angestrebt.»

Nur zwei Männer sagten, daß sie am Beginn ihrer Berufslaufbahn noch nicht an eine Führungsposition gedacht haben. Beide Männer haben jedoch mindestens soviel erreicht, wenn nicht mehr, wie die übrigen Interviewpartner. (Es handelt sich um einen Hauptabteilungsleiter mit einem Jahreseinkommen von mehr als 200000,– DM und um einen Geschäftsführer eines mittelständischen Unternehmens.)

Der Anteil der Frauen, der von vornherein keine Führungspositionen angestrebt hat, ist – wie nicht anders zu erwarten – sehr viel höher als der vergleichbarer Männer: 11 Frauen, also die Hälfte der Interviewpartnerinnen, gaben an, bei Beginn ihrer Berufstätigkeit oder bei Wiederaufnahme ihrer Berufstätigkeit keine Führungsposition angestrebt zu haben. In dieser Gruppe befinden sich zur Hälfte wiederum Frauen, die als Früheinsteigerinnen zu bezeichnen sind und zur anderen Hälfte Frauen, die sich erst spät für die Karriere entschlossen haben bzw. als Wiedereinsteigerinnen zu bezeichnen sind. Alle Frauen haben im Hinblick auf Position und Gehalt etwa dasselbe Niveau erreicht. Offenbar gilt für Männer wie für Frauen, daß man nicht unbedingt schon beim Berufseinstieg eine Karriere anstreben muß, um sie zu machen!

Vergleicht man die Äußerungen der Männer mit denen der Frauen, die eine Führungsposition angestrebt haben, so wird deutlich, daß die Äußerungen der Männer auf die Frage, ob sie von vornherein eine Führungsposition angestrebt haben, sehr viel eindeutiger, sehr viel prononcierter ausfielen; oft war es nur ein kurzes, knappes und spontanes «Ja». Die Frauen, die schon früh an eine Führungsposition gedacht hatten, sind in ihrer Wortwahl eher zurückhaltend, als ob sie etwas zugeben würden, wofür sie sich eventuell schämen müßten. So meint z. B. eine Geschäftsführerin in der Bekleidungsindustrie, 38 Jahre alt: «Im stillen habe ich immer eine Führungsposition angestrebt.» Eine andere Umschreibung benutzt eine 42jährige Abteilungsleiterin in einer Bank, die sagt: «Ich habe nicht bewußt eine Führungsposition angestrebt, aber so ganz einfach sollte es auch nicht sein. Es sollte schon etwas Gehobenes sein. Ich wollte wenigstens Gruppenleiterin werden, hatte aber nicht daran gedacht, jemals Abteilungsleiter werden zu können oder gar Direktor.» Ähnlich formuliert eine 41jährige Abteilungsleiterin in einer Versicherung, die von vornherein immer daran gedacht hat, eine ganzes Leben lang berufstätig zu bleiben, dabei aber «allerdings nicht unbedingt eine Führungsposition im Auge gehabt» habe.

Was verbirgt sich hinter Formulierungen wie «etwas Gehobenes sollte es schon sein»? Eher noch als die mit der Führungsposition verbundenen Aufgaben reizt die Frauen das Geld, das in solchen Positionen verdient werden kann. Das gilt vor allem für solche Fälle, in denen die finanzielle Abhängigkeit der Mutter als bedrückend empfunden wurde und auch für solche Fälle, in denen wirtschaftliche Schwierigkeiten, bedingt durch Scheidungen, gemeistert werden mußten. So hat die 45jährige Abteilungsleiterin (Marketing) aus ihrem Stolz heraus auf den Unterhalt, den ihr geschiedener Mann für sie und den gemeinsamen Sohn hätte zahlen müssen, verzichtet und sich gleichzeitig fest vorgenommen, für sich und ihren Sohn «den Rahmen zu schaf fen, wie ihn ein Mann bieten kann.» Sie hat, wie sie sagt, «ein überdurchschnittliches Einkommen angestrebt, um meine Kleinfamilie so zu stellen, als wenn ich mit einem gutverdienenden Mann verheiratet wäre.»

Auch wenn Geldmangel der Realisierung der Berufswünsche entgegengestanden hat, ist dies ein entsprechender Antrieb, um Besonderes zu leisten. Eine 58jährige Unternehmerin, die sich aus finanziellen Gründen eine Karriere als Opernsängerin oder Gewerbelehrerin versagen mußte: «Ich habe nie bewußt eine Führungsposition angestrebt, aber ich wollte erfolgreich sein. Ich wollte einfach einen gewissen Lebensstandard haben und entsprechend viel Geld verdienen.» Ähnlich äußerte sich die schon zitierte 52jährige Prokuristin aus der Versicherungswirtschaft, die «erst einmal etwas sein wollte», bevor sie sich jemandem stellte: Sie hat von vornherein eine Führungsposition angestrebt; sie sagt: «Meine Grundeinstellung zum Leben ist die, daß man sich nach Möglichkeit alle Dienstleistungen leisten können muß. Ich bin zwar nicht am Besitz interessiert, wohl aber am Wohlleben.»

Bei den Frauen wie bei den Männern kommt es vor, daß das Streben nach einer Führungsposition eine Art Trotzreaktion war auf Abwertungen, die man durch Eltern – bei den Frauen auch durch Ehemänner – erfahren hat. Dies gilt z. B. für die 34jährige Hauptabteilungsleiterin (Devisenhandel), die während des Interviews mehrfach ihren Vater zitiert, der der Meinung war, «aus dir wird nie was, du bist einfach zu dumm!». Im Fall einer 53jährigen Hauptabteilungsleiterin (Werbung/PR/Kommunikation) war es der Ehemann, von dem sie inzwischen geschieden ist, der mit seinen Äußerungen den Willen zum Durchhalten und schließlich zum Erfolg angestachelt hat: «Mein Mann hat mir immer nur vorgehalten, wie schwer es ist, das Geld zu verdienen und daß ich das sowieso nie schaffen würde.»

Aber es gibt auch bei den Frauen eindeutige Äußerungen, die in ihrer Spontaneität und Sicherheit belegen, daß schon zu Beginn der Berufstätigkeit eine Führungsposition angestrebt wurde. Darunter ist beispielsweise eine 44jährige Hauptabteilungsleiterin (Finanzen/Rechnungswesen/Controlling), deren Bestreben es immer war, sich ihre materiellen Wünsche selbst zu erfüllen und nicht von ihrem inzwischen von ihr geschiedenen Mann erfüllen zu lassen. So hat sie sich, bereits bevor sie in ihrer heutigen Position ein seriöses Dienstfahrzeug der Oberklasse erhielt, auf eigene Kosten den Traum vom schnellen Sportwagen der nobelsten Marke erfüllen können, natürlich nicht vom «Taschengeld» des Ehemannes, sondern vom eigenen Gehalt, vom eigenen Konto bezahlt! Ihre Antwort auf die Frage, ob sie von vornherein eine Führungsposition angestrebt habe: Ein eindeutiges «Ja!». Belegt wird dies Streben durch eine überlegt geplante und aufgebaute Karriereentwicklung. Selbstverständlich hat auch die 44jährige Leiterin zweier Warenhäuser von vornherein an etwas Besonderes gedacht. Sie wollte nicht nur in einem Männerberuf arbeiten, sondern immer auch «mit männlichen Partnern auf gleicher Ebene arbeiten». Und da kam nur die oberste Etage in Frage!

Am deutlichsten die Äußerung einer 52jährigen Hauptabteilungsleiterin (Personalwesen): «Mein erstes Traumziel war eigentlich das Amt des Bundeskanzlers. Ab 12 engagierte ich mich in der Diasporaarbeit und mit 16 kam es zum Konflikt mit dem Bischof»; aus diesen Erfahrungen ergab sich ihre starke Neigung, selbst zu entscheiden und die Führung zu übernehmen.

Wenn oben festgestellt worden war, daß viele Frauen unter anderem, um Abhängigkeit zu vermeiden, ihre Karriere gemacht haben, so korrespondiert dies mit dem starken Streben nach materiellem, selbst geschaffenem Wohlstand, der durch die Übernahme einer Führungsposition realisiert werden konnte.

Funktionen, Branchen, Unternehmen – bewußte Entscheidungen in einer Kette von Zufällen

Seitdem die Karrierefrau in öffentlichen Diskussionen und Abhandlungen ins Rampenlicht gerückt worden ist, hält sich hartnäckig der Mythos von den geplanten Karrieren der vielen Männer und den auf Zufälligkeiten beruhenden Karrieren der wenigen Frauen. Jedoch aus der Selbstverständlichkeit der Berufs- und Karriereentscheidungen der Männer im Vergleich zu den nicht immer ganz so selbstverständlichen Entscheidungen der Frauen zu schließen, daß Männer generell ihren beruflichen Aufstieg fest im planerischen Griff haben, während Frauen auf ihre Entdeckung und Beförderung warten, wäre zu voreilig.

Planung bedeutet, Ziele fixieren und Handlungsmöglichkeiten für sich darstellen, um dann, wenn die Umstände eintreten, die eine Entscheidung erfordern, diese vor dem jeweiligen Hintergrund, unter den jeweiligen Umständen bewußt zu treffen.

In diesem Sinne sind es natürlich insbesondere die Tätigkeitsbereiche, die Funktionen, die nach Möglichkeit mit den eigenen Zielvorstellungen harmonieren sollen. Weniger beeinflußbar auf dem Karrierepfad sind die Entscheidungen für eine bestimmte Branche und für ein Unternehmen einer bestimmten Größenordnung. Es zeigte sich, daß die meisten Männer und Frauen sehr bewußte Entscheidungen für die Tätigkeitsbereiche getroffen hatten, in denen sie anzutreffen waren, weniger häufig aber bewußte Entscheidungen in Richtung bestimmter Branchen und bestimmter Größenordnungen der Unternehmen.

Es ist naheliegend, die Wahl des *Tätigkeitsbereichs* entsprechend den eigenen Fähigkeiten und Neigungen zu treffen. Diese zu erkennen, gelang vielen Interviewpartnern während der Ausbildung, so daß nach der Lehre oder nach dem Studium die

Prioritäten zugunsten eines bestimmten Tätigkeitsbereichs gesetzt waren. In seltenen Fällen zeichneten sich die zukünftigen Tätigkeitsbereiche auch schon früher ab, so z.B. bei einem 43jährigen Geschäftsführer einer Bank: «Geld hat mich schon immer fasziniert. Ich habe schon meinen Geschwistern mit Darlehn ausgeholfen im Alter von 11/12 Jahren und schon damals eine pfenniggenaue Buchhaltung betrieben.» Einer Entscheidung für den Bereich Finanzen/Rechnungswesen/Controlling liegt, wie z.B. bei einem 37jährigen Hauptabteilungsleiter, die Faszination zugrunde, Entscheidungen anhand von Zahlen treffen zu können. Auch eine Entscheidung für den Bereich Marketing/Vertrieb/Verkauf hat ihren besonderen Grund. Ein 44jähriger Geschäftsführer kurz und bündig: «Ich kann besser reden als rechnen!» Oder man sucht einen Tätigkeitsbereich, in dem man verschiedene Fähigkeiten kombinieren kann, wie ein 43jähriger Geschäftsführer, der meinte, in der Beratung am ehesten die Kombination von fachlichen Überlegungen und Kontakt mit Menschen realisieren zu können.

Diejenigen, die ihre Funktion, in der sie sich heute befinden, als Ergebnis eines zufälligen Ereignisses darstellen, verweisen häufig darauf, daß gerade in diesem Tätigkeitsbereich im Unternehmen zufällig eine Position frei war, daß die Arbeitsmarktlage im erlernten Beruf schlecht war, oder daß sie zufällig auf eine Anzeige gestoßen seien und sich gar nicht so ernsthaft um die Position in diesem Bereich bemüht hätten. Einen anderen Fall beschreibt ein 48jähriger Hauptabteilungsleiter: «In den heutigen Tätigkeitsbereich bin ich dadurch gekommen, daß ich bestimmte Schritte nicht gemacht habe. Ich war bei einer amerikanischen Bank beschäftigt, für die ich in die USA gehen sollte, und da meine Frau aber nicht mitgehen wollte, habe ich mich dann anders orientiert.»

Warum entscheiden sich Frauen für bestimmte Tätigkeitsbereiche? Auch hier ist offensichtlich, daß Neigungen, die während der Ausbildung entdeckt worden sind, eine große Rolle spielen; aber es ist auch insbesondere der Umgang mit Menschen, der die Frauen reizt. An dieser Stelle ist zu vermerken, daß unter den Männern, die bewußte Entscheidungen für einen bestimmten Tätigkeitsbereich getroffen haben, sehr viel mehr als unter den Frauen solche sind, die in die Bereiche Marketing/Vertrieb/Verkauf strebten, während unter den Frauen nur eine einzige aufgrund ihrer Ausbildung den Bereich Marketing/Vertrieb/Verkauf anvisiert hatte. Es spricht einiges dafür, daß sich Frauen durchaus sehr bewußt für die Bereiche Finanzen/Rechnungswesen/Controlling und Personal entschieden haben. Dazu die 44jährige Warenhausleiterin: «Mir liegt es, Leute zu motivieren und zu beeinflussen. Mir ist es wichtig, daß sie sich im Sinne des Unternehmenserfolgs einsetzen.» Ähnlich die 50jährige Leiterin eines zentralen Schreibdienstes: «Ich habe mich bewußt dafür entschieden, weil hier Umgang und Förderung junger Menschen möglich ist.» Eine 44jährige Hauptabteilungsleiterin (Finanzen/Rechnungswesen/Controlling) hat ihre Position durch einen gezielten Einstieg in ein Steuerberatungsbüro vorbereitet.

Wenn der Zufall eine Rolle spielte, dann oft, weil die Umstände keine Wahl zuließen, so beim Wiedereinstieg in den Beruf oder wenn man im erlernten Beruf keine Stelle finden konnte.

Wenn auch die Mehrzahl der Frauen und Männer meinte, durch bewußte Entscheidungen in ihren Tätigkeitsbereich gekommen zu sein, so stellt sich in vielen Fällen jedoch der Weg dorthin so dar, daß bewußte Entscheidungen zu bestimmten Zeitpunkten in einer Kette von Zufällen getroffen worden sind. Hierfür steht die Äußerung eines 47jährigen Hauptabteilungsleiters in der Versicherungswirtschaft: «Als ich 1966 Examen machte, gab es wegen der leichten Rezession insgesamt wenig Stellen für Berufsanfänger. Insbesondere Versicherungen hatten damals noch Stellen ausgeschrieben. Ich bin dann zu einer Versicherung nach Köln gegangen, habe aber, da ich Münchner bin, immer Heimweh nach München gehabt. Meine Frau, die ich während des Studiums kennengelernt hatte, hatte eine sehr gute Stelle dafür aufgegeben und ist in Nordrhein-Westfalen Lehrerin geworden. Ich wollte aber zurück nach München und hatte mich dann bei dieser Versicherung beworben, und wir glaubten, daß es für meine Frau sehr einfach sein könnte, wieder in München Fuß zu fassen. Da sie aber inzwischen Handelslehrerin war, ist das im ersten Anlauf zumindest nicht gelungen, d. h. also, daß ich die Stelle, die ich eigentlich in München bei der Versicherung hätte haben wollen, nicht bekommen habe. Wir haben dann eine andere Taktik gewählt und zunächst einmal für meine Frau in München eine Stelle besorgt, Lehrerin mit halber Stundenzahl, und ich habe mich wieder bei dieser Versicherung gemeldet. Dann war natürlich die Stelle, auf die ich mich beworben hatte, nicht mehr frei, sondern ich bin in einen völlig anderen Bereich gekommen, auf den ich nicht vorbereitet war, praktisch so eine Art Marketing- und Vertriebstätigkeit.»

Ähnliches wird von einigen Frauen geschildert, so z. B. von der 47jährigen Hauptabteilungsleiterin (Finanzen/Rechnungswesen/Controlling und EDV): «Zur Zeit meiner Berufsausbildung waren Lehrstellen knapp, und da habe ich mich ganz unbewußt für den kaufmännischen Bereich entschieden, weil man da keine schmutzigen Finger bekommt.» Oder man versucht, durch Stellenwechsel und damit Wechsel des Tätigkeitsbereichs einer den weiteren Aufstieg behindernden Bremse zu entgehen, wie beispielsweise die 54jährige Hauptabteilungsleiterin (Finanzen/Rechnungswesen/Controlling): «In der Bank, in der ich früher tätig war, hat man mir klipp und klar gesagt, daß ich als Frau niemals Filialleiterin werden könne, obwohl ich im Kreditgeschäft tätig war und für das Kreditgeschäft unterhalb der Geschäftsführungsebene verantwortlich war. D. h., daß ich auch sehr viel mit Kunden zu tun hatte. Dadurch kannte ich aber auch das Unternehmen, in dem ich jetzt tätig bin und habe diesen Wechsel vollziehen können.» Und manchmal merkt man erst im Laufe der Zeit, mit welcher Beschäftigung mehr Geld zu verdienen ist, so die 58jährige Geschäftsführerin/Inhaberin einer Werbeagentur: «Geld für das Studium als Gewerbelehrerin war nicht da und als Nachwuchssängerin verdiente ich zu wenig; da bin ich per Zufall als Volontärin zu einem Verlag gekommen und habe festgestellt, daß mir Schreiben Spaß macht. Gleichzeitig entwickelte sich in diesem Verlag die Werbung. Der Anzeigenleiter entdeckte meine Talente, und ich bemerkte, daß ich in dem Bereich mehr Geld verdienen konnte als im redaktionellen Bereich.»

Fast die Hälfte der Männer und etwas mehr als die Hälfte der befragten Frauen sind in die *Branche*, in der sie heute tätig sind, mehr oder weniger «hineingerutscht», sei es durch Zufall, sei es durch Standortfaktoren, sei es durch elterlichen Einfluß.

Wenn diese Faktoren keine Rolle gespielt haben, warum entscheidet man sich dann für eine bestimmte Branche? Natürlich spielt hier teilweise die Ausbildung eine Rolle, aber auch andere Überlegungen, wie z. B. Sicherheitsüberlegungen, die bewirken, daß die berufliche Laufbahn bewußt mit einer Banklehre begonnen wird. Aber auch genau das Gegenteil kann der Fall sein, wenn man nämlich, wie der 37jährige Hauptabteilungsleiter (Finanzen/Rechnungswesen/Controlling) den Einstieg in einer «Pleitebranche» gesucht hat: «Ich hatte meine kaufmännische Lehre in einem Textilbetrieb absolviert und daher so ein bißchen den Stallgeruch dieser Branche. Zu der Zeit, als ich mit dem Studium fertig war, gehörte die Textilwirtschaft zu den Pleitebranchen. Das war für mich einerseits Herausforderung und eröffnete andererseits interessante Karrieremöglichkeiten.» Wer allerdings meint, daß gerade Männer solche Entscheidungen durchweg auf Basis derartiger rationaler Argumente treffen, dem seien zwei andere Äußerungen entgegengesetzt. So meinte ein 43jähriger Abteilungsleiter (Marketing/Vertrieb/Verkauf/Werbung/Einkauf): «Eigentlich war mir die Branche egal. In der Kosmetikbranche geht es oft härter zu als woanders, aber es ist immer noch schöner, Kosmetik als Knöpfe zu verkaufen.» Noch deutlicher wird der 44jährige Geschäftsführer, zuständig für den Bereich Marketing/Vertrieb/Verkauf, der «besser reden als rechnen kann»: «Wie ich in die Branche gekommen bin, ist vielleicht ein bißchen Zufall, soweit das die Möbelherstellung angeht. Allerdings wollt' ich immer etwas mit Holz zu tun haben, wegen des Geruchs und der Maserung, die ich so gerne mag.»

In großer Übereinstimmung befinden sich die Begründungen für die Wahl der Branche des 43jährigen Geschäftsführers einer Beratungsgesellschaft, die Einzelhandelsbetriebe berät, und der 44jährigen Warenhausleiterin. Der Geschäftsführer hat sich nach dem Abitur für den Einzelhandel entschieden. Er hat diese Betätigung gegenüber beispielsweise einer Beschäftigung in der Versicherungswirtschaft, einer Bank oder in der Industrie sorgfältig abgewogen und begründet seine Entscheidung für den Einzelhandel damit, «daß mich das unmittelbar zupackende Handeln reizte». Die Warenhausleiterin: «Ich bin durch Kontakte in den Handel gekommen und was mich dort besonders fasziniert, ist die Geschwindigkeit der Prozesse.» Und die exzellent geschminkte 36jährige Chemikerin, Hauptabteilungsleiterin (Produktion/Forschung und Entwicklung) hat sich bewußt für ihre Branche entschieden, weil sie, wie sie sagt, sehr «kosmetik-minded» sei (sie ist bei einem Kosmetikhersteller beschäftigt, der zu einem Chemiekonzern gehört).

Aus der schriftlichen Befragung «Männer und Frauen in Führungspositionen» ergab sich, daß Frauen deutlich häufiger in Klein- und Mittelbetrieben und seltener in Großunternehmen in Führungspositionen gelangt sind als Männer. Daher wurde im Rahmen der Interviews die Frage gestellt, ob die *Unternehmensgröße* bei der Karriereentscheidung eine Rolle gespielt hatte. Dabei zeigte es sich, daß für wesentlich mehr Frauen als Männern die Unternehmensgröße keine Rolle gespielt hatte, während deutlich mehr Männer als Frauen sehr bewußt diese Überlegung mit in ihre Entscheidung einbezogen hatten. So waren es insbesondere Männer, die von einem Großunternehmen bewußt in ein kleineres Unternehmen gewechselt sind, oder es waren Männer, die ihre Gründe anführten dafür, daß sie in einem größeren Unternehmen tätig sind.

Warum nun entscheidet man sich für ein größeres oder kleineres Unternehmen? Man geht von einem kleineren Unternehmen in ein größeres Unternehmen, weil man glaubt, dort mehr Entwicklungsmöglichkeiten zu haben. Aber auch der umgekehrte Weg wird häufig beschritten. Die Gründe, die die Frauen und Männer anführen, sind ähnlich:

- Je kleiner das Unternehmen, desto unternehmerischer kann man arbeiten
  (Hauptabteilungsleiter/General-Management/48 Jahre),
- in Großunternehmen sind die Entscheidungsprozesse zu lang und man kann dort zu wenig bewegen
  (Hauptabteilungsleiter/Produktion/48 Jahre),
- Spezialisierung in Großunternehmen war nicht gewollt, das Arbeitsgebiet sollte breiter angelegt sein
  (Hauptabteilungsleiter/Finanzen/Rechnungswesen/Controlling/Personal/General-Management/38 Jahre),
- ein mittelständisches Unternehmen reizt wegen seiner Überschaubarkeit und dem geringen Ausmaß an Bürokratie
  (Hauptabteilungsleiter/Finanzen/Rechnungswesen/Controlling/37 Jahre),
- sie mag nicht in einem Großunternehmen tätig sein, wo die täglichen kleinen Erfolge nicht spürbar werden, weil die Kommunikation zu lang dauert; außerdem sah sie eher Entwicklungsmöglichkeiten in Richtung zur Geschäftsführung in einem Unternehmen mittlerer Größenordnung
  (Geschäftsführerin/General-Management/36 Jahre),

- die Personalarbeit ist nur stark, wenn sie nicht anonym ist (Hauptabteilungsleiterin/Personalwesen/49 Jahre),
- eine Großbank schien ihr nicht interessant genug, weil sie da zu sehr spezialisiert hätte arbeiten müssen; andererseits hätte eine kleinere Bank keine entsprechende Führungsposition für sie geboten
(Abteilungsleiterin/Marketing/Vertrieb/Verkauf/42 Jahre).

Und worin liegt der Reiz der Größe?
- Das Tätigkeitsfeld in der kleineren Bank war zu beengt, daher Wechsel in ein Bankzentrum zu einer größeren Bank
(Geschäftsführer/General-Management/43 Jahre),
- in einer größeren Firma sah er mehr Entwicklungsmöglichkeiten
(Hauptabteilungsleiter/Einkauf/Materialwirtschaft/45 Jahre),
- ein größeres Unternehmen bietet ein weiteres Tätigkeitsspektrum als ein kleinerer Betrieb
(Geschäftsführer/General-Management/43 Jahre).

Bewußte Entscheidungen für einen bestimmten Tätigkeitsbereich können zwar getroffen, aber nicht immer realisiert werden, was aber nicht daran hindert, im Beruf zweiter Wahl erfolgreich zu sein und Karriere zu machen! Und: Neben aller Rationalität spielt die positive sinnliche Wahrnehmung des Produkts bei der Entscheidung für eine Branche eine offen zugegebene Rolle. Das alles gilt für Männer wie für Frauen!

Marketing – wie lange noch Domäne der Männer?

Die Zahlen aus der 1986 durchgeführten Untersuchung «Männer und Frauen in Führungspositionen» machten deutlich, daß die meisten Frauen in Führungspositionen in den Bereichen Finanzen/Rechnungswesen/Controlling und Personalwesen beschäftigt sind, während der größte Anteil der Männer in Führungspositionen sich in den Bereichen Marketing/Vertrieb/Verkauf befindet. Ähnliche Relationen beschreibt die Grundgesamtheit der Interviewpartner. Nur eine einzige und zudem eine der jüngeren Frauen hatte sich von vornherein für eine Tätigkeit im Bereich Marketing/Vertrieb/Verkauf entschieden, während die übrigen Frauen insgesamt stark in Richtung des Personalbereichs tendierten. Im Vergleich dazu hatten relativ viele der männlichen Führungskräfte Entscheidungen in Richtung Marketing/Vertrieb/Verkauf getroffen.

Um die Frage, ob diese Relation in Zukunft so bleiben wird, beantworten zu können, sollte den Ursachen hierfür auf den Grund gegangen werden. Welche Erklärungen haben die Interviewpartner hierfür? Dabei zeigte sich, daß Männer und Frauen in ihren Auffassungen in vielerlei Hinsicht übereinstimmten.

Frauen über Frauen in den Bereichen Finanzen/Rechnungswesen/Controlling und Personal:
- «Frauen traut man in internen Bereichen mehr zu»,
- «Frauen trauen sich selbst dort mehr zu»,
- «Frauen wachsen oft über die Buchhaltung in die Bereiche Finanzen/Rechnungswesen/Controlling hinein»,
- «da die Buchhaltung immer schon weiblich besetzt war, haben Frauen dort weniger Akzeptanzprobleme»,
- «Frauen treffen ungern Entscheidungen, sie machen lieber den Papierkram»,
- «Frauen scheuen Kontakte, sitzen lieber am Schreibtisch und haben ein geregeltes Leben»,

- «im Bereich Finanzen/Rechnungswesen/Controlling gibt es mehr Regeln, an die man sich halten kann»,
- «man hat dort (im Personalwesen) mit Menschen zu tun, das ist fast eine Sozialposition».

Frauen über die Tatsache, daß es bisher so wenig Frauen im Bereich Marketing/Vertrieb/Verkauf gibt:

- «Männer sind bessere Verkäufertypen, bessere Schaumschläger»,
- «im Marketing geht es hemdsärmeliger zu»,
- «Frauen reisen nicht gerne, außerdem können sie keine schweren Musterkoffer tragen»,
- «Männer sind kreativer, durchsetzungsfähiger und skrupelloser»,
- «Frauen sind oft fachlich sehr gut, haben aber weniger den Hang zum Managen»,
- «Frauen im Marketing/Vertrieb/Verkauf sind ein Risiko, weil Frauen im äußeren Auftreten unkalkulierbar sind».

Männer über die Tatsache, daß es bisher so wenig Frauen im Marketing/Vertrieb/Verkauf gibt:

- «sie können zu Hause bleiben, oft ist die Reisetätigkeit von ihnen selbst oder vom Partner nicht erwünscht»,
- «Frauen sind in ihrer Außenwirkung problematisch und unkalkulierbar»,
- «Frauen im Außendienst stellen ein Experiment dar, das sich eine Frau nur als Unternehmerin selbst leisten kann»,
- «Frauen haben Probleme, Vertrauen der Kunden zu gewinnen, sie brauchen dazu wesentlich mehr Fachwissen als Männer»,
- «die Geschäftspartner sind vorwiegend männlich; die Kontaktaufnahme von Mann zu Mann leichter»,
- «im Bereich Vertrieb/Verkauf gibt es lange Arbeitstage, Frauen sind dafür nicht stark genug»,
- «Frauen fehlt dazu der Mut, die Risikobereitschaft und das erforderliche Unternehmerdenken», und – kaum zu glauben –

– «Frauen sind deshalb so selten im Außendienst, weil man sich überlegt, ob man ihnen einen Dienstwagen anvertrauen sollte!»

Sind das die Vorurteile, Urteile und Einstellungen die auch die Zukunft bestimmen werden? Zwar weist eine einzige Frau auf ein Konkurrenzunternehmen hin, in dem neuerdings sehr viele Frauen im Vertrieb beschäftigt sind, doch insgesamt finden sich in den Äußerungen der Frauen wenig Ansatzpunkte, die auf eine Veränderung dieser Verhältnisse hindeuten.

Da stimmen einige Äußerungen der Männer hoffnungsfroher, wie z. B. die eines 48jährigen Hauptabteilungsleiters (General-Management): «Im Grunde genommen meine ich, daß Frauen für den Vertrieb und Verkauf viel geeigneter sind als Männer. Ich selber z. B. kaufe sehr viel leichter bei einer Dame.»

Ein Abteilungsleiter aus der Versicherungswirtschaft, Ende 40, allerdings stimmt dem nur eingeschränkt zu: «Frauen können natürlich gut Brot verkaufen, aber bei Versicherungen, da denkt man sich dann schon, da müsse ein Mann kommen.» Und das, obwohl er gerade erklärt hatte, daß bei den Frauen die Fähigkeiten zum Verkaufen vorhanden seien – er verwies auf die Verhältnisse in Japan, wo 90% aller Verkäufer von Versicherungen Frauen seien! Hierzu noch einmal ein Vertreter aus der Versicherungswirtschaft (Hauptabteilungsleiter/Marketing/Vertrieb/Verkauf, 47 Jahre): «Frauen sind im Bereich Marketing/Vertrieb/Verkauf Akzeptanzproblemen ausgesetzt. Eine Frau könnte dort verunsichern, weil die Männer auf der Kundenseite nicht gelernt haben, mit Frauen zu verhandeln. Andererseits meine ich, daß Frauen häufig ein richtiges Gespür für kundenspezifisches Verhalten entwickeln können, aber das einzusetzen, dem stehen noch die Akzeptanzprobleme entgegen.»

Fazit: Frauen mögen es schon können, das Verkaufen, jedoch sollen sie es noch nicht dürfen, weil der männliche Kunde verunsichert sein könnte!

Werden den Frauen auch typische Verkäufereigenschaften abgesprochen, in einer Hinsicht haben sie die rückhaltlose Bewunderung der Männer: Frauen können besser mit Geld umgehen! Wenn man sie auch für Managementaufgaben im Marketing nicht für «umgänglich und flexibel genug» hält, so meint man doch, daß Frauen in finanziellen Dingen sehr viel härter sind als Männer.

Bleiben also die Bereiche Marketing/Vertrieb/Verkauf bis auf weiteres eine Männerdomäne? Sicher dann, wenn Männer, die heute in den Leitungspositionen dieser Bereiche sitzen, nicht den Mut aufbringen, das Risiko «Frau» mitzutragen, und solange gleichzeitig junge Frauen wie ihre Vorgängerinnen in die Bereiche Personal und Controlling streben und nicht im höheren Maße als früher bereit sind, das Risiko einer Position mit Umsatzverantwortung einzugehen, in der sie schneller als anderswo ihren Erfolg – aber auch ihren Mißerfolg – unter Beweis stellen können.

Mehr Chancen für Frauen in Klein- und Mittelbetrieben

Während die 1986 durchgeführte schriftliche Befragung unter Männern und Frauen in Führungspositionen zu dem Ergebnis kam, daß Frauen eher in Klein- und Mittelbetrieben als in Großunternehmen in Führungspositionen gelangen und Männer häufiger in Großunternehmen in Führungspositionen zu finden sind, konnten diese Verhältnisse bei den Interviewpartnern so nicht bestätigt werden. Dennoch wurde in den Interviews deutlich, daß wesentlich mehr Männer als Frauen bewußt eine Entscheidung für ein Unternehmen im Hinblick auf dessen Größe getroffen hatten.

Was die Begründungen dafür angeht, daß Frauen eher in Klein- und Mittelbetrieben in Führungspositionen gelangen, waren sich die befragten Männer und Frauen im wesentlichen einig. Frauen wie Männer meinten, daß für die Führungspositionen geeignete Männer eher in Großunternehmen streben und dadurch in den Klein- und Mittelbetrieben Lücken entstehen, die durch die Frauen geschlossen werden können. Damit ist dann auch beim Aufstieg die Auswahl an männlichen Führungskräften in den mittleren Betrieben nicht so groß wie in den Großunternehmen. Einer der männlichen Befragten ging sogar soweit zu behaupten, daß in Klein- und Mittelbetrieben für Führungspositionen generell nur schwächere Leute als in Großunternehmen zur Verfügung stünden. Dadurch hätten Frauen hier mehr Chancen.

Als wichtiger weiterer Grund wurde genannt, daß sich in Klein- und Mittelbetrieben die persönliche Leistungsfähigkeit besser darstellen läßt. Die Leistung fällt schneller auf und läßt sich nicht so leicht unterdrücken und verschweigen wie in Großunternehmen, wo Intrigen und Abteilungsquerelen den Erfolg oft beeinflussen. Ein männlicher Interviewpartner meinte, daß in Großunternehmen oft ein Abstimmungskrieg das Geschehen beherrsche und Frauen in diesem Abstimmungskrieg schneller und früher resignierten. Andere Interviewpartner waren der Auffassung, daß bei der Besetzung von Führungspositionen in Klein- und Mittelbetrieben die Persönlichkeit und das Einfühlungsvermögen eine bedeutendere Rolle spiele als bei der Besetzung von Führungspositionen in Großunternehmen. Außerdem war eine Interviewpartnerin der Auffassung, daß Frauen in mittleren und kleineren Unternehmen sich mit ihrer Persönlichkeit besser einen Freiraum schaffen können.

Auch die Standardisierung der Personalauswahl und die starke Hierarchisierung in Großunternehmen erschien allen In-

«Die ideale Frau . . .

... gibt es ebensowenig wie den idealen Mann, bloß ein bißchen öfter», hat die streitbare Vanessa Redgrave zu Protokoll gegeben.

So bleibt denn offen, wer wie zu sein hätte, und davon, was ideal ist, hat auch jeder seine eigene Vorstellung. Vielen Frauen ist inzwischen wichtig, möglichst unabhängig zu sein. Und sie wissen: Ein bißchen Geld gehört dazu.

terviewpartnern für Frauen sehr ungünstig zu sein. Mehrere der weiblichen wie männlichen Interviewpartner waren der Auffassung, daß Männer in den Hierarchien der Großunternehmen den Aufstieg von Frauen nicht zuließen. Eine 36jährige Hauptabteilungsleiterin verweist darauf, daß ihre Beförderung zur Leiterin des Bereichs Produktion und Entwicklung «eine mittlere Palastrevolution» in dem von konservativ eingestellten Männern geführten Konzern dargestellt habe. Einer der männlichen Interviewpartner meinte: «Wenn Mann und Frau in gleicher Position sind, dann wird der Mann der Frau immer so manchen Stein in den Weg legen.»

Wenn eine Interviewpartnerin behauptet, daß große Unternehmen das Risiko «Frau» nicht so gerne eingingen, so scheint das paradox, denn große Unternehmen, müßte man meinen, könnten sich dieses Risiko – wenn es denn eins ist – viel eher leisten als Klein- und Mittelbetriebe, die durch das mögliche Ausscheiden einer weiblichen Führungskraft in viel ernstere Bedrängnis gebracht würden, als das in einem Großunternehmen der Fall wäre. Dieses Paradoxon löst sich jedoch auf, wenn man es der Äußerung eines 41jährigen Hauptabteilungsleiters (Finanzen/Rechnungswesen/Controlling) aus der Versicherungswirtschaft gegenüberstellt. Er berichtet von einem Kollegen, der eine Frau als seine Stellvertreterin, die schließlich seine Nachfolge antreten sollte, aufgebaut habe. Als diese Frau dann, als es soweit war, ein Kind bekam und ausschied, stand der Mann ziemlich «im Regen». Er mußte sich den Vorwurf gefallen lassen, eine Frau aufgebaut zu haben. Der Interviewpartner meint: «Letztlich hält man doch immer den Kopf dafür hin, daß man eine Frau entsprechend herangezogen hat.» Mit dieser Auffassung steht er nicht allein. So meint der 48jährige Hauptabteilungsleiter (General-Management): «In Großunternehmen fürchten die Männer die Probleme, die auf sie selbst zurückschlagen, die sie ausbügeln müssen, wenn sie eine Frau einstellen und mit dieser Frau Probleme kriegen.» Eine 42jährige Abteilungsleiterin (Marketing/Vertrieb/Verkauf) bringt es auf den Punkt: «Frauen in kleineren Unternehmen kommen eher in Führungspositionen, weil sie mehr auffallen, und wenn ein Mann allein an der Spitze eines Unternehmens steht, läßt er sich noch eher mal auf eine Frau ein, als wenn ein ganzes Vorstandskollegium darüber zu entscheiden hat.» Ähnlich ein 49jähriger Hauptabteilungsleiter (Produktion): «In kleineren und mittleren Unternehmen lassen besondere Einstellungen und Präferenzen der Inhaber es eher zu, daß Frauen eine Chance gegeben wird, während Großunternehmen da nicht besonders offen sind.»

Faßt man alle diese Begründungen zusammen, kristallisieren sich zwei wesentliche Aussagen heraus:

1. Frauen haben in kleineren Einheiten mehr Chancen, weil dort die Leistung wichtiger ist als das Geschlecht und obendrein Arbeitsbedingungen flexibler gestaltet werden können. Gleichzeitig wird den Frauen in kleineren Einheiten durch die sichtbare Rückkoppelung von Unternehmenserfolg und ihrer persönlichen Leistung eher klar, welche bedeutende Position sie einnehmen bzw. welche Lücke sie hinterlassen, wenn sie ausscheiden würde.
2. Hierarchien in Großunternehmen sind frauenfeindlich, da die Männer in Hierarchien vom Aufstieg der Frauen negativ betroffen sind und viele Männer diese(n) daher eher versuchen zu behindern.

Vor diesem Hintergrund erscheint es erklärlich, daß in Großunternehmen besondere Maßnahmen ergriffen werden müssen, will man den Frauen die gleichen Chancen für den Aufstieg einräumen wie den Männern.

Einflüsse auf die Karriereentwicklung

Das Elternhaus

Nur eine Minderheit der befragten Männer und Frauen in Führungspositionen meinten mit Sicherheit behaupten zu können, daß ihr Elternhaus keinen oder keinen wesentlichen Einfluß auf die Entwicklung ihrer Karriere gehabt habe.

Diejenigen, die einen Zusammenhang zwischen ihrem Elternhaus und ihrer Karriere sehen, nennen häufig die Art der familiären Atmosphäre wie auch die Art der Erziehung als Einflußfaktor. Der Familiensinn, das harmonische Familienleben, die geordneten Verhältnisse, sind nach Auffassung einiger Männer die Basis für ihre Karriereentwicklung gewesen. Wenn die Erziehungsgrundsätze im Elternhaus als karrierebegünstigende Einflußfaktoren genannt wurden, so lassen sich diese zusammenfassen in der Formel «Forderung und Förderung zugleich». In dieser Hinsicht machen Frauen und Männer keine Unterschiede: Männer heben die preußische Erziehung hervor, die Tatsache, daß ihnen gutes Benehmen und sicheres Auftreten beigebracht worden sei, die Erziehung zu einem anständigen geraden Menschen in einer Umgebung, in der Leistung zu erbringen, die höchste Tugend war. Frauen sind angehalten worden, ordentlich zu arbeiten, fleißig, diszipliniert und – mehrfach genannt – zuverlässig zu sein! Die ausdrückliche Hervorhebung der Erziehung zur Zuverlässigkeit erscheint gerechtfertigt und begründet insofern, als alle Frauen, die eine frühe Berufsentscheidung getroffen haben, diese zuverlässig in eine Karriere transformiert haben. Was die Förderung angeht, so zeigte sich bei einigen männlichen wie auch weiblichen Interviewpartnern eine enorme Dankbarkeit gegenüber den Eltern für die ermöglichte Ausbildung.

Wenn der Einfluß des Elternhauses darüber hinaus differenzierter dargestellt wurde, dann insbesondere im Hinblick auf den väterlichen Einfluß, der aus verschiedensten Gründen bei genausoviel Frauen wie Männern eine bedeutende Rolle gespielt hat. Dabei lassen sich zwei Richtungen des Einflusses deutlich unterscheiden: Zum einen tritt man im weitesten Sinne in die Fußstapfen des Vaters, in anderen Fällen wiederum erscheint die Karriere als Trotzreaktion auf die herabsetzende Art und Weise des Umgangs der Väter mit Söhnen wie auch mit Töchtern. Für die erste Kategorie des Vatereinflusses stehen insbesondere Frauen, die sich bei ihrer Berufsentscheidung am Beruf des Vaters orientiert haben.

Eine derart deutliche Orientierung an der Berufsentscheidung der Väter ist bei den Männern nicht anzutreffen. Zwar wird von einem Mann erwähnt, daß er durch die frühe Mitarbeit beim selbständigen Vater auch frühzeitig mit der Arbeitswelt und gewissen Gepflogenheiten vertraut wurde, jedoch ergibt sich hieraus keine Initialzündung für die Berufsentscheidung. Eher war es schon das, was der Vater nicht erreicht hatte und was der Sohn erreichen wollte, was schließlich karrierestimulierend wirkte. Ein 45jähriger Abteilungsleiter (Marketing/Vertrieb/Verkauf): «Mein Vater war in einer mittleren Führungsposition, und ich habe als Kind miterlebt, wie er einfach nicht weiter kam; mein Vater hat daran sehr schwer getragen, und das hat bei mir ausgelöst, daß ich die Dinge sehr stark vorantreibe, auch wenn es keiner merkt. Denn: Wenn man dann Erfolg hat, kann einem das hinterher keiner mehr kaputt machen!» Einen ähnlichen Tenor hat die Äußerung eines 43jährigen Geschäftsführers einer Bank: «Mein Vater war Beamter, und ich wußte, daß ich das nie werden wollte!» In einem anderen

Fall waren es die durch den Beruf des Vaters bedingten ärmlichen häuslichen Verhältnisse, die zur Leistung anspornten, wie bei einem 44jährigen Hauptabteilungsleiter (Personal). Eine ähnliche, durch den Vater bedingte Karrieremotivation gab es bei einem 49jährigen Hauptabteilungsleiter (Produktion): «Wichtig war für mich der durch die Eltern begründete Ehrgeiz, der in die Erziehung gelegt worden ist. Es ging darum, den Aufstieg der Familie fortzusetzen; der Großvater war noch Handwerker, mein Vater war schon ein Aufsteiger, der als Buchhalter mit weißem Kragen am Schreibtisch saß. Dazu kommt, daß mein Elternhaus streng evangelisch und pietistisch war; Leistung zu erbringen war die höchste Tugend.»

In die Reihe derer, die die Verhältnisse im Elternhaus als Herausforderung zur Karriere begriffen haben, reiht sich auch der bereits schon zitierte frühere Maschinenbauingenieur, heutige Unternehmer ein, der bereits im Kindesalter – anstelle seiner Eltern – für sich entschieden hatte, von der Volksschule auf das Gymnasium zu wechseln.

Während im allgemeinen der Einfluß des Elternhauses – gleich in welcher Richtung – auf die Phase der Jugendzeit begrenzt ist, geht ein 49jähriger Hauptabteilungsleiter (Marketing/Vertrieb/Verkauf) sogar soweit, daß er sagt, daß die Entscheidung für das Unternehmen, in dem er tätig geworden ist, durch seine Eltern beeinflußt worden sei, indem sie darauf geachtet hätten, daß er sich nur in «renommierten Häusern» bewarb; dadurch absolvierte er die Lehre in einer der feinsten Firmen der Branche, in der er heute beschäftigt ist.

Während also die Karrieren der Männer sehr häufig auf das zurückzuführen sind, was die Väter nicht erreicht haben, ist es bei den Frauen eher umgekehrt. Wie schon erwähnt, orientiert sich die Berufsentscheidung der Frauen häufig am Beruf des Vaters. Darüber hinaus ist der Einfluß durch die Persönlichkeit des Vaters sehr unterschiedlich. Wenn Frauen sich zur Karriere herausgefordert fühlen, dann stellt sich dies meistens als Trotzreaktion auf die abwertenden und herabsetzenden Äußerungen des Vaters dar. So wurde hierdurch z. B. der Ehrgeiz einer 34jährigen Hauptabteilungsleiterin (Devisenhandel) angestachelt, die der Auffassung ihres Vaters, daß aus ihr doch nie etwas werden könne, ihre beruflichen Erfolge entgegensetzen wollte und konnte. Ähnlich erinnert sich eine 58jährige Geschäftsführerin, Inhaberin einer Werbeagentur: «Wir waren drei Töchter. Unser Vater hat uns sämtlichst einen Minderwertigkeitskomplex eingepflanzt, d. h., er hat uns bis zum Alter von ungefähr 16 Jahren nur negative Eindrücke in dem Sinne vermittelt, daß man ja schließlich *nur* ein Mädchen sei, und ich wollt es ihm einfach zeigen, daß ich auch als Mädchen beruflichen Erfolg haben kann.» Zur Ehrenrettung der Väter sei die Äußerung einer 52jährigen Prokuristin aus der Versicherungswirtschaft angeführt, die das Motto, welches ihr Vater ihr mit auf den Weg gegeben hat: «Nie nach unten treten, nur nach oben», erfolgreich umgesetzt hat. Allerdings scheint es sich hier auch um eine außergewöhnliche Vaterpersönlichkeit gehandelt zu haben, die als besonders aufmüpfig beschrieben wird – der Vater war während des Zweiten Weltkriegs aktiv im Widerstand. Sicherlich spielt hier auch der Einfluß der Mutter eine große Rolle: «Meine Mutter stammte aus freigeistigem Hause, sie war eine voll emanzipierte, weltoffene Frau.»

Was erwartungsgemäß bei den Männern nicht vorkommt, wird doch immerhin von einem guten Viertel der interviewten Frauen benannt, nämlich der Einfluß der Mutter auf die berufliche Entwicklung. Wenn Frauen behaupten, daß Eltern etwas mit ihrer Karriere zu tun gehabt hätten, dann werden vorwiegend Äußerungen über die Mütter genannt. So findet die Mutter als emanzipierte Frau Erwähnung, wie auch die Frau, die die Vaterrolle bei den Kindern übernommen hatte. Außerdem spielt in bezug auf die Mütter ein ähnliches Motiv für die Karriere eine Rolle, wie bei den Männern in bezug auf die Väter: Der Wunsch, über die Mütter hinauszuwachsen. Das gilt für die Frau, die mittels ihrer Karriere die Abhängigkeit, die sie bei der Mutter kennengelernt hat, vermeiden möchte und das gilt auch für die Frau, deren Mutter zwar eine hervorragende Ausbildung hatte und als emanzipierte Frau geschildert wird, aber dennoch aufgrund der «Verhältnisse» nicht die Möglichkeit hatte, ihre Ausbildung in eine Karriere umzusetzen.

Zusammenfassend ist festzustellen, daß die Einflüsse des Elternhauses auf die Karrieren von Männern und Frauen gleichartig und gleichermaßen vielfältig sind: Das Elternhaus muß grundlegende Voraussetzungen in Form einer günstigen Familienatmosphäre geschaffen haben, die Eltern müssen Söhnen wie Töchtern eine karriereorientierte Ausbildung ermöglicht haben, und: Sowohl bei Männern wie auch bei Frauen wirkt der Vatereinfluß in jeweils unterschiedlicher Weise karrierefördernd. Mütter scheinen, wie oben bereits ausgeführt, eine weniger bedeutende Rolle zu spielen: Männer erwähnen im Zusammenhang mit ihrer Karriereentwicklung den Einfluß der Mutter gar nicht, bei Frauen ist es nur eine Minderheit, die diesen Einfluß für besonders bedeutend hält.

Ob Frau, ob Mann – was ist da dran?

Es ist kaum zu glauben: Die meisten Männer und die meisten Frauen – und zwar jeweils genausoviel – meinten, daß es für ihre Karriere ein Vorteil gewesen sei, ein Mann bzw. eine Frau zu sein! 15 von 27 Männern antworteten auf die Frage «Glauben Sie, daß es für Sie in Ihrem beruflichen Umfeld eher ein Vorteil ist, ein Mann zu sein?» mit einem bedingungslosen «Ja», 15 von 22 Frauen antworteten auf die analoge Frage mit einem manchmal nicht so bedingungslosen, aber deutlichen «Ja».

Warum antworten nicht alle Männer mit einem bedingungslosen und eindeutigen «Ja» auf diese Frage? Einige der Interviewpartner erklären ihre Einschränkungen, woraus deutlich wird, daß sich die Zeiten bereits geändert haben: «Heute ist es nicht mehr unbedingt so, früher ja!» Oder es heißt:

«Zumindest noch ist es so; aber Frauen sind dann im Vorteil, wenn sie als Vorzeigefrau in die Führungsebene gehievt werden.» Oder man bezieht die Funktion mit ein:

«Im Außenverhältnis ist das noch so, im Innenverhältnis gibt es keinen Vorteil mehr.» Und schließlich erkennt sogar ein Mann:

«Es ist nicht unbedingt ein Vorteil, ein Mann zu sein, da Frauen mit Sachkompetenz einen Frauenvorteil haben.»

Dies bestätigen auch die Frauen. Viele Frauen meinen, daß sie zwar anfangs keinen Vorteil, sogar eher Nachteile wegen ihres Geschlechts hatten, nachdem sie aber die Anerkennungshürde überwunden hatten, dann doch den eben genannten Frauenvorteil zu spüren bekamen. Manche Frauen beziehen den Vorteil nur auf ihre eigene Person, indem sie zum Ausdruck bringen, daß Frauen generell zwar keinen Vorteil hätten, sie selber von ihrer Weiblichkeit aber durchaus profitiert haben. Sie meinen, daß diese Vorteile auf ihre besonderen Eigenschaften zurückzuführen seien, aber auch darauf, daß Frauen in manchen Situationen einen Vorteil hätten, z. B. wenn es um Verhandlungsvorteile gehe. Während viele Männer immer noch meinen, daß die Frau im Außenverhältnis Probleme habe oder ein Problem darstelle, weisen die Frauen darauf hin, daß sie insbesondere im Außenverhältnis bei Verhandlungen mit unternehmenexternen Partnern Vorteile hätten.

Nur zwei Frauen meinten, daß es eigentlich ganz egal sei, ob sie Frau oder Mann seien, und immerhin noch 6 Frauen verwiesen darauf, daß es eher ein Nachteil sei, eine Frau zu sein. Dabei ist festzustellen, daß die Frauen diesen Nachteil nicht unbedingt auf sich selbst beziehen, sondern auf die Nachteile, die Frauen im allgemeinen haben könnten, z. B. dann, wenn die Frau vergißt, daß sie eine Frau ist, was nichts anderes heißt, als daß ein frauenspezifischer Nachteil nur dann entstehen kann, wenn aus der Frau ein Pseudomann wird.

Annähernd 20% der 1986 in der Studie «Männer und Frauen in Führungspositionen» befragten Frauen erklärte, durch Vorurteile gegenüber ihrem Geschlecht in der Karriere behindert worden zu sein. Selbst einige der interviewten Männer legten dar, daß aus ihrer Sicht Frauen in ihrer Karriere von Männern auch behindert werden, weil sie Frauen seien. Hier nun führen die meisten Frauen an, daß es ein Vorteil gewesen sei, Frau zu sein. Wie läßt sich dieser Widerspruch auflösen? Warum glauben Frauen, im Vorteil zu sein?

1. Sie glauben es, weil sie meinen, besondere Eigenschaften zu haben, die für die Erfüllung ihrer Aufgabe wichtig sind. Eine Controllerin schwört auf weibliche Diplomatie. Die Geschäftsführerin einer gemeinnützigen Organisation beruft sich auf Eigenschaften, die ihrer Ansicht nach bei Frauen häufiger zu finden sind als bei Männern, wie z. B. Einfühlungsvermögen und Begeisterungsfähigkeit. Eine Abteilungsleiterin aus der Versicherungswirtschaft zitiert ihre männlichen Vorgesetzten, die meinen, daß es wohl eher ein Vorteil sei, eine Frau zu sein, weil Frauen intuitiver vorgingen.

2. Es ist die Weiblichkeit und die Einzigartigkeit der Weiblichkeit in ihrer männlichen Umgebung, die den Frauen letztendlich nach übereinstimmender Ansicht einen Vorteil verschafft. Das gilt für die 36jährige Hauptabteilungsleiterin (Produktion/Forschung und Entwicklung), die der Auffassung ist, daß eine andere Frau in ihrer Position sehr wohl Nachteile hätte, wenn sie nämlich vergäße, eine Frau zu sein, genauso wie für die 54jährige Frau, die als Hauptabteilungsleiterin und Mitglied des Vorstands der im Aufbau befindlichen Schwestergesellschaft für Finanzen/Rechnungswesen/Controlling zuständig ist, die meint, daß es «Situationen gibt, wo ich als Frau mit der Kompetenz aus

der Bank, in der ich früher gearbeitet habe, spürbare Vorteile habe.» Sie fügt hinzu, daß sie durchaus wahrnimmt, daß sie gegenüber ihrem Aufsichtsrat als Frau im Vergleich zu den gleichqualifizierten Männern einen zusätzlichen Pluspunkt durch ihr Frausein hat.

Nicht nur für die eigene Arbeit (z. B. bessere Ergebnisse als der männliche Abteilungsleiter auf gleicher Ebene bei der Lehrlingsausbildung), auch für bestimmte Problemsituationen wird die Tatsache, in einer Situation als Frau zu agieren, als positiv empfunden, wie die folgende Schilderung der 44jährigen Warenhausleiterin belegt: Zwar habe ihr potentieller Vorgesetzter, dem sie präsentiert wurde, zunächst mit großer Ablehnung reagiert, dann aber, als sie die Position bekommen hatte, habe er sich um 180 Grad gewendet. Außerdem sieht sie heute auch deutliche Vorteile als Frau in den externen Beziehungen und berichtet in diesem Zusammenhang von folgendem Vorfall: «Ein Metzger in der Fleischabteilung hat geraucht. Der Abteilungsleiter hat ihm die Zigarette aus dem Mund genommen oder aus der Hand geschlagen, ich weiß es nicht genau, daraufhin hat der Metzger den Abteilungsleiter arbeitsunfähig geschlagen. Nun stand ich mit dem Problem insofern nicht allein da, als der oberste gefürchtetste Aufseher vom Gewerbeamt höchstpersönlich kam, um den Beteiligten in meinem Beisein den Gesetzestext mit den hierfür zutreffenden Hygienevorschriften zu verlesen. Ich glaube nicht, daß dieser Mann gekommen wäre, wenn ich ein Mann gewesen wäre.»

Eine 42jährige Abteilungsleiterin (Marketing/Vertrieb/Verkauf) meint kurz und bündig: «Ein Vorteil ist es, wenn man das Frausein zusätzlich zur Leistung, die man bringt, noch ausspielen kann.» Sie fügt aber auch hinzu: «Ein Nachteil haben Frauen ganz eindeutig bei Beförderungen, denn da werden sie eher übergangen.» Das bestätigt ein Mann, der es sich leisten kann (62 Jahre, kurz vor dem Ausscheiden aus der Arbeitgeberfirma und vor dem Sprung in die Selbständigkeit): «Männer blockieren Frauen aus falschem Pavianstreben, und zwar sowohl auf gleicher Ebene wie auch von oben, d. h., ein Mann auf gleicher Ebene befürchtet, daß die Frau auf der gleichen Ebene seine Vorgesetzte werden könnte. Und von oben werden Frauen ebenfalls blockiert, weil man sich nicht nachsagen lassen möchte, eine Frau befördert zu haben.»

Doch dazu später mehr (vgl. S. 183ff.).

Faßt man die Äußerungen der Frauen wie auch der Männer zusammen, so erscheinen sie unter dem dynamischen Aspekt weniger widersprüchlich. Mit dem dynamischen Aspekt ist sowohl der zeitliche Rahmen der gesellschaftlichen Entwicklung gemeint, wie auch der zeitliche Rahmen der individuellen Karriereentwicklung der Frau. Was den zeitlichen Rahmen der gesellschaftlichen Entwicklung angeht, so wird insbesondere in den Äußerungen der Männer deutlich, daß «die Verhältnisse sich ändern»; zumindest besteht diesbezüglich eine Erwartungshaltung. Die daraus folgende Fragestellung lautet: Wenn man erwartet, daß mehr Frauen in den betrieblichen Alltag der Führungsetagen Eingang finden werden, wie reagieren Männer darauf? Dieser Frage wird in Kapitel 3 nachgegangen.

Was den dynamischen Aspekt der Karriereentwicklung der einzelnen Frau angeht, so kann festgestellt werden, daß auch die Frauen, die heute der Auffassung sind, daß es für sie in verschiedener Hinsicht ein Vorteil ist, eine Frau zu sein, die Anerkennungsphase hinter sich bringen mußten, in der sie erfahren haben, daß es ein Nachteil ist, eine Frau zu sein. Dieses bezieht sich vor allen Dingen auf die enorme Durchsetzungskraft, die gegenüber Kollegen aufzubringen war, und auf die anfängliche Skepsis, die in externen Beziehungen zutage trat. Hierzu noch einmal die 58jährige Geschäftsführerin/Inhaberin einer Werbeagentur: «Gerade bei der Beratung von Kunden ist mir im ersten Gespräch doch sehr viel Skepsis entgegengeschlagen. Skepsis darüber, daß da nun eine Frau kommt, denn die zuständigen

Marketingleiter sind in der Regel Männer gewesen. Ich habe jedoch festgestellt, daß, wenn ich diese erste Skepsis abgebaut hatte – und die muß man im ersten Gespräch abbauen, sonst geht das gar nicht weiter –, daß ich dann später doch eher Vorteile gehabt habe.» Ähnliche Erfahrungen hat die 34jährige Hauptabteilungsleiterin (Devisenhandel) gemacht, die zunächst mit ihren Kollegen enorme Schwierigkeiten hatte, sich durchsetzte und heute erklärt: «Ich habe Geschäfte an Land gezogen, die sonst in der Bank keiner gebracht hätte, vor allen Dingen bei älteren Großkunden, die ausdrücklich nur mit mir verhandeln wollen, oder nur mit mir sprechen wollen – und da weiß man schon, wenn ich nicht da bin, hat's überhaupt keinen Zweck, daß jemand anders mit solch einem Kunden spricht.»

Deutlicher läßt sich die akquisitorische Leistung der Weiblichkeit kaum belegen; ein lebendiger Beweis für die These, daß Frauen ein Gewinn für die Unternehmen sind!

Tauschen wir doch mal...

Wenn ebenso viele Männer wie Frauen es als vorteilhaft für ihre Karriere empfinden, ein Mann bzw. eine Frau zu sein, dann heißt das noch lange nicht, daß Männer gegen Frauen ohne weiteres austauschbar wären. Während alle Frauen – bis auf die Leiterin eines zentralen Schreibdienstes – sich ohne Einschränkungen auch einen Mann an ihrem Platz vorstellen könnten, kann nur eine Minderheit der Männer sich eine Frau an ihrem Platz vorstellen.

Die meisten Männer wollen zwar nicht strikt und grundsätzlich verneinen, daß ihr Platz auch von einer Frau ausgefüllt werden könnte, sie machen aber doch deutliche Einschränkungen, die notfalls nicht auf ihrer eigenen Auffassung, sondern auf der den Kollegen und Kunden unterstellten Auffassungen basieren. So z. B. der 43jährige Geschäftsführer einer Beratungsgesellschaft: «Ich kann mir in meiner Position zwar auch eine Frau vorstellen, aber die hätte es unheimlich schwer. Die Situation einer Frau als Beraterin ist sehr schwierig insofern, als sie Kritik üben muß an gestandenen – männlichen – Einzelhandelskaufleuten. Diese Frau würde kaum akzeptiert.» Er verweist hierbei auf seine eigenen konkreten Erfahrungen.

Ein 38jähriger Hauptabteilungsleiter (Finanzen/Rechnungswesen/Controlling/Personalwesen/General-Management) meint, daß er sich sehr wohl eine Frau an seiner Stelle vorstellen könnte, aber: «Wahrscheinlich hätte eine Frau in der jetzigen turbulenten Situation Probleme, nämlich Akzeptanzprobleme im Unternehmensinneren.» Ein 43jähriger Geschäftsführer/General-Management geht sogar soweit, daß er sagt: «Ich kann mir vielleicht eine Frau in meiner Stelle vorstellen, aber ich bezweifle, ob das praktikabel wäre. Frauen, die gefördert werden, werden dann nicht mehr akzeptiert, wenn sie Charme ausstrahlen. In dem Augenblick, in dem sie Charme ausstrahlen, werden beim Mann als Verhandlungspartner Eroberungsinstinkte ausgelöst und die sachliche Verhandlung hat ihr Ende, und das kann man sich im Geschäftsleben nicht leisten.» So wie dieser Interviewpartner sehen viele in der mangelnden Akzeptanz der Frauen durch die Geschäftspartner den Grund dafür, daß Frauen ihre Position nicht einnehmen können.

Seltener werden auch vorhandene bzw. fehlende Eigenschaften von Frauen als Hinderungsgrund angesprochen. So meint der 61jährige Geschäftsführer, ehemals Maschinenbauingenieur, heute Unternehmer, daß seine eigene Frau zu menschlich wäre und sich nicht genug im Geschäft durchsetzen könnte. Und der 49jährige Hauptabteilungsleiter (Marketing/Vertrieb/Verkauf) meint, daß er sich sehr wohl eine Frau in seiner Position vorstellen könnte, «die müßte aber die entsprechende Härte mitbringen». Und wenn man sich keine Frau in der eigenen Position vorstellen kann, wie der 42jährige Geschäftsführer

(General-Management/Personalwesen), dann liegt der Grund darin, daß er meint, daß sein Job zu hart sei, daß er keinen Platz für Gefühle lasse und daß die psychischen Belastungen für eine Frau zu groß seien.

Fazit: Nichts Neues! Wenn auch nur eine sehr geringe Anzahl von Männern der Meinung war, daß sie sich auf keinen Fall eine Frau in ihrer Position vorstellen können, so sind die Einschränkungen, die diejenigen machen, die sich solches sehr wohl vorstellen können, im wesentlichen auf zwei Begründungen zurückzuführen:

1. man beruft sich auf die mangelnde Akzeptanz einer Frau in derselben Position bei Kollegen und Kunden und
2. man spricht den Frauen die für den Job notwendige Härte, die notwendige Durchsetzungskraft, die notwendige psychische Robustheit ab.

Deutliches Wort eines Hauptabteilungsleiters (nicht zufällig aus der Produktion): «Grundsätzlich kann ich mir eine Frau in meiner Position vorstellen, aber ich bin mir ganz sicher, daß niemals eine eingestellt würde.» Sollte solch ein Fehler, nämlich die Einstellung einer Frau, einmal begangen worden sein, so gibt es auch Möglichkeiten ihn zu korrigieren. Hierzu folgende Episode: Ein Unternehmen hat für den Vertrieb (Kunden sind das Baugewerbe, Handwerker etc.) eine Frau eingestellt. Sie zeichnet sich durch eine durch Aus- und Weiterbildung erworbene Qualifikation aus sowie dadurch, daß sie – wie der Interviewpartner berichtet – keinerlei Angst vor ruppigen Geschäftspartnern habe. Er als Vorgesetzter dieser Frau hatte die Hoffnung, daß sie sich gut entwickeln würde. Die Firma wurde jedoch verkauft, während sie noch in der Probezeit war und das neue Management hat sich sofort mit Hilfe einer Ablösesumme von ihr getrennt; Begründung: In dieser Position darf es keine Frau geben!

Was dazu zu sagen ist, findet sich in Kapitel 5, S. 190ff.!

Warum sind Männer Manager? Sie wollen etwas bewegen, sie wollen etwas gestalten, sie wollen Einfluß nehmen, sie wollen am Entscheidungsprozeß beteiligt sein, um schließlich auch Ergebnisse sehen zu können.

Mit diesen Formulierungen läßt sich die Motivation der männlichen Interviewpartner zusammenfassen. Damit verbunden sind das Streben nach Übernahme von Führungsverantwortung, nach Geld und der dazu gehörende Ehrgeiz. Auch die Herausforderungen sind es, die antreiben, beispielsweise die Gelegenheit, in jungen Jahren bereits eine Führungsposition übernehmen zu können oder Aufgaben bewältigen zu müssen, mit denen der Reiz des Neuen verbunden ist.

Von Männern seltener, dafür von Frauen häufiger genannt wird das Streben nach Anerkennung. Am deutlichsten ist hier in der Formulierung die 44jährige Warenhausleiterin, die meint, daß ihre größte Motivation ihr Wunsch gewesen sei, daß «die Leute mich toll finden».

Was Männer mit der Formulierung «Übernahme von Führungsverantwortung» umschreiben, sagen Frauen deutlicher: Sie wollen Leute beeinflussen, sie wollen Mitarbeiter motivieren, kurz gesagt, was sie in ihrer Karriereentwicklung motiviert, ist die Möglichkeit, auf Menschen Einfluß zu nehmen. Dabei geht es nicht um irgendeinen Selbstzweck, sondern um den Erfolg im Sinne des Unternehmenszwecks. Noch weiter wird der Rahmen gespannt, wenn als Motivation das soziale Engagement und das Bestreben, gesellschaftliche Probleme zu lösen, genannt werden.

Wenn Frauen über ihre Motivation sprechen, berufen sie sich stark auf sich selbst, sie sprechen von Selbstmotivation; sie meinen, daß die stärksten Antriebe für die Karriere aus ihnen selbst erwachsen. Diese Behauptung korrespondiert damit, daß Unabhängigkeit als prinzipieller Lebensgrundsatz betont wird.

Im Vergleich zu den Männern wird in den Äußerungen der Frauen sehr deutlich, daß es ihnen nicht nur um das Beherrschen von Prozessen, um die Übernahme von Verantwortung gegen entsprechende Leistungen in Form von Geld und Unabhängigkeit geht, sondern daß für sie als Motivation eine völlig andere Dimension hinzukommt, die bei den Männern fast völlig fehlt: Freude an der Arbeit, Freude über Erreichtes, Spaß an der eigenen Leistung, Spaß an der Arbeit mit bestimmten Menschen. Das alles geschieht im Zeichen des Erfolges; ebenso werden als Motivation für die Karriere die Aussicht auf Erfolg wie auch der stetige Erfolg, der auf dem Karrierepfad erlebt wird, genannt – bereits als wichtige Begründung für Nicht-Ausstieg erkannt (vgl. S. 55ff.)!

Eines ist auffällig: Wenn sich in vieler Hinsicht die Äußerungen von Männern und Frauen darüber, was sie am meisten zur Karriere motiviert hat, nicht unterscheiden, so fehlt doch bei den Männern fast vollständig der Aspekt der Freude an der Karriere. Damit ist nicht ausgeschlossen, daß Männer Freude an ihrer Karriere haben, jedoch stellt sich diese allenfalls als Ergebnis ein und wird nicht als motivierend erkannt, denn der Karriereerfolg ist selbstverständlich, liefert somit wenig Grund zu besonderer Freude (vgl. Kapitel 4, S. 155ff.). Keine Regel ohne Ausnahme: Ein einziger Mann nannte «Spaß an Verhandlungen» als Karrieremotiv!

Motivierend für Männer sind eher solche Beweggründe, die den Mann zum Macher, zum Verantwortlichen, zu demjenigen machen, der alle Herausforderungen des Berufslebens annimmt. Während die Männer sich hier auf abstrakte Formeln zurückziehen, sagen die Frauen sehr deutlich, daß es ihnen um Einflußnahme geht – im historischen Kontext nichts Neues. Neu ist allerdings die Art und Weise ihrer Einflußnahme, da sie sich der männlichen Position und der von Männern in dieser Position benutzten Instrumente bedienen.

Was vorwärts bringt

Fragt man Männer und Frauen in Führungspositionen, was sie auf ihrem Berufsweg am meisten vorwärts gebracht habe, so werden am häufigsten persönliche Einstellungen und Eigenschaften genannt. Sowohl Männer wie Frauen zählen eine ganze Reihe von herkömmlichen Tugenden auf, wie Fleiß, Ehrlichkeit, Pflichtbewußtsein, überdurchschnittliche Leistungs- und Einsatzbereitschaft, Ehrgeiz, Durchsetzungskraft, Hartnäckigkeit und überdurchschnittliches Engagement. Dahinter stehen der hohe Anspruch an sich selbst, der Wille, positiv aufzufallen, der Wille, es weiterzubringen als andere, es besser zu machen als andere und als verlangt wird. Es zeigt sich sowohl in den Äußerungen von Männern wie von Frauen ein deutliches Bestreben, sich leistungs- und erfolgsmäßig von anderen, von dem, was sie als durchschnittlich empfinden, abzuheben. Neben diesen übereinstimmenden Nennungen werden von den Frauen solche Eigenschaften hervorgehoben, von denen man üblicherweise annimmt, daß sie nicht gerade typisch weiblich seien. Dabei handelt es sich um Selbstsicherheit, Konsequenz, Sebstbeherrschung, Zielstrebigkeit und – wie eine Interviewpartnerin es formuliert – das Fehlen von ‹Starallüren›. Wenn sich überhaupt unter den Nennungen der Erfolgsfaktoren, die die Frauen vorwärts gebracht haben, bei den persönlichen Merkmalen etwas sogenanntes ‹typisch Weibliches› finden sollte, dann mag es vielleicht das erwähnte Pflichtbewußtsein sein. Demgegenüber passen einige Äußerungen der männlichen Manager schon eher ins klischeehafte Vorbild insofern, als sie unter anderem auf das Gefühl für das Machbare, das ‹Gewinnerbewußtsein› und den gesunden Menschenverstand verweisen. Auch hier sprengt eine Nennung das Klischee: Während man Frauen so gern die hohe Sach- und Aufgabenorientierung als Antriebskraft unterstellt, wurde dies von den Frauen kein einziges Mal erwähnt, wohl aber von einem Mann, der sogar von der «Liebe zur Aufgabe», von dem «Aufgehen in der Aufgabe» sprach, als er danach gefragt wurde, was ihn am meisten vorwärts gebracht habe.

Daß es mit den genannten Fähigkeiten alleine nicht getan ist, macht ein 44jähriger Geschäftsführer (Marketing/Vertrieb/Verkauf) deutlich, der meinte, daß ihn am meisten sein Fleiß, seine Korrektheit und Ehrlichkeit vorwärts gebracht hätten, und er fügte hinzu: «Ganz doof darf man aber auch nicht sein.» Daß Kenntnisse und fachliche Qualifikation eine bedeutende, wenn auch untergeordnetere Rolle als persönliche Fähigkeiten spielen, machen etliche Äußerungen von Männern wie von Frauen gleichermaßen deutlich. Während Frauen auf Ausbildung und Branchenkenntnisse setzen, erwähnen Männer andere Fähigkeiten, so das Organisationstalent, die Fähigkeit vorauszudenken und nicht zuletzt auch «jede Arbeit selbst machen zu können». Nur selten wird die fachliche Stärke als Erfolgsfaktor angesprochen. Mit diesen Antworten wird bestätigt, daß die exzellente fachliche Qualifikation eine Voraussetzung für das Erreichen einer Führungsposition, jedoch nicht entscheidend für den Aufstieg ist.

Insbesondere Männer führen ihren Erfolg auch auf ihren Arbeitsstil zurück. So meint ein 43jähriger Geschäftsführer (General-Management): «Am meisten vorwärts gebracht hat mich meine Arbeitsintensität. Ich habe immer nach dem Motto ‹von nichts kommt nichts› gearbeitet.» Neben der Intensität wird auch die Arbeitsgeschwindigkeit hervorgehoben; so meint ein 43jähriger Abteilungsleiter (Marketing/Vertrieb/Verkauf/Werbung/Einkauf), daß es ihn besonders vorwärts gebracht habe, daß er immer schnell Lösungen parat hatte. Auch der unerschrockene Umgang mit problematischen Situationen wird positiv hervorgehoben; so identifiziert sich ein 45jähriger Abteilungsleiter (Marketing/Vertrieb/Verkauf) mit der Rolle des ‹Tapferen Schneiderleins›: «Vorwärts gebracht hat mich immer das muntere Drauflosgehen, wie das tapfere Schneiderlein, und ich habe damit insbesondere Erfolge bei Behörden erzielt.» Ein 44jähriger Hauptabteilungsleiter (Personal) drückt es so aus: «Am meisten vorwärts gebracht hat mich das tatkräftige Anpakken von Problemen und Herausforderungen.»

Auch einige der Frauen sind der Ansicht, daß ihr Arbeitsstil etwas mit ihrem Erfolg zu tun habe, so z. B. die 36jährige Geschäftsführerin (General-Management), die meint, daß neben der Ausbildung und einem Quentchen Glück ihr sachlicher und effizienter Arbeitsstil sie am meisten vorwärts gebracht habe. Andere Interviewpartnerinnen führen in diesem Zusammenhang ihr selbständiges Arbeiten und ihre klar vertretene eigene Position an.

Eine Reihe von sowohl männlichen wie weiblichen Interviewpartnern weist darauf hin, daß es die Art und Weise der Gestaltung der Beziehung zu Mitarbeitern und Kollegen waren, die für ihren Erfolg von größter Bedeutung sind. Dabei wird als wesentliche Antriebskraft für den eigenen Erfolg das Vertrauen hervorgehoben, das die Mitarbeiter in die Vorgesetzten-Persönlichkeit setzen. So sagt die 44jährige Warenhausleiterin, daß das Vertrauen ihrer Mitarbeiter für sie ihr größter Ansporn ist. Und der schon zitierte 43jährige Geschäftsführer (General-Management) meint: «Ich kann unterschiedliche Meinungen auf den Punkt bringen, ich kann den sogenannten Integrationseffekt herbeiführen. Meine Leute vertrauen mir, und sie vertrauen mir deshalb, weil ich unterschiedliche Interessen gerecht behandle.» Diese Integrationsfähigkeit – manchmal auch als Kooperationsbereitschaft bezeichnet – wird auch von anderen Interviewpartnern hervorgehoben. Eine 52jährige Hauptabteilungsleiterin (Personal) bringt es auf den Punkt: Zuverlässigkeit, Berechenbarkeit und Glaubwürdigkeit in den Arbeitsbeziehungen hätten sie am meisten vorwärts gebracht. Daneben nennen einige Frauen Erfolgsfaktoren, die sich aus ihrer besonderen Situation als einzige Frau unter lauter Männern ergeben, so «der Wille unter Männern nicht unterzugehen» und – was keineswegs als selbstverständlich betrachtet wird – «mit Männern auf gleicher Wellenlänge umgehen zu können».

Wie sich schon aus der Untersuchung 1986 über Männer und Frauen in Führungspositionen ergab, konnte nicht festgestellt werden, daß etwa weniger Frauen als Männer behaupteten, durch Vorgesetzte gefördert worden zu sein. Auch unter den Interviewpartnern fanden sich gleichviel Frauen wie Männer, die angegeben haben, durch Vorgesetzte gefördert worden zu sein. So verweist eine Frau auf einen Chef, der sie an eine entscheidende Stelle befördert, ihr zu dem entscheidenden Sprung verholfen hat. Diese Frau, eine 42jährige Abteilungsleiterin (Marketing/Vertrieb/Verkauf), meint, die positive Einstellung ihres seinerzeitigen Chefs sei darauf zurückzuführen, daß er eine sehr partnerschaftliche Ehe führe und aufgrund seiner Erfahrungen mit seiner Ehefrau einer Frau grundsätzlich mehr zutraute als andere Männer.

Bleibt noch der Zufall als Karrierehelfer zu erwähnen. Hartnäckig behauptet, doch wieder einmal nicht zu bestätigen, ist die These, daß Frauen ihren Karriereerfolg eher als Männer auf das Glück zurückführen. Männer wissen, daß das Glück, der Zufall ihnen zu Hilfe kommen muß und auch Frauen meinen, daß ein «Quentchen Glück» notwendig ist. Wenn allerdings der Zufall für die Karrieren eine Rolle spielt, dann sind es erzwungene Situationen, in denen Antriebsfaktoben liegen, wie beispielsweise eine Scheidung (wobei das Attribut der Zufälligkeit solcher u. ä. Ereignisse hier nur auf die Karriere bezogen ist – wenn überhaupt die Benutzung des Begriffs gerechtfertigt sein sollte; man sollte dessen Verwendung im Zusammenhang mit Lebensläufen allenfalls mit Anführungszeichen versehen gestatten). Es ist das besondere persönliche Schicksal, das herausfordert – eine Herausforderung, die angenommen und mittels der Karriere bewältigt wird. In diesem Sinne sei die 36jährige Hauptabteilungsleiterin (Produktion/Forschung und Entwicklung) zitiert, die meint: «Am meisten vorwärts gebracht hat mich die Geburt meiner Tochter, weil ich die in einer Phase bekam, nämlich im Alter von 16 Jahren, als ich noch zur Schule ging, wo es völlig unüblich ist, und dies war ein Ereignis, das ich als Herausforderung angenommen habe, und ich sage mir immer, wenn ich das durchgestanden habe, dann schaffe ich auch alles andere im Leben!»

Zusammenfassend ist festzustellen, daß sowohl Männer als auch Frauen ihren Karriereerfolg auf ein Zusammenwirken von persönlichen Eigenschaften, fachlichen Qualifikationen, Arbeitsstil, Gestaltung der Arbeitsbeziehungen, Förderung durch Vorgesetzte und sogenannten Zufallsfaktoren zurückführen. Dabei sind Ausprägungen, die besonders für Frauen oder für Männer typisch wären, nicht erkennbar, sieht man einmal von den besonderen Schwierigkeiten privater Situationen ab, in die typischerweise nur Frauen geraten können und die als Antriebskraft der Karriere wirksam werden.

Während von den 1986 schriftlich befragten Führungskräften nur 58% der Frauen, aber 70% der Männer meinten, daß Weiterbildung für ihren beruflichen Aufstieg wichtig gewesen sei, ergab sich für die Interviewpartner ein anderes Bild. Etwa ein Drittel der Männer und Frauen meinten, daß Weiterbildungsmaßnahmen keine Rolle für ihre Karriere gespielt hätten, ein weiteres Drittel meinte, daß Weiterbildung gewissermaßen ein selbstverständlicher «Begleitumstand» der Karriere gewesen sei, während das letzte Drittel davon überzeugt war, daß Weiterbildungsaktivitäten von besonders großer Bedeutung für den Aufstieg waren. Wenn der Weiterbildung eine bedeutende Rolle zugewiesen wurde, dann von Nicht-Akademikern, temporär (mit den Berufsjahren abnehmend) und im Hinblick auf die Vervollkommnung von Sprachkenntnissen und Kenntnissen auf dem Gebiet der Personalführung.

Wovon Männer träumen …

Träumt der Mann im Mittelmanagement vom Top-Job an der Spitze? Davon kann keine Rede sein: Nur vier der interviewten Männer im Mittelmanagement, davon drei bereits im Range von Hauptabteilungsleitern mit überdurchschnittlichen Jahresverdiensten, strebten auf jeden Fall weiteren beruflichen Aufstieg an. Mehr als die Spitzenposition im Management reizt offenbar die Selbständigkeit. Der Gedanke an Selbständigkeit reicht dabei von der rein theoretischen, spielerischen, doch konkretisierbaren Überlegung bis hin zu bereits hierfür getroffenen Vorbereitungen. Immerhin wollen doppelt so viele Männer eher aussteigen als aufsteigen. Was bewegt diese Männer?

Da ist der 62jährige Hauptabteilungsleiter (Produktion/Einkauf/Forschung und Entwicklung), der aus Altersgründen und wegen des Eigentümerwechsels in seiner Firma bereits konkrete Vorbereitungen für die Eröffnung eines Sachverständigenbüros getroffen hat. Da ist der 48jährige Hauptabteilungsleiter (General-Management), der – bevor er diese Position angenommen hat – bereits 10 Jahre lang selbständig gewesen war, diese Selbständigkeit aus Gründen der Überlastung aufgegeben hat und heute daran denkt, Mitte 50 aus der derzeitigen Position auszuscheiden, um halbtags in einer bereits gegründeten Firma, die seiner Frau gehört, zu arbeiten, um, wie er sagt, weiterhin verhandeln und reisen zu können. Die Alternative wäre, einen Sitz im Vorstand des Unternehmens anzustreben, was er mit der Begründung ablehnt, daß das Unternehmen seine Zentrale erst mal an seinen Wohnort verlegen müßte!

Abgesehen von diesen zwei Fällen, in denen die Selbständigkeit bereits konkret vorbereitet worden ist, erscheint in anderen Fällen selbst bei Aussicht auf Erfolg die Realisierung doch eher fraglich; auch dann, wenn die Erfolgsaussicht gerade das Motiv für diesen Wunsch liefert, ebenso wie in den Fällen, in denen an Selbständigkeit gedacht ist, weil ein Weiterkommen in der betreffenden Unternehmung nicht mehr möglich ist oder weil man einfach endlich mal alles in eigener Verantwortung machen möchte.

Und wenn die Aussicht auf Realisierung dieses Wunsches vollständig fehlt, so verhindert das nicht, vom Ausstieg zu träumen. So meint ein 45jähriger Hauptabteilungsleiter (Einkauf/Materialwirtschaft) trocken: «An Ausstieg habe ich nie gedacht, eher an Lotto!» Ein 44jähriger Geschäftsführer (Marketing/Vertrieb/Verkauf) mit einem Jahreseinkommen von immerhin über 200000,– DM, sagt: «Am liebsten würde ich morgen aufhören, aber nur unter der Voraussetzung, daß ich dafür schon genug Geld verdient hätte. Das sollte dann allerdings bitte so schnell wie möglich sein, denn am liebsten würde ich Frührentner mit vielen Hobbys werden.» Noch deutlicher ein 43jähriger Abteilungsleiter (Marketing/Vertrieb/Verkauf/Werbung/Einkauf): «Natürlich kann ich mir vorstellen, beispielsweise Kinderbücher zu machen, aber dann stimmt die ‹Kohle› nicht. Im Suff habe ich schon mal zwei Hühner gekauft, aber das wäre auch kein lohnender Ausstieg gewesen. Solange die Firma die Sozialleistungen bezahlt, und ich nebenbei einiges machen kann, habe ich genügend Sicherheit und Freiheit, um nicht an Ausstieg denken zu müssen.»

Wer nicht an Ausstieg denkt, möchte vielleicht doch noch weiterkommen – aber nicht um jeden Preis. So ein 37jähriger Hauptabteilungsleiter (Finanzen/Rechnungswesen/Controlling), der meint, er würde sich zwar dafür noch anstrengen, «aber nicht über Leichen gehen wollen». Oder man möchte schon, kann aber nicht, weil, so der 43jährige Abteilungsleiter (Marketing/Vertrieb/Verkauf/Werbung/Einkauf): «die mich in der Firma nicht lassen». Und ein 43jähriger Geschäftsführer (General-Management) meint: «Ich habe erreicht, was ich erreichen konnte, und möchte nur noch dann weiterkommen, wenn es machbar ist.»

So ließe sich die Liste derjenigen Äußerungen, die allenfalls eine gebremste Aufstiegsorientierung anzeigen, weiter verlängern. Noch häufiger allerdings wird der Wunsch geäußert, die derzeitige Position beizubehalten. Man möchte allenfalls innerhalb der Position das Geschäft und sich selbst weiter entwikkeln, aber strebt keine Veränderung der Position mehr an. Überzeugende Begründungen: Die derzeitige Position füllt aus, man ist zufrieden mit dem Leben und hat seinen Weg gemacht. Oder man kann woanders auch nicht mehr Geld verdienen und müßte für weiteren Aufstieg zu viel Freizeit opfern. Man sieht sich, seine Position, seine Stärken und den beanspruchten Kräftehaushalt realistisch, wie ein 49jähriger Hauptabteilungsleiter (Produktion): «Ich bin jetzt in einer Position, bin auf einem Level angekommen, der für mich optimal ist. Den Wind, dem ich hier ausgesetzt bin, kann ich gerade noch vertragen, aber ich möchte nicht mehr die Position meines Chefs innehaben. Ich habe mir nicht aus negativen Gründen, sondern eher mit positivem Vorzeichen selbst geboten, innezuhalten.» Zu ergänzen ist, daß insgesamt nur drei der Interviewpartner aus objektiv bedingten Altersgründen für den weiteren Aufstieg nicht mehr in Frage kamen.

Was für viele Männer gilt, gilt noch mehr für die meisten Frauen: Sie möchten die Position, in der sie sich befinden, beibehalten. So meint eine 52jährige Geschäftsführerin (General-Management), daß sie die gegenwärtige Position voll und ganz befriedige. Ähnlich äußert sich eine 47jährige Hauptabteilungsleiterin (Finanzen/Rechnungswesen/Controlling/EDV): «Ich bin zufrieden, weil viele Dinge zusammenpassen. Die geographischen Gegebenheiten spielen dabei eine Rolle, und daß ich mich ein bißchen ausruhen möchte. Zwar bin ich immer dem Gedanken gefolgt, auf zu neuen Ufern, aber ich muß auch dagegenhalten, daß ich nun Freunde nicht mehr aufgeben darf.» Diese Frau ist alleinstehend.

Neben der Zufriedenheit werden die weiteren Mühen des Aufstiegs und – wie auch schon von den Männern – der damit verbundene Freizeitverlust angeführt. So meint eine 45jährige Abteilungsleiterin (Marketing): «Mein Chef droht mir manchmal den Aufstieg in die Geschäftsführung an, aber das möchte ich nicht. Mein Chef betrachtet die Firma als sein Hobby und das bedeutet, daß er praktisch auch fast das ganze Wochenende für die Firma im Einsatz ist, und dies letzte bißchen Freizeit möchte ich mir dann doch erhalten.» Und eine 52jährige Hauptabteilungsleiterin (Personalwesen) möchte ihre gegenwärtige Position beibehalten, «um nicht permanent um neue Anerkennung kämpfen zu müssen». Das alles setzt voraus, wie eine 55jährige Abteilungsleiterin (General-Management) formuliert, «keinen maßlosen Ehrgeiz» zu haben. Eine 53jährige Hauptabteilungsleiterin (Werbung/PR/Kommunikation) geht sogar soweit zu sagen, daß sie vor größeren Aufgaben Angst habe. Selbst die Mitte 30jährige Frau, die im elterlichen Unternehmen Geschäftsführungsfunktion wahrnimmt, möchte zwar neue Bereiche im Unternehmen übernehmen, aber keinesfalls offiziell in die Geschäftsführung eintreten.

Ähnlich wie bei den Männern reizt einige Frauen die Selbständigkeit, wobei allerdings solche Gedanken eher auf die Vergangenheit bezogen sind und für die Zukunft nicht mehr ernsthaft in Erwägung gezogen werden. Von den Frauen, die mit der Selbständigkeit geliebäugelt haben, waren immerhin drei der Meinung, daß sie beruflich erfolgreicher gewesen wären, wenn sie selbständig gewesen wären. Diese Überlegung blieb und bleibt jedoch ohne Konsequenzen.

Einige Frauen äußern ausdrücklich ihren Wunsch, sich beruflich noch weiterzuentwickeln, so z. B. die 36jährige Geschäftsführerin (General-Management), die mit dem Unternehmen wachsen möchte, und die 52jährige ehemalige Prokuristin aus der Versicherungswirtschaft, die jetzt selbständig tätig ist und ihre Position ausbauen möchte. Die 42jährige Abteilungsleiterin (Marketing/Vertrieb/Verkauf) in einer Bank möchte, wenn möglich, noch die Position des Direktors erreichen und die 36jährige Hauptabteilungsleiterin (Produktion/Forschung und Entwicklung) möchte ebenfalls noch weiterkommen, allerdings mit dem Zusatz «wenn möglich». Die Einschränkung wird verständlich, wenn man bedenkt, daß schon die Erreichung der jetzigen Position, wie sie es ausdrückt, einer «Palastrevolution» gleichkam.

Größerer Ehrgeiz zeigte sich lediglich bei zwei Frauen, der 44jährigen Hauptabteilungsleiterin (Finanzen/Rechnungswesen/Controlling), die sich schon sehr früh ihre persönlichen Wünsche mittels ihrer beruflichen Entwicklung erfüllt hat und die unbedingt noch mal etwas völlig Neues machen möchte, und bei der 44jährigen Warenhausleiterin, die für sich konstatiert: «Bis 50 muß noch was passieren!» Vielleicht waren es die schon mehrfach erzwungenen Umorientierungen, die die Aufstiegs- und Veränderungsbereitschaft dieser Frau begünstigen. Außerdem hat sie bereits schon einmal nebenbei den Versuch gewagt, sich mit einem kleinen Antiquitätengeschäft selbständig zu machen.

Wenn schon die Aufstiegswilligkeit unter den Männern im Mittelmanagement als nicht besonders ausgeprägt bezeichnet werden kann, so ist sie bei den Frauen im Mittelmanagement noch geringer. Betrachtet man Motive und Begründungen, so paart sich eine große Zufriedenheit über das, was man beruflich erreicht hat, mit der Abneigung, weitere psychische und physische Torturen, die mit dem Aufstieg verbunden wären, auf sich zu nehmen, insbesondere dann, wenn ein Stellenwechsel und damit ein erneutes Ringen um Anerkennung in einem neuen Umfeld erforderlich wäre. Dafür steht die Schilderung der Erfahrungen, die eine 34jährige Hauptabteilungsleiterin (Devisenhandel) gemacht hat: «Ich möchte schon noch weiterkommen, aber in diesem Haus, in dem ich jetzt bin, ist dies nicht machbar. Da müßte ich an dem Stuhlbein meines Vorgesetzten sägen, der aber schließlich auch eine ganze Menge für mich getan hat, und es ist für mich von großem Vorteil, daß er sehr lieb ist. Er hat mir das Gebiet gegeben, in dem die höchste Verantwortung liegt, was mich wiederum in die Position versetzt, dadurch viel fordern zu können, was ich dann in der Regel auch durchsetzen kann. Ich könnte also nur dadurch, daß ich diesen Mann absäge, oder durch einen Wechsel, weiter aufsteigen, und da steht jetzt auch schon dagegen, daß ich 12 Jahre in der Firma bin und im nächsten Jahr ist meine Altersversorgung durch die Firma, und das sind immerhin 900,– DM im Monat, unverfallbar.»

Wenn Frauen im Mittelmanagement im Alter zwischen 30 und 50 ihre beruflichen Ambitionen einschränken, dann geschieht dies in voller Übereinstimmung mit den persönlichen Zielen und hat weniger den resignativen Charakter, der zuweilen in den Äußerungen der Männer hervortrat. Ausstiegsfantasien, die einigen Männern bei dem Gedanken an ihre Zukunft in den Sinn kamen, hatten in den Perspektiven der meisten Frauen keinen Platz. Sie stehen fest verankert auf dem Boden des Mittelmanagements.

3. Menschen drumherum – am Arbeitsplatz und zu Hause

Personalverantwortung in Zahlen

Zunächst ein Blick auf die Quantitäten: Die sogenannte Kontrollspanne aller Führungskräfte, Männer wie Frauen, lag größenordnungsmäßig in demselben Spektrum: die männlichen Führungskräfte hatten zwischen 3 und 120, die weiblichen zwischen 2 und 110 unmittelbar unterstellte Mitarbeiter. Die mittelbare Verantwortlichkeit reichte von 13 bis 3000 Mitarbeitern bei den Männern, von 3 bis 15000 bei den Frauen.

Fast alle Führungskräfte hatten Erfahrung sowohl mit männlichen wie auch mit weiblichen Mitarbeitern. Lediglich ein Mann und zwei Frauen hatten auf der Sachbearbeiterebene nur männliche Mitarbeiter (Bereiche: Produktion, Forschung, Entwicklung und Devisenhandel) und nur drei Frauen waren mit ausschließlich weiblichen Mitarbeitern umgeben (Bereiche: Werbung/PR/Kommunikation/Marketing und zentraler Schreibdienst). Fünf der männlichen und fünf der weiblichen Führungskräfte kannten Frauen ausschließlich in den Funktionen von Sekretärinnen und Schreibkräften.

In der quantitativen Betrachtung auffällig sind die beiden Fälle, in denen Frauen in ihren Funktionen als der Geschäftsführung unmittelbar unterstellte Hauptabteilungsleiterin bzw. Abteilungsleiterin in ihren Abteilungen ausschließlich mit Frauen zusammenarbeiten. Sollte hier etwa der besondere Umstand vorliegen, daß Frauen sich bewußt mit Frauen umgeben haben?

Davon kann keine Rede sein. Die vorgefundene Situation hat

sich aus der Unternehmensentwicklung heraus so ergeben und ist nicht bewußt von den beiden Frauen herbeigeführt worden. Eine der beiden Frauen bemerkt: «Ich komme mit Männern besser zurecht. Bei Frauen habe ich doch immer wieder Eifersüchteleien festgestellt.» Später fügt sie hinzu: «Frauen hacken untereinander mehr herum, insbesondere die Frauen, die von außen gekommen und nicht mit dem Unternehmen gewachsen sind, haben mir meinen Aufstieg sehr übel genommen.»

Eine andere Frau, der unmittelbar 42 Mitarbeiter unterstellt sind, davon ⅔ weiblich, stellt ähnliches fest: «Ich muß ehrlich zugeben, daß ich für mich selber lieber Männer suche und irgendwann habe ich ganz erschrocken festgestellt, daß ich dennoch fast eine reine Frauenabteilung habe; nun stelle ich Männer gezielt ein und fördere sie auch gezielt.» Daß diese Erfahrung eine Frau in der Versicherungswirtschaft macht, ist angesichts der Tatsache, daß heute ca. ⅔ der Bewerber auf Stellen in der Versicherungswirtschaft weiblich sind, gewissermaßen völlig normal.

Angesichts der eben zitierten Äußerungen, drängt sich die Frage auf, ob Männer und Frauen ihr Führungsverhalten gegenüber männlichen und weiblichen Mitarbeitern unterschiedlich gestalten, ob sie selbst meinen, daß sie sich unterschiedlich gegenüber männlichen und weiblichen Mitarbeitern verhalten und ob sie spüren, daß männliche und weibliche Mitarbeiter sich ihnen gegenüber unterschiedlich verhalten. Zunächst ist jedoch festzustellen, ob männliche und weibliche Führungskräfte ihr eigenes Führungsverhalten unterschiedlich darstellen.

Führungsverhalten: von a(utoritär) bis z(ielorientiert)

Für die Beschreibung des eigenen Führungsverhaltens wird von männlichen wie weiblichen Interviewpartnern überwiegend spontan und ohne Einschränkungen der Begriff «kooperativ» benutzt. Auch die situationsbezogene autoritäre Anpassung wird von ebenso vielen Männern wie Frauen für erforderlich gehalten. So bezeichnet ein 37jähriger Hauptabteilungsleiter (Finanzen/Rechnungswesen/Controlling) seinen Führungsstil als kooperativ und zielgerichtet, schränkt aber ein: «Die Dinge dürfen nicht zerredet werden.» Ähnlich ein 43jähriger Geschäftsführer (General-Management), der sein Führungsverhalten als gleichermaßen autoritär und kooperativ beschreibt: «Ich mag gerne Diskussionen, aber keine endlosen Wiederholungen, dann reagiere ich autoritär und breche die Diskussion ab.» Ein 48jähriger Hauptabteilungsleiter (Produktion) betitelt dieses Führungsverhalten als «Demokratur». Er meint: «Es wird solange diskutiert, bis etwas gemacht wird, wobei aber nicht unbedingt das gemacht wird, was die Diskussion als Ergebnis gebracht hat.» Hierzu ergänzend ein 45jähriger Hauptabteilungsleiter (Einkauf/Materialwirtschaft), der sein Führungsverhalten als genau und kooperativ bezeichnet: «Es muß darum gehen, die Interessen der Firma durchzusetzen, und da kann ich auch einmal hart werden.» Ein 41jähriger Hauptabteilungsleiter (Finanzen/Rechnungswesen/Controlling) umschreibt sein Verhalten wie folgt: «Ich bin wohl mehr kooperativ, aber ungefähr einmal im Jahr muß es auch mal ‹per ordre de mufti› gehen, wenn es eben gar nicht anders geht.» Dabei fühlt man sich allerdings nicht immer ganz wohl, wie die Äußerung eines 38jährigen Hauptabteilungsleiters (Finanzen/Rechnungswesen/Controlling) belegt. «Wenn ich durchs Werk gehe, komm ich mir manchmal vor wie ein Oberpolizist, dabei fühl ich mich sehr unbehaglich. Andererseits geht das mit dem Management by Objectives eben nicht immer.» Und wann geht es nicht immer?

Wenn die Leistung nicht stimmt! So ein 43jähriger Abteilungsleiter (Marketing/Vertrieb/Verkauf/Werbung/Einkauf), der meint, daß er viele Freiheiten gibt und weniger straff führe, aber auch sagt: «Die Leistung muß stimmen! Wenn die nicht stimmt, werde ich fuchsteufelswild!»

Ähnlich äußern sich die Frauen: So die 54 Jahre alte Hauptabteilungsleiterin (Finanzen/Rechnungswesen/Controlling), die ihren Führungsstil als kooperativ bezeichnet und ergänzt: «Gelegentlich muß man sagen, wo es lang geht.» Auch eine 52jährige Prokuristin aus der Versicherungswirtschaft meint, daß sie sehr leger führe, aber auch schon Leute unter Druck gesetzt habe, wenn irgend etwas geschafft werden mußte. Daß da auch so etwas wie weibliche List eingesetzt wird, demonstriert die Äußerung der 44jährigen Warenhausleiterin, die meint, daß sie nicht direkt autoritär, sondern kooperativ führe und glaube, ihren Mitarbeitern viel Freiheiten zu geben und ihnen bei klarer Ergebnisorientierung gleichzeitig das Gefühl der eigenen Wichtigkeit zu vermitteln. Wenn allerdings Überstunden nötig werden, bekommen ihre Abteilungsleiter erst einmal Sekt ausgeschenkt und werden dann damit vertraut gemacht, daß sie in nächster Zeit Überstunden zu leisten haben. Auch wenn die Beschreibung des eigenen Führungsverhaltens eher zum autoritären Verhalten hin tendiert, so wird doch deutlich festgestellt, daß dabei eine Mitarbeiterorientierung nicht zu kurz kommt. So auch bei einer 63jährigen, inzwischen pensionierten Hauptabteilungsleiterin (Forschung und Entwicklung), die ihr Führungsverhalten folgendermaßen beschreibt: «Ich habe mit meinen Mitarbeitern über alles gesprochen. Alle Mitarbeiter waren immer informiert, und umgekehrt haben auch die Mitarbeiter mich immer informiert; wenn ich z. B. von einer Reise zurückkam und es war etwas schief gelaufen, dann wurde ich sofort vom jeweiligen Mitarbeiter informiert. Ich hab sehr viel persönliches Vertrauen der Mitarbeiter gehabt und das lag auch darin begründet, daß ich selbst nie über einen Mitarbeiter mit einem anderen Mitarbeiter gesprochen habe.» Auch eine 42jährige Abteilungsleiterin (Marketing/Vertrieb/Verkauf) meint, daß sie zwar kooperativ führe «aber vielleicht eher mit Neigung zum Autoritären als zum Laufenlassen». Deutlicher wird da eine 55jährige Abteilungsleiterin aus der Versicherungswirtschaft, die ihre Tochter zitiert, die immer sage: «Du führst, du herrschst, du kannst eben gar nicht anders; du tust es, ohne daß du es willst.» Keine der befragten Frauen war der Auffassung, daß es ihr an verhaltensbestimmter Autorität in ihrer Position mangele!

Wenn auch männliche und weibliche Führungskräfte ihr Führungsverhalten überwiegend als «kooperativ mit Neigungen zu autoritären Zügen» einschätzten, insofern auch kein Unterschied zwischen den Äußerungen der Frauen und Männer erkennbar war, so werden doch daneben deutlich andere Schwerpunkte gesetzt. Die Männer heben neben dem kooperativen und autoritären Verhalten ein zielorientiertes Verhalten hervor, welches die Mitarbeiter zum unternehmerischen Denken und Handeln und zur Eigeninitiative befähigen soll. Ein deutlicher Schwerpunkt bei den Frauen findet sich in der Teamorientierung, ein Begriff, der mehrfach benutzt wird, um die eigene Position gegenüber den Mitarbeitern darzustellen. So sieht denn auch die schon zitierte 42jährige Abteilungsleiterin (Marketing/Vertrieb/Verkauf) es als einen ihrer größten Erfolge an, «aus einem Sauhaufen wirklich ein Team gemacht zu haben, in dem sich alle wohl fühlen», trotz der Arbeit, die auf den Schreibtischen liege. Sie fügt hinzu: «Morgens werde ich schon strahlend begrüßt von meinen Mitarbeitern, und ich habe ein Klima geschaffen, das auf Gegenseitigkeit beruht. Beispielsweise wird der Urlaubsplan völlig ohne mein Zutun gemacht. Ich brauche ihn nur noch zu unterschreiben und ich stelle fest, daß jeder Mitarbeiter sich mit seinem Stellvertreter abstimmt, ohne daß mir das speziell vorher vorgetragen werden muß.»

Männer betrachten ihre Position als Vorgesetzte im Gegensatz dazu weniger als die eines primus inter pares, sondern sehen sich eher als patriarchalische Autorität. Zumindestens scheint diese Vorstellung ihren Idealen näher zu kommen, denn die in manchen Äußerungen zu findende Selbstkritik bezieht sich im Hinblick auf das Führungsverhalten weniger auf zuviel, als auf zu wenig Autorität. So meint ein 62jähriger Hauptabteilungsleiter (Produktion/Einkauf/Forschung und Entwicklung), daß er manchmal zu sehr den Wunsch verspüre, Untergebene zu verstehen. Und er ergänzt, daß er nicht zum großen Manager geboren sei, da er «keine autoritäre Veranlagung habe». Ein 43jähriger Geschäftsführer (General-Management) glaubt, ein bißchen zu freundlich zu Mitarbeitern zu sein. Er sagt: «Es gibt Tage, an denen ich mich zu sehr mit den Problemen meiner Mitarbeiter befasse und zuwenig über das Geschäft nachdenke.» Auch ein 61jähriger Geschäftsführer (General-Management) glaubt, daß er zu nachgiebig und menschlich sei. Er möchte alles in Güte erreichen, da er überzeugt davon ist, daß dieses nicht nur im Geschäftsleben, sondern auf allen Gebieten dazu führe, daß man Ziele besser realisieren könne.

Auch einige Frauen beschreiben ihr Führungsverhalten eher selbstkritisch, allerdings nicht im Hinblick auf zu starke Mitarbeiterorientierung, sondern eher im Hinblick auf zu autoritäres Führungsverhalten. So z. B. eine 53jährige Hauptabteilungsleiterin (Werbung/PR/Kommunikation), die sich als zu kritisch, zu autoritär bezeichnet; sie sagt: «Ich bin ein Schaffer, stelle hohe Ansprüche an mich selbst, die ich dann auch an die Mitarbeiter stelle. Ein männlicher Mitarbeiter, der das Haus inzwischen verlassen hat, hat mir einmal sehr drastisch gesagt, daß ich diese Ansprüche an andere Menschen nicht stellen könne.» Und die 34jährige Hauptabteilungsleiterin (Devisenhandel) meint zwar, daß sie häufig etwas strenger sein könnte, daß man ihr aber andererseits auch schon deutlich gemacht habe, daß sie zu cool sei: «Es gab schon Mitarbeiter, die sich beschwert haben, weil ich zu kalt und direkt gewesen sei. Andererseits meine ich, man muß eben doch immer alles direkt sagen, das vereinfacht die Sache und trotzdem, manchmal habe ich einfach keine Lust, mich durchzusetzen.»

Zusammenfassend ist festzustellen, daß alle Männer und Frauen in Führungspositionen ihre Lektion gelernt haben: Mann und Frau führen kooperativ, wobei die dahinterstehenden Einstellungen der Männer eher eine Zielorientierung signalisieren, die der Frauen eher eine Teamorientierung. Beide wissen, daß autoritäres Verhalten vielleicht nicht grundsätzlich, aber doch situationsabhängig und vorübergehend erforderlich ist, wenn auch versucht wird, es zu vermeiden, z. B. dadurch daß das, was von den Mitarbeitern erwartet wird, vorgelebt wird. Man versucht beispielgebend zu wirken, indem man sich vorbildlich verhält. Deutliche Unterschiede ließen sich nur da feststellen, wo das eigene Führungsverhalten selbstkritisch gesehen wurde. Männer befürchten eher zu freundlich, zu nachgiebig zu sein; Frauen befürchten eher zu kalt, zu fordernd, zu autoritär zu sein. Es zeigt sich, daß dort, wo im Führungsverhalten die Männern und Frauen zugeschriebenen Rollen und Einstellungen verlassen werden, gewisse Unsicherheiten auftreten. Selbstkritik wird insoweit geäußert, wie man fürchtet, die Erwartungshaltung gegenüber dem harten, autoritären, männlichen Manager und gegenüber der weichen, nachgiebigen Frau zu enttäuschen.

Noch mehr Anlaß zur Selbstkritik als die Aufforderung zur Beschreibung des eigenen Führungsverhaltens bot die Frage danach, wie denn wohl die Mitarbeiter dieses Führungsverhalten sehen und einschätzen. Nicht einmal die Hälfte der Frauen, aber mehr als die Hälfte der Männer sind der Auffassung, daß ihre Mitarbeiter ihr Führungsverhalten genauso wie sie selber beschreiben würden. Einige Männer haben Zweifel daran, ob die Mitarbeiter ihren Führungsstil als ebenso kooperativ empfinden wie er gedacht ist, betonen dann aber gleichzeitig, daß sie sicher sind, daß ihre Mitarbeiter meinen, gerecht behandelt zu werden. So äußert sich ein 48jähriger Hauptabteilungsleiter (Produktion): «Meine Mitarbeiter wissen, wo sie bei mir dran sind. Wahrscheinlich empfinden sie mich als hart, aber gerecht, und jeder, der zu mir kommt, bekommt eine Antwort von mir, auch wenn es weh tut.» Einem 62 Jahre alten Hauptabteilungsleiter (Produktion/Einkauf/Forschung und Entwicklung) kommen Zweifel, ob er sich auch immer autoritär genug verhalte, dennoch meint er, daß seine Mitarbeiter ihn als gerecht betrachten.

Mancher fühlt sich hin und wieder in seinem kooperativen Führungsverhalten mißverstanden, so z. B. der 43jährige Geschäftsführer (General-Management), der sein Führungsverhalten als gleichermaßen autoritär und kooperativ beschreibt und sehr gerne Diskussionen, aber keine endlosen Wiederholungen mag; er meint: «Ich weiß, daß sie sagen, ‹der weiß sowieso, was er will, diskutiert wird zwar, aber der weiß von vornherein, was gemacht werden soll›. Das stimmt nicht! Es ist für mich wichtig, in Diskussionen die Meinung der Mitarbeiter kennenzulernen.»

Reicht das? Da geht ein 48jähriger Geschäftsführer (General-Management) im Vertrauen zu seinen Mitarbeitern erheblich weiter. Er versucht die Eigeninitiative zu wecken und unternehmerisches Denken und Handeln zu fördern und ist überzeugt davon, daß seine Mitarbeiter sagen würden, daß es bei ihm keine Vorschriften gäbe, die nicht notwendig seien. Er meint, daß seine Mitarbeiter frei arbeiten können, denn er habe ihnen immer klargemacht, was der Unterschied zwischen Arbeit und Leistung sei. «Es ist mir lieber, wenn jemand nachmittags um 3 Uhr ins Schwimmbad geht, als seine Stunden abzusitzen, wenn er vorher eine Superleistung gebracht hat.»

Wenn auch die meisten Frauen meinen, daß ihre Mitarbeiter ihr Führungsverhalten etwas anders beschreiben würden, als sie es selbst getan haben, so betonen sie dennoch, daß ihre Mitarbeiter gewissermaßen wie eine Mannschaft hinter ihnen stehen. Sie beschreiben sich in diesem Zusammenhang als mütterlich oder auch als strenge Mutter. Die inzwischen pensionierte Hauptabteilungsleiterin (Forschung und Entwicklung), die sich so sieht, weist darauf hin, daß in ihrer Abteilung im Unternehmen die geringsten Fehlzeiten und geringsten Fluktuationen aufgetreten sind, und daß ihre Abteilung von den anderen als «Mafia» bezeichnet wurde, als verschworene Truppe, da nach außen immer eine einheitliche Informationspolitik betrieben wurde. Ähnliche Äußerungen kommen auch von jüngeren Frauen, die meinen, daß jeder in der Abteilung mitzieht, daß die Mitarbeiter immer da sind, wenn es brennt, daß sie hinter ihnen stehen. Und zwar auch dann, wenn sie das Führungsverhalten ihrer Vorgesetzten eher kritisch betrachten.

Vergleicht man die Äußerungen von Männern und Frauen zu dieser Fragestellung, läßt sich unschwer erkennen, daß Frauen die Möglichkeit zur Selbstkritik zwar eher nutzen als die Männer, ihre selbstkritischen Äußerungen jedoch dadurch relativieren, daß sie auf den Teamgeist in ihrer Abteilung verweisen.

Wie Männer ihre Mitarbeiter sehen...

Um geschlechtsabhängig stereotypen Verhaltensweisen auf die Spur zu kommen, wurde auch noch die Frage gestellt, ob männliche und weibliche Mitarbeiter unterschiedlich behandelt würden.

Während fast alle Frauen dieses weit von sich weisen, sich sehr stark um Objektivierung der Darstellung ihrer Verhaltensweisen bemühten, geben fast alle Männer zu, sich weiblichen Mitarbeitern gegenüber anders zu verhalten als den männlichen gegenüber.

Worin bestehen die Unterschiede? Sie lassen sich in folgenden Worten zusammenfassen: «Mann» ist Frau gegenüber nachsichtiger, geduldiger, netter, verständnisvoller, positiver, höflicher, vorsichtiger, charmanter und eher kompromißbereit. So meint ein 45jähriger Hauptabteilungsleiter (Einkauf/Materialwirtschaft): «Ich bemüh' mich zwar darum, männliche und weibliche Mitarbeiter gleich zu behandeln, aber innerlich bleibe ich eben doch immer Kerl.» Der 61jährige ehemalige Maschinenbauingenieur, heute Unternehmer, will diese unterschiedliche Behandlung begrenzt wissen auf seine Junggesellenzeit: «Als ich noch nicht verheiratet war, habe ich vielleicht doch die weiblichen Mitarbeiter etwas anders behandelt, ich hab' mehr nach den Mädchen geschaut.»

Die Männer sind sich nicht nur im klaren darüber, daß sie weibliche Mitarbeiter anders behandeln als ihre männlichen Mitarbeiter, sie wissen auch warum. So meint ein 45jähriger Abteilungsleiter (Marketing/Vertrieb/Verkauf), daß er weiblichen Mitarbeitern gegenüber verständnisvoller reagiert und begründet das damit, «daß die männlichen Mitarbeiter vom Engagement her nicht so mitziehen wie die weiblichen Mitarbeiter». Auch der 48jährige Geschäftsführer (General-Management), der meint, daß er «nach außen da keinen Unterschied macht», spürt doch, «daß in der emotionalen Einstellung schon einer vorhanden ist, denn ich finde es angenehmer, mit Frauen zu arbeiten als mit Männern, denn mit Männern kann man nur sachlich diskutieren». Ein anderer Mann, Hauptabteilungsleiter (Finanzen/Rechnungswesen/Controlling), der angibt, gerne mit Frauen zusammenzuarbeiten, weil sie «so treue und anhängliche Seelen sind», fühlt sich unbehaglicher, wenn eine Frau einen Fehler macht, als wenn dies einem Mann passiert: «Wenn jemand einen Fehler macht, dann ist es doch so, daß man bei einer Frau unruhiger wird. Das würde mir doch weniger gut gefallen, man ist da einfach strenger, und für meine Abteilung ist es insofern von Bedeutung, weil ich dafür gesorgt habe, daß meine Mitarbeiter und Mitarbeiterinnen alle sehr gut bezahlt werden und da dürfen sich gerade die Frauen in diesem

Unternehmen keine Fehler erlauben.» Auch ein 43jähriger Geschäftsführer (General-Management), der angibt, seine weiblichen Mitarbeiter nachsichtiger, geduldiger und netter zu behandeln als seine männlichen Mitarbeiter, fühlt sich nicht immer ganz wohl dabei: «Manchmal ist das allerdings auch anstrengend, allein schon die Tatsache, daß – wenn eine Frau den Raum betritt – ich die Krawatte zurechtrücke und eine gewisse Haltung annehme, das ist anstrengend.» Der vorhin zitierte 48jährige Geschäftsführer einer Bank bleibt die rühmliche Ausnahme: Der einzige Mann, der nicht, weil er es nützlicher findet, sondern einfach deshalb, weil er es angenehmer findet, mit Frauen zusammenzuarbeiten, dies gerne tut, und zwar ohne Einschränkungen! Es sei angemerkt, daß es sich hier um eine Führungspersönlichkeit handelt, die aufgrund 10jähriger Selbständigkeit und der Erfahrungen mit der gleich qualifizierten Ehefrau und drei Töchtern weitaus mehr Reflexionen bezüglich der angesprochenen Fragestellungen zeigte als alle anderen Interviewpartner.

Fazit: Welch ein Glück, der Mann im Manager läßt sich nicht verleugnen... welche Frau sollte das beklagen? Doch wohl kaum die gut ausgebildete, selbstbewußte Nachwuchsmanagerin! Dazu mehr im Kapitel 3, S. 235 ff.

Wie Frauen ihre Mitarbeiter sehen...

Die weitaus überwiegende Anzahl der Frauen meinte, keinen Unterschied in der Behandlung männlicher und weiblicher Mitarbeiter zu machen.

Nur vier Frauen sagen, daß sie bewußt oder unbewußt deutliche Unterschiede machen. So. z. B. die 44jährige Warenhausleiterin, die sagt: «Ich gebe männlichen Mitarbeitern tendenziell bei gleicher Aufgabenerfüllung mehr Gehalt als weiblichen, weil die Männer ja in der Regel eine Familie damit zu versorgen haben.» Und die Frau, die als Mitglied der Geschäftsführung im elterlichen Unternehmen für Marketing/Werbung/Forschung und Entwicklung zuständig ist, führt den Unterschied auf die hierarchische Ebene zurück: «Weil die männlichen Mitarbeiter sich auf hierarchisch höherer Ebene befinden, gehe ich mit ihnen taktischer um, während ich den weiblichen Mitarbeitern gegenüber offener bin.» Und die 34jährige Hauptabteilungsleiterin (Devisenhandel), die bis wenige Wochen vor dem Interviewtermin noch *eine* weibliche Mitarbeiterin gehabt hat, nunmehr nur noch männliche Mitarbeiter, meint, daß sie mit dieser Frau sehr gut ausgekommen sei und daß sie diese Frau den Männern in der Behandlung vorgezogen habe. Werden Unterschiede erkannt, so schlagen die sich im wesentlichen derart nieder, daß man sozusagen «von Frau zu Frau auch schon mal in den privaten Bereich» komme, so eine 58jährige Geschäftsführerin, Inhaberin einer Werbeagentur.

Wie es scheint, versuchen Frauen stärker als Männer ihr Führungsverhalten zu objektivieren, geschlechtsspezifische Attribute, die in der Beschreibung des Führungsverhaltens das Spannungsverhältnis zwischen Mann und Frau signalisieren könnten, werden vermieden, allenfalls konzidiert man mütterliche Züge im Führungsverhalten.

Wie Mitarbeiter reagieren...

Was die Reaktionen der männlichen und weiblichen Mitarbeiter angeht, so sind die meisten Männer der Auffassung, daß sie geschlechtsspezifisch keine Unterschiede in der Reaktion auf ihre Person erkennen können.

Eine Ausnahme scheint hier der 43jährige Geschäftsführer (General-Management) zu sein, der es ohnehin anstrengend findet, mit Frauen zusammenzuarbeiten, denn er meint: «Weibliche Mitarbeiter sind nach meiner Einschätzung vorsichtiger, ängstlicher. Es nervt mich, wenn sie zu lange um etwas drumherum reden, wenn sie irgend etwas wollen.» Und der 61jährige ehemalige Maschinenbauingenieur, heutige Unternehmer meint: «Es gibt Mädchen, die wissen mich besser zu nehmen, betonen aber manchmal zu sehr die Weiblichkeit und so etwas hat mich immer abgestoßen, das nutzt bei mir nichts. Mir ist es wichtiger, daß jemand vernünftig und durchdacht handelt, nur so kann jemand bei mir etwas werden.» Auch ein 49jähriger Hauptabteilungsleiter (Marketing/Vertrieb/Verkauf) vertritt eine dezidierte Position, die aber die große Ausnahme darstellt. Er meint einen deutlichen Unterschied im Verhalten männlicher und weiblicher Mitarbeiter ihm gegenüber zu spüren. Er beobachtet, daß «das Streben nach Gleichberechtigung der jungen Damen und die Unterstützung betriebsrätlicher und gewerkschaftlicher Art zu einem fast militanten Verhalten» ihm gegenüber bei der Durchsetzung von Forderungen führe. Er meint, diese «jungen Damen sind der Auffassung, sie brauchen sich nichts bieten zu lassen, die Diktion ist betriebsratsähnlich und hat ständig Forderungscharakter. Die Frauen drohen immer mit dem Gesetz unterm Arm», während er der Auffassung ist, daß die jungen Männer ihm gegenüber moderater seien. Sie seien nicht so aufmüpfig, zeigten nicht so ein Aufbegehren und seien nicht so scharf im Ausdruck. Auch glaubt er festgestellt zu haben, daß gerade fachlich sehr gute Frauen illoyal gegenüber ihrem Vorgesetzten seien. Eher nüchtern beschreibt ein 43 Jahre alter Geschäftsführer (General-Management) den Unterschied, denn er meint, daß «im Gespräch Frauen doch eher mal auf das Familiäre eingehen und die sachlich-fachliche Ebene häufig verlassen».

Auch die Mehrzahl der Frauen ist der Ansicht, daß sich ihre

männlichen und weiblichen Mitarbeiter ihnen gegenüber nicht unterschiedlich verhalten. Wenn Unterschiede festgestellt werden, dann z. B. der, daß «die Männer doch immer die Größten sein wollen», und männliche Mitarbeiter doch hin und wieder schon einmal versuchen, den vorgesetzten Frauen Knüppel zwischen die Beine zu werfen.

Frauen und Frauen...

Gerade diese wie auch die vorhergehende Fragestellung gab offenbar den Frauen Anlaß, ihre Einschätzung von weiblichen Mitarbeitern und Frauen auf Vorgesetztenebene prononciert deutlich zu machen. Viele Frauen halten sich mit Kritik durchaus nicht zurück und gehen sogar soweit, festzustellen, daß sie lieber mit Männern als mit Frauen zusammenarbeiten.

So meint eine 41jährige Abteilungsleiterin aus der Versicherungswirtschaft, daß es mit Männern einfacher sei und Frauen manchmal zu mimosenhaft seien. Auch eine 42jährige Abteilungsleiterin (Marketing/Vertrieb/Verkauf) meint, daß sich männliche und weibliche Mitarbeiter ihr gegenüber unterschiedlich verhielten in dem Sinne, daß die weiblichen Mitarbeiter ihr eher Schwierigkeiten machten als die männlichen Mitarbeiter. Sie sagt: «Männer verhalten sich normal, während Frauen häufiger ihr typisches Rollenverhalten nicht ablegen, und zwar insofern, als Frauen mich nicht so sehr akzeptieren. Es geht hier besonders um eine Frau, die nicht die Frau akzeptiert, die etwas sagt; wenn ein Mann irgendeinen Unsinn sagt, dann wird das sofort akzeptiert, d. h., in deren Kopf ist eingepflanzt, daß das, was ein Mann sagt, richtig ist, während das, was eine Frau sagt, erst einmal in Frage gestellt werden muß.» Und die 45jährige Abteilungsleiterin (Marketing/Vertrieb/Verkauf) die seit einiger Zeit eine reine «Frauenabteilung» leitet, meint, daß

«Frauen mehr aufeinander herumhacken». Mit dieser Meinung steht sie nicht allein, auch ein 42jähriger Geschäftsführer (General-Management), dessen unmittelbar unterstellte Mitarbeiter zu 70% weiblich sind, bringt das Verhältnis unter Frauen auf die kurze Formel: «Drei Frauen zusammen sind schlimmer als drei Männer zusammen.» Die 52jährige Prokuristin aus der Versicherungswirtschaft glaubt zu wissen, warum man besser mit Männern zusammenarbeiten könne: «Männer sind in der Regel sachlicher. Ich habe immer ein besseres Verhältnis schon von klein auf zu Männern gehabt. Ich hab z. B. nie eine Freundin gehabt, so wie man beispielsweise eine Busenfreundin hat.»

Es scheint so, als wenn Frauen, die in einer Männerwelt beruflich erfolgreich sind, offenbar gewisse Schwierigkeiten im Umgang mit Frauen haben. Das wird noch deutlicher, wenn Frauen sich über Frauen als Kolleginnen äußern (siehe Seite 123f.).

Kollegen und Vorgesetzte

Um im Hinblick auf die kollegialen Beziehungen und die Beziehungen zu Vorgesetzten auf mögliche Unterschiede zu stoßen, wurden den Interviewpartnern die Fragen danach gestellt, ob sie selbst männliche und weibliche Kollegen bzw. Vorgesetzte unterschiedlich behandeln und ob sie durch weibliche und männliche Kollegen bzw. Vorgesetzte eine unterschiedliche Behandlung erfahren. Wie nicht anders zu erwarten war, müssen sich die Aussagen hierzu auf Einzelfälle beschränken, nämlich die wenigen Fälle, in denen die befragten Männer und Frauen auch weibliche Kollegen bzw. Vorgesetzte hatten. Es geht also letztlich darum, Aussagen über weibliche Führungskräfte aus der urteilenden Sicht von hierarchisch gleichrangigen Kollegen und Untergebenen, die selbst Führungskräfte sind, zu treffen.

Wenn auch die Erfahrungen dürftig sind, so sind die Statements um so eindeutiger, wenn auch nicht immer eindeutig begründet. So meint ein 44jähriger Hauptabteilungsleiter (Personal), in dessen Unternehmen auf gleicher Ebene eine Hauptabteilungsleiterin (Controlling) beschäftigt ist, daß er zu dieser Kollegin ein sehr gespanntes Verhältnis habe; er glaubt allerdings, daß dieses nicht auf den Geschlechtsunterschied, sondern eher auf den Ausbildungsunterschied zurückzuführen sei (er ist Akademiker, sie hat sich aus der Buchhaltung heraus hochgearbeitet). Eine völlig andere Erfahrung hat ein 45jähriger Hauptabteilungsleiter (Einkauf/Materialwirtschaft) gemacht, der von einer Kollegin auf gleicher Ebene berichtet, daß «alle es mit ihr schwer gehabt haben. Sie hat gewissermaßen Haus,

Kind und Mann ihrer Karriere geopfert, aber das Gefühl gehabt, dafür nicht im entsprechenden Maße entschädigt worden zu sein. Sie wollte unbedingt in die Geschäftsführung aufsteigen und hat den Bogen überspannt. Die fachliche Qualifikation war unzweifelhaft vorhanden, aber sie war in ihrem Verhalten zu pedantisch und zu unkollegial, und dann hat man sich von ihr getrennt.»

Immerhin hatten oder haben fünf Frauen eine hierarchisch gleichgestellte Kollegin. Abgesehen von einer Frau, die meint, daß sie diese Kollegin genauso behandele wie ihre männlichen Kollegen und auch von ihr ebenso wie von den männlichen Kollegen behandelt werde, fallen die Äußerungen von Frauen über Frauen wesentlich drastischer aus. Da ist z. B. die 42jährige Abteilungsleiterin (Marketing/Vertrieb/Verkauf), die, um dem drohenden Konflikt mit einer Kollegin auszuweichen, diese als Primadonna behandelt hat, was ihr möglich war, weil sie wußte, daß diese Kollegin bald ausscheiden würde und inzwischen auch ausgeschieden ist. Eine andere Frau, Prokuristin der Versicherungswirtschaft sagt: «Ich bin bei Kollegen – ob weiblich oder männlich – immer auf Distanz gegangen, hab keine Saufereien oder ähnliches mitgemacht. Ich habe allerdings auch negative Erfahrungen mit einer weiblichen Kollegin gemacht, die eine Sache sofort dem Vorstand hintertragen hat, die mir hätte schaden können.» Es handelt sich um die bereits zitierte Frau, die begründet, daß sie lieber mit Männern zusammenarbeitet. Auch eine 49jährige Hauptabteilungsleiterin (Personal) ist nicht gut auf weibliche Führungskräfte auf der Abteilungsleiterebene in ihrem Unternehmen zu sprechen: «Frauen haben oft ein sehr starkes Selbstbewußtsein, wenn sie in einer Führungsposition sind, und sie wollen dieses ausspielen, sind aber andererseits wahnsinnig sensibel. Oft ist eine Frau wirklich besser als ein Mann, aber auch problematischer im Verhalten. Frauen ziehen sich an irgendeinem Punkt eben doch darauf zurück, nur eine Frau zu sein. Sie pochen dann auf ihr Frausein.» Außerdem meint sie, daß Frauen sich untereinander extrem unkollegial verhalten und fügt als Beispiel eine eigene Beobachtung aus dem Unternehmen, in dem sie tätig ist, hinzu; dort gibt es auf Abteilungsleiterebene zwei Frauen, von denen sie sagt, «die würden sich am liebsten gegenseitig die Augen aushacken».

Auch Frauen, die zur Zeit nicht in einer unmittelbaren Konkurrenzsituation mit einer anderen Frau stehen, haben ihre Erfahrungen gemacht und ihre dezidierten Auffassungen über Frauen in Führungspositionen. So z. B. die 41jährige Abteilungsleiterin aus der Versicherungswirtschaft: «Frauen oben, das ist ein scheußlicher Zustand, wegen der Launen, die bei Frauen stärker durchschlagen als bei Männern.» Demzufolge betont sie auch im Gespräch, daß sie selbst lieber mit Männern zusammenarbeitet, denn sie meint, «Frauen mit großem Selbstbewußtsein sind zu karriereorientiert». Und auch die 45jährige Abteilungsleiterin (Marketing) arbeitet lieber mit Männern zusammen, weil sie «bei Frauen doch immer wieder Eifersüchteleien festgestellt» habe.

So scheint es denn, daß Frauen in doppelter Hinsicht mit Kollegen zu kämpfen haben, wie die 44jährige Hauptabteilungsleiterin (Finanzen/Rechnungswesen/Controlling) bemerkt, insofern als Frauen neidisch auf sie sind, während die Männer versuchen, ihr Stolpersteine in den Weg zu legen.

Keine der Interviewpartnerinnen hatte Erfahrungen mit einer weiblichen Vorgesetzten, wohl aber zwei der befragten Männer. Allerdings war in einem Fall der Kontakt zur weiblichen Vorgesetzten (einem Vorstandsmitglied) nur sehr indirekt, so daß aus persönlicher Erfahrung und Betroffenheit heraus keine Angaben gemacht werden konnten. Allerdings berichtete dieser Interviewpartner von einer ihm bekannten Episode aus dem Verantwortungsbereich dieser Frau, die dem Bild dessen, was Frauen über Frauen in Führungspositionen denken, durchaus entspricht. Er bezeichnet diese weibliche Vorgesetzte als «Renommierfrau» und meint feststellen zu können, daß solche Frauen dafür sorgen, daß ihr Ruf erhalten bliebe. Er berichtet, daß im Verantwortungsbereich dieser Frau zwei gleichqualifizierte studierte Mitarbeiter eingestellt wurden, ein Mann und eine Frau. Der Mann wurde nach einiger Zeit befördert, die Frau ebenso, der Mann jedoch gleich eine Stufe weiter als die Frau, das heißt die Frau im Vorstand, in deren Zuständigkeitsbereich diese Beförderung gefallen war, habe deutlich darauf geachtet, daß der Abstand zu der anderen Frau groß genug bliebe, so jedenfalls die Interpretation des Geschehens durch den Interviewpartner, und er fügt hinzu: «Wenn ich diese Frau gewesen wäre, dann hätte ich Rabatz gemacht.»

Ein anderer Mann hat gleich zweimal in seinem Berufsleben eine weibliche Vorgesetzte gehabt und – wie er sagt – dieses im nachhinein als Glück empfunden, weil beide ihn auf ihre unterschiedliche Art besonders motiviert hätten: «Ich hab mich bei diesen Frauen besonders zusammengerissen, um gute Leistungen zu bringen. Dabei waren das beide ausgesprochen unterschiedliche Typen. Die erste war eine gutaussehende Frau, für die ich auch deshalb gute Leistungen erbringen wollte, weil da eine erotische Spannung im Spiel war. Im zweiten Fall handelte es sich um eine eher mütterliche und gleichzeitig jedoch zickige Frau, die im Unternehmen als schwierig galt, und das war für mich wiederum ein besonderer Antrieb, mit ihr gut zurechtzukommen, und ich habe dann deswegen besonders gute Leistungen gebracht.»

Hier wird zum ersten und einzigen Mal etwas angesprochen, was keine der Frauen in vorgesetzten Positionen in ihren Formulierungen auch nur ahnen läßt, daß erotische Spannungen möglicherweise positive Auswirkungen auf die Arbeitssituationen haben können. Vielleicht hätte man da eher die männlichen Mitarbeiter befragen sollen! Vielleicht sind es nicht nur die negativen Erfahrungen, die Frauen mit Frauen gemacht haben, die sie dazu bewegen zu äußern, daß sie lieber mit Männern zusammenarbeiten, vielleicht liegen hier unerwähnt gebliebene Begründungen, die möglicherweise noch gar nicht die Bewußtseinsebene erreicht haben! Oder «frau» traut sich nicht...?

Partner und Familie

Schicksalsstatistik

Drückt man die familiären Verhältnisse der Interviewpartner in Zahlen aus, so zeigt sich ein ähnliches Bild wie in der schriftlichen Befragung von 1986. Allerdings mit der Einschränkung, daß unter den Interviewpartnern der prozentuale Anteil der verheirateten oder mit einem Partner zusammen lebenden Männer wie auch Frauen etwas geringer war. Konkret heißt das, daß von den 26 Männern 21 mit einer Partnerin zusammenleben, das sind etwa 80%, und von den 22 Frauen 12 mit einem Mann zusammenleben, das sind etwa 55%. Von den 26 Männern haben 23 Kinder, und zwar meistens zwei Kinder, während von den 22 Frauen lediglich die Hälfte, nämlich 11 Kinder haben. Alle geschiedenen oder alleinlebenden Männer gaben an, Kinder zu haben und auch für die Frauen ist festzustellen, daß die Quote der Frauen, die Kinder haben, in der Gruppe der alleinlebenden Frauen weitaus höher ist als in der Gruppe der verheirateten Frauen. Von den 10 alleinlebenden Frauen haben 7 Kinder (bis auf eine Frau, die drei Kinder hat, haben diese Frauen jeweils ein Kind). Von den 12 mit einem Partner zusammenlebenden Frauen haben 4 Kinder, wobei man jedoch feststellen muß, daß es sich in zwei Fällen um untypische Situationen handelt, in denen diese Frauen Kinder bekommen haben. In einem Fall handelt es sich um eine Unternehmerin und in einem anderen Fall um die Frau, die bereits im Alter von 16 Jahren noch während der Schulzeit ihr Kind bekommen hat.

Welche Begründungen und Einstellungen stehen hinter diesen Zahlen? Welchen Einfluß nimmt die häusliche Situation, die Partnerschaft auf die Karriere und wie wirkt sich Karriere in den Familien der Frauen und Männer aus?

Männer 1: Vom Segen der Familie

Die Hälfte der männlichen Interviewpartner bekennt, daß die familiären Verhältnisse die Karriere gestützt und daß das Verständnis und die Anpassungsbereitschaft der Ehefrau die Karriere gefördert hätten. Dieses bezieht sich insbesondere auf das «Mitziehen», im wahrsten Sinne des Wortes, dann, wenn geographische Mobilität gefordert ist, aber auch darauf, daß man, wie ein 48jähriger Hauptabteilungsleiter (Produktion) es ausdrückt, «sich eben um vieles nicht kümmern muß». Und ein 44jähriger Hauptabteilungsleiter (Personal) meint: «Ich habe ein gutes Familienleben; es hat mir Ruhe und den notwendigen Hintergrund für meine Karriere gegeben, um die entsprechende Kraft und Leistungsfähigkeit im Beruf einsetzen zu können.» Ein Geschäftsführer (General-Management) zählt auf, was die Familie für ihn bedeutet: «Geborgensein, Ausgleich, Ventil für Frust, Liebe und Verständnis, immer füreinander dasein in allen Situationen.»

Die Familie hat aber nicht nur eine Funktion als Pol der Ruhe und Entspannung, sondern für die Position im Unternehmen durchaus auch funktionalen Charakter. So meint ein 47jähriger Geschäftsführer (General-Management), daß die Tatsache, daß er verheiratet war, immer auch «Bestandteil der jeweiligen Beurteilungen durch Vorgesetzte in bezug auf die Übernahme weiterführender Aufgaben» darstellte. Und ein 49jähriger Hauptabteilungsleiter (Produktion), der in der deutschen Tochtergesellschaft eines amerikanischen Unternehmens tätig ist, meint, daß «die Firma auf stabile familiäre Verhältnisse achtet, weil die Frauen mit einbezogen werden, z. B. bei Geschäftsbesuchen und bei USA-Reisen zur Muttergesellschaft. Es ist daher seitens der Familie eine gewisse Flexibilität erforderlich. Meine Familie hat diese Flexibilität immer aufgebracht und insofern war sie nicht behindernd. Die Familie hat alles mitgemacht, so daß ich sagen kann, daß meine Familie meine Karriere gefördert hat.»

Daß gerade in noch sehr konservativ orientierten Unternehmen eine andere Lösung des Mobilitätsproblems nicht gern gesehen wird, erfuhr ein 45jähriger Abteilungsleiter (Marketing/Vertrieb/Verkauf), der für sein Unternehmen im Bereich der Bundesrepublik Deutschland an verschiedenen Orten tätig war und seiner Familie die häufigen Umzüge nicht zumuten wollte bzw. dessen Familie diese Anpassungsbereitschaft nicht gezeigt hat. Obwohl er selber für das Unternehmen mehrfach umgezogen ist, hat ihm aus diesem Grunde der Vorstand den Vorwurf der Immobilität gemacht. Er führt nunmehr seit Jahren eine Wochenendehe, Kinder sind auch da, und er sieht den Zustand inzwischen als sehr vorteilhaft an, da er sich während der Woche vollständig auf seine Arbeit konzentrieren kann und die Wochenenden sehr schön sind. Obwohl er diese Art und Weise, Familie und Karriere auf einen Nenner zu bringen, nunmehr seit vielen Jahren übt, ruft die ungewöhnliche Situation im Unternehmen immer noch gewisse Bedenken im Hinblick auf seine Zuverlässigkeit hervor. Immerhin hat ihm die zeitliche Unabhängigkeit vom familiären Rhythmus es ermöglicht, ein zweites Studium neben der Berufstätigkeit erfolgreich zu absolvieren, was ihm in allernächster Zeit einen weiteren Karrieresprung verspricht. Er sagt: «Die ersten beiden Semester dieses Studiums sind in der Familie gar nicht bemerkt worden.» Er gehört zu den Männern, die letztlich konstatieren, daß ihre familiären Verhältnisse weder einen positiven noch einen negativen Einfluß auf die Karriere gehabt haben, weil sie sich von den familiären Verhältnissen relativ unabhängig gemacht haben.

Oft bleibt allerdings der als positiv eingeschätzte fördernde und unterstützende Einfluß der Ehefrau nicht ohne negativen Beigeschmack. So meint ein 50 Jahre alter Geschäftsführer (Marketing/Vertrieb/Verkauf): «Meine Frau weiß, daß sie keinen Postbeamten geheiratet hat und trägt sämtliche Extravaganzen meines Berufs mit. So z. B. hat sie häufig Urlaubsunterbrechungen klaglos mitgemacht. Allerdings verkneift sie sich ein paar ironische Bemerkungen nicht, und ich weiß manchmal selbst nicht recht, ob das alles eigentlich so in Ordnung ist, was ich da mache.» Weitergehende ernsthafte Bedenken kommen ihm allerdings nicht! Ein bißchen deutlicher wird da ein anderer 48-jähriger Geschäftsführer (General-Management), der zwar mit seiner Frau, die er während des Studiums kennengelernt hat – beide haben ein ausgezeichnetes Examen gemacht –, eine von ihr getroffene Entscheidung für seine Karriere befolgte, insofern, als sie ihm deutlich gemacht hat, daß er für den Beruf besser geeignet sei, denn sie sei zwar die intelligentere von beiden, er aber der schlauere. Dennoch hat diese Frau an einem Punkt seiner Karriere nicht mitgezogen, hat einen Wechsel in die USA verweigert und dadurch diesen Karriereschritt verhindert. Und ein 47jähriger Hauptabteilungsleiter (Marketing/Vertrieb/Verkauf), der ebenfalls der Ansicht ist, daß seine Ehe die Karriere gestützt und gefördert habe, weil er eine verständnisvolle Partnerin hat, die ihm «gewissermaßen die gesicherte Basis liefert», auf der er «seine Spielchen treiben kann», räumt ein: «Allerdings, wenn ich häufiger abends unterwegs bin, knirscht es mit meiner Frau», und ein wenig später erinnert er sich daran, daß er einige Zeit in Tokio für das Unternehmen tätig war und in diesem Zusammenhang seine Frau gesagt habe, daß sie nur einmal und nicht wieder ein solches Leben aus zweiter Hand führen würde.

Männer 2: Vom schiefen Haussegen

Während in den zuletzt geschilderten Fällen bereits die Grenzen der Anpassungsbereitschaft für den Mann spürbar werden, sind die Grenzen der Belastbarkeit der ehelichen Beziehung durch die Karriere des Mannes in vielen Fällen überschritten worden, was bei fünf Interviewpartnern zu Scheidungen geführt hat, bei einem gar zum durch Alkoholkrankheit bedingten Tod der Ehefrau.

Alle geschiedenen Männer führen mit bemerkenswerter Selbstreflexion und Offenheit das Scheitern ihrer Ehe auf ihr Engagement für die Karriere zurück. Die Begründungen für die negativen Auswirkungen der Karriere auf das Familienleben ähneln sich und sind auf einen Hauptnenner zu bringen: Mangel an Zeit für das Familienleben, was ein 41jähriger Hauptabteilungsleiter (Finanzen/Rechnungswesen/Controlling) in die Worte faßt: «Die Zeit, die ich letztlich für Privates zur Verfügung gehabt habe, war immer nur eine Restgröße.»

Nur einer der geschiedenen Männer hat unter der Trennung von seiner Frau so gelitten, daß es bei ihm zu einem Karriereknick kam; er kam aus der Provinz und ging als Geschäftsführer in die Metropole; seine Frau zog nicht mit, verband sich statt dessen mit einem anderen Mann. Auf Grund der privaten Krisensituation machte er viele Fehler, so daß er nach kurzer Zeit gezwungen war, einen Auflösungsvertrag zu unterschreiben. Alle anderen Männer meinten eher, daß durch die Scheidung die Karriereentwicklung begünstigt worden sei. So sagt der eben schon zitierte Hauptabteilungsleiter: «Nach der Scheidung hatte ich nichts mehr zu verlieren und seitdem bin ich durchgestartet.» Und ein 49 Jahre alter Hauptabteilungsleiter (Marketing/Vertrieb/Verkauf), frisch geschieden, meint, daß er zwar die Ehe, d. h. Frau und Kind seiner Karriere geopfert habe, aber: «Meine Frau hatte kein Verständnis für einen Mann, der keine 38-Stunden-Woche hat und obendrein noch etwa 100 Tage im

Jahr unterwegs ist.» Er stellt fest, daß seine Ehe ihn in der Karriereentwicklung eher beeinträchtigt hat, da er von seiner Frau überhaupt keine Unterstützung erhalten habe. Besser dran ist da der 43jährige Geschäftsführer (General-Management), der der Meinung ist, daß sowohl während der Zeit, in der er verheiratet war, die familiäre Situation seine Karriere gestützt und gefördert habe – denn da war das Zuhause sein ruhender Pol –, wie auch jetzt, seitdem er geschieden ist, weil er die dadurch freigesetzten Kapazitäten in berufliche Aktivitäten umgewandelt hat. Er sagt: «Wenn ich einen Schicksalsschlag erleide, ist Arbeiten das Beste.»

Sicher ist der Fall, in dem die Frau an der Alkoholkrankheit gestorben ist, ein extrem tragischer Ausnahmefall. In großer Offenheit schildert der Interviewpartner, daß seine Frau lieber berufstätig gewesen wäre, als zu Hause zu sein und zwei Kinder aufzuziehen und die Karriere des Mannes zu fördern. Sie hat ein traditionelles Rollenverhalten tatsächlich nur als Rolle gespielt, dies entsprach aber nicht ihrer innersten Intention. So flüchtete sie in den Alkohol. Immerhin hatte sie eine sehr gute Position für ihren Mann und die Familie aufgegeben, nämlich die Position der Chefsekretärin in dem Betrieb, in dem ihr Mann seine Karriere gemacht hat.

Betrachtet man insgesamt die familiären Situationen der Männer, so zeigt sich, daß immerhin ein Drittel über negative Auswirkungen der eigenen Karriere auf Ehe und Familie berichten, was vom «Knirschen im Ehegetriebe» bis hin zum tragischen Tod der Ehefrau reicht.

Frauen 1: Von Männern, die ein Glücksfall sind

Zum Zeitpunkt der Interviews lebten 12 der befragten Frauen, also gut die Hälfte, mit einem Partner zusammen. Fast alle diese Frauen waren verheiratet. Gleichzeitig zeigt die große Anzahl geschiedener und lediger Frauen, daß das, was für Männer der Normalfall ist, nämlich eine Partnerschaft, die obendrein karrierefördernd wirkt, für Frauen durchaus nicht selbstverständlich ist.

Betrachtet man die Schilderungen der Frauen, die verheiratet sind, so kann man eigentlich nur feststellen, daß diese Frauen mit Männern zusammenleben, die zumindest bislang eher als Rarität gelten können. So bezeichnet die 36jährige Geschäftsführerin (General-Management) ihren Mann als «den ruhenden Pol», der ihr immer geholfen hat. Beide sind überein gekommen, die Karriere in den Mittelpunkt ihres Lebens zu stellen und auf Kinder zu verzichten. Eine andere – ebenfalls jüngere Frau – hat besondere Unterstützung durch ihren Mann erfahren, als sie ihr zweites Studium absolvierte.

Geradezu euphorisch sind die Schilderungen einer 42jährigen Abteilungsleiterin (Marketing/Vertrieb/Verkauf), die der Meinung ist, daß ihre Ehe ihre Karriere gestützt und gefördert habe, da sie durch die Ehe einen seriösen Eindruck machen könne. Sie sagt: «Mein Mann ist ein Macho gewesen, aber ich habe ihn liebevoll gerichtet. Er macht mir immer wieder Mut, ich kann mit ihm alles besprechen. Ich führe eine Superehe und bin total glücklich, und es ist alles sehr partnerschaftlich. Allerdings hat mein Mann aufgrund meines Erfolges beruflich zurückstekken müssen. Wir haben lange Zeit eine Wochenendehe geführt, und als ich dann eine bessere Position angeboten bekommen habe, ist er zu mir gezogen, was für ihn von großem Nachteil gewesen ist, da er selbständig tätig ist und hier in dieser Stadt nicht den richtigen Anschluß gefunden hat, nicht den entsprechenden Kundenkreis, den er vorher hatte, aufbauen konnte.

Wir tun uns gegenseitig große Gefallen, indem man einfach das eine oder andere für den andern besorgt, allerdings hat es auch Grenzen. Ich dürfte ihn z.B. nicht bitten, mal die Fenster zu putzen, das würde er dann doch gegen seine Ehre gehend ansehen.»

Auch die 52jährige Prokuristin aus der Versicherungswirtschaft, die erst sehr spät geheiratet hat, sagt, daß sie das Glück gehabt habe, einen Mann gefunden zu haben, der ihre Arbeit voll unterstützt. Sie könne alles mit ihm besprechen, und er umsorge sie auch, wenn es bei ihr abends mal später werde. Wenn sie dann nach Hause komme, stehe das Essen, die geöffnete Flasche Wein und der Kerzenleuchter schon auf dem Tisch. Und die 58jährige Geschäftsführerin, Inhaberin einer Werbeagentur, geht sogar soweit zu sagen, daß ihr Mann ihr «immer wieder die Korsettstangen eingezogen habe», daß sie praktisch durch ihn studiert habe, was sie selbst nicht tun konnte, da sie sich schon sehr früh selbständig gemacht hat. Die 36jährige Hauptabteilungsleiterin (Produktion/Forschung und Entwicklung) meint, daß sie aus ihrer Familie die «wesentliche Motivation» für ihre Karriere bekommen habe. Ein Umstand, der ohne Zweifel damit zusammenhängt, daß diese Frau mit 16 ihr Kind bekommen und später ihren damaligen Schulkameraden geheiratet hat. Bereits während ihres Chemie-Studiums, als das Kind zu versorgen war, konnte sie sich auf ihren Mann verlassen, denn sie mußte häufig außer Haus in Labors tätig sein, während er während seines Studiums viel zu Hause geblieben ist und das Kind versorgt hat.

Aber nicht nur das gefühlvolle Mittragen der Karriere der Frau und die tätige Fürsorge spielen eine Rolle, sondern auch so handfeste Dinge, wie der finanzielle Rückhalt. Eine 52jährige Hauptabteilungsleiterin (Personal) ist davon überzeugt, daß – obwohl sie immer eine Wochenendehe geführt hat – ihre Ehe ihre Karriere sehr gefördert habe und zwar hauptsächlich «durch die Rückendeckung und Sicherheit von meinem gut verdienenden Mann». Auch eine jüngere Frau, die 34jährige Hauptabteilungsleiterin (Devisenhandel) meint, sehr handfeste Vorteile durch ihre Ehe zu haben, da, wie sie sagt, «mein Mann auch ganz gute Kontakte hat, von denen ich auch beruflich profitieren kann». Nur zwei der verheirateten Frauen meinten, daß ihre Familien ihre Karrieremöglichkeiten eingeschränkt hätten.

Also es gibt sie doch, die Männer, mit denen Frauen Karriere machen können!

Frauen 2: Vom Lob des Single-Daseins

Ähnlich wie die meisten geschiedenen Männer betrachten – bis auf eine Ausnahme – die geschiedenen Frauen die Scheidung als die Voraussetzung für ihre Karriereentwicklung, als Initialzündung für das Durchstarten im Beruf. Der wesentliche Unterschied im Vergleich zu den geschiedenen Männern ist der, daß nicht in einem einzigen Fall die Berufstätigkeit der Frau zur Scheidung geführt hat, sondern daß die Scheidungen umgekehrt die Berufstätigkeit und deren Entwicklung zur Karriere hin erst ermöglicht haben.

Die 45jährige Abteilungsleiterin (Marketing), die zwei gescheiterte Beziehungen hinter sich hat, gibt an, daß die Männer sie in ihrem Fortkommen und ihrer Entwicklung immer blokkiert hätten. Sie könne quasi von einer Kettenreaktion sprechen, womit sie die Wechselwirkungen, negativ wie positiv, zwischen Karriere und Privatleben meint: «Auf der einen Seite war es die miserable familiäre Situation, bedingt durch die schlechten Partnerschaften, die mich unter Druck gesetzt hat, soviel im Beruf zu erreichen, und auf der anderen Seite habe ich dadurch, daß ich soviel erreicht habe, ein so sehr gutes Verhältnis zu meinem

Sohn, der sich nicht darüber beklagen muß, daß wir so wenig hätten und das, ‹weil du dich von deinem Mann, meinem Vater getrennt hast›.» Auch die 41jährige Abteilungsleiterin aus der Versicherungswirtschaft, die schon seit 18 Jahren geschieden ist und aus diesem Grunde für sich und ihren Sohn den Lebensunterhalt verdienen mußte, stellt fest, daß einerseits die Scheidung sie gewissermaßen auf die Erfolgsschiene gesetzt hat, und daß sie andererseits dadurch, daß sie erfolgreich ist, heute auch ein sehr gutes Verhältnis zu ihrem Sohn hat. Und eine 49jährige Hauptabteilungsleiterin (Personalwesen), die nur kurze Zeit verheiratet war, sich aber nicht aus Gründen der Karriere hat scheiden lassen, meint, daß sie sicherlich nicht so weit gekommen wäre, wenn sie verheiratet geblieben wäre, denn die Ehe habe ihre berufliche Entwicklung doch sehr beeinträchtigt.

Nicht nur die eheerfahrenen geschiedenen Frauen auch die ledigen Frauen stellen mit großem Nachdruck fest, daß ihr Single-Dasein für ihre Karriere außerordentlich förderlich gewesen sei, da ihnen, wie eine 47jährige Hauptabteilungsleiterin (Finanzen/Rechnungswesen/Controlling/EDV) es ausdrückt, «keine familiären Hindernisse im Weg lagen». Zu unterstreichen ist, daß alle diese Frauen einen glücklichen, zufriedenen, in sich ruhenden Eindruck machten. Sie genießen ihren beruflichen Erfolg, ihre Kleinfamilien und ihren Freundeskreis. Dieser Eindruck steht im großen Gegensatz zu dem Eindruck, den die Männer machten, die geschieden waren oder die negativen Auswirkungen der eigenen Karriere auf ihre Ehe bereits bemerkt hatten. Offensichtlich leiden diese Männer sehr unter ihrem Single-Dasein, unter Vorwürfen und Selbstzweifeln, da sie sich nicht freimachen können von dem Gedanken, daß sie durch die eigene Karriere das Scheitern der Ehe heraufbeschworen haben. Sie können auch ihre innere Unsicherheit und Unzufriedenheit nicht mit der Freude am beruflichen Erfolg kompensieren, da ihnen dieser Erfolg als allzu selbstverständlich, aufgrund ihres beruflichen Einsatzes geradezu als folgerichtig erscheint. Ob ihnen dieser Preis für die Karriere nicht dennoch zu hoch erscheint – dazu später mehr (vgl. Kapitel 4 S. 174ff.).

4. Geld und Macht –
Lohn für Opfer und Verzicht?

Erfolg bringt Geld, macht Geld glücklich?

Die Beförderung in die Führungsposition – Erfolgserlebnis zwischen Sieg und Selbstverständlichkeit

Führungskräfte der mittleren Ebene gelten als beruflich erfolgreich, wenn man als Kriterium hierfür die Erreichung einer hierarchisch höheren Position, ausgestattet mit Personal- und/oder Umsatzverantwortung, und die Erzielung eines überdurchschnittlichen Einkommens ansieht. In diesem Sinne sind alle Männer und Frauen, die befragt wurden, als beruflich erfolgreich anzusehen. Dessen ungeachtet kann persönlicher Erfolg selbstverständlich auch anders definiert werden; um end- und fruchtlose Diskussionen voneinander abweichender Inhalte des Erfolgsbegriffs zu vermeiden, wurde den Interviewpartnern die Frage gestellt, ob sie die Erreichung der Führungsposition für sich persönlich als Erfolgserlebnis empfunden haben.

Im Überblick ergibt sich, daß etwa die Hälfte der Männer und ebenso die Hälfte der Frauen meinten, daß die Erreichung der jetzigen Führungsposition ein großes Erfolgserlebnis für sie gewesen sei, während etwa die andere Hälfte der Befragten diesem einen nicht so großen Stellenwert beimessen wollte. Allenfalls erinnerten sich diese Männer und Frauen daran, daß die Erreichung der ersten Führungsposition in ihrer beruflichen Entwicklung ein großes Erfolgserlebnis gewesen war.

Wenn sich auch in der Bewertung der Erreichung der Führungsposition als Erfolgserlebnis oder als selbstverständliches

Ereignis im Karriereverlauf insgesamt zwischen Männern und Frauen kein Unterschied ergab, so ließen sich bei den Begründungen derjenigen, die die Erreichung der Position als besonderen Erfolg erlebt hatten, deutliche Unterschiede feststellen.

Zunächst ist auffällig, daß in der Gruppe der Männer, die die Erreichung der Position als besonderes Erfolgserlebnis empfunden haben, alle diejenigen zu finden sind, die die Position eines Geschäftsführers innehaben. Die Gruppe derjenigen, die die Erreichung der Führungsposition als Selbstverständlichkeit erachten, setzt sich ausschließlich aus Hauptabteilungsleitern und Abteilungsleitern zusammen. So meint ein 49jähriger Hauptabteilungsleiter (Marketing/Verkauf): «Die Erreichung der heutigen Position würde ich nicht als Erfolgserlebnis bezeichnen, damit würde dieses Ereignis überbewertet. Es war eine gewisse Automatik gewesen, die mich dahin gebracht hat, ein selbstverständlicher Punkt in meiner beruflichen Entwicklung. Wenn ich allerdings Geschäftsführer geworden wäre, dann würde ich das als Erfolgserlebnis empfunden haben.» Auch ein 41jähriger Hauptabteilungsleiter (Finanzen/Rechnungswesen/Controlling) findet die Erreichung seiner heutigen Position nicht so bedeutend, denn, «wenn man zielgerichtet vorgeht, ist es eigentlich kein Thema». Ebenso stellt ein Abteilungsleiter, 48 Jahre alt (Produktion), nüchtern fest: «Die Erreichung der jetzigen Führungsposition war für mich nicht so bedeutend, denn es war zu erwarten, daß ich in diese Position hineinwachsen würde. Das hat sich einfach so entwickelt.»

Wenn sich auch das große Erfolgserlebnis erst überwiegend dann einstellt, wenn die Geschäftsführungsebene erreicht ist, so wird dieser Karrieresprung selbst jedoch nicht als Begründung dafür angeführt, sondern sehr unterschiedliche Gründe, die sich aus der jeweils individuellen Karriereentwicklung ergeben haben. So führt ein 43jähriger Geschäftsführer (General-Management) seine Empfindung, besonderen Erfolg gehabt zu haben, darauf zurück, daß er vorher einen beruflichen Einbruch, einen

Karriereknick erlebt hat (er war aufgrund eines Mißerfolges gezwungen, seinen ersten Geschäftsführungsvertrag aufzulösen). Danach stieg er wieder als einfacher Prokurist in eine andere Firma ein, in der er heute wiederum eine Geschäftsführungsposition erreicht hat. Ein 48jähriger Hauptabteilungsleiter, der den Titel eines technischen Direktors führt und der Geschäftsleitung, die durch die Gesellschafter gestellt wird, unmittelbar unterstellt ist, erklärt sein Erfolgsgefühl damit, daß «das aufgrund meiner Ausbildung nicht unbedingt üblich ist, daß man eine solche Position erreicht». Wieder andere Männer führen ihr Erfolgserlebnis auf das Gefühl zurück, in einem Spiel gesiegt, gewonnen zu haben. Dabei mag, wie ein 47jähriger Hauptabteilungsleiter (Marketing/Vertrieb/Verkauf) von sich behauptet, eine spielerische Veranlagung von Bedeutung gewesen sein. Im Fall eines 49jährigen Hauptabteilungsleiters (Produktion), der für das Unternehmen, in dem er heute tätig ist, zunächst zwei Jahre bei der Muttergesellschaft in den USA gearbeitet hat, war auch der Einsatz hoch: «Ich habe sehr hoch gepokert, um diese Position bei meiner Rückkehr in die Bundesrepublik zu bekommen.» Und schließlich macht auch der gesellschaftliche Status, der mit der beruflichen Position verbunden ist, den Erfolg aus, so wie für den 55jährigen Geschäftsführer (Produktion/Forschung und Entwicklung): «Die Erreichung der heutigen Position war für mich ein großes, persönliches Erfolgserlebnis, da ich dadurch in Unternehmerkreise gekommen bin.»

Während für die Männer die Beförderung auf die Geschäftsleitungsebene und der damit erreichte Status sowie der Sieg im Spiel um die Position größte Erfolgserlebnisse hervorrufen, begründet sich der Stolz der Frauen, das Erleben ihres Erfolges aus deutlich anderen Bezügen. Sie stellen ihren Erfolg seltener im Vergleich zu weniger erfolgreichen Kollegen dar, sondern sind sich vollständig dessen bewußt, daß das, was sie erreicht haben, als *Frau* erreicht zu haben, ein besonderer Erfolg gewesen ist.

Dafür steht die Äußerung einer 55jährigen Abteilungsleiterin: «Meines Wissens war ich die erste Frau überhaupt, die in der Versicherungswirtschaft eine solche Position erreicht hat, und ich meine, entweder man will's oder man will's nicht. Wenn ich allerdings diese Position, die ich heute innehabe, nicht bekommen hätte, wäre ich sehr beleidigt gewesen und hätte das Unternehmen gewechselt, weil angesichts dessen, daß ich immer einen hohen Anspruch an mich gestellt habe und ich wußte, daß ich besser bin als alle anderen, ich es einfach für den Punkt einer selbstverständlichen Entwicklung hielt.» Im letzten Teil dieser Aussage unterscheidet sich ihre Begründung nicht von derjenigen der männlichen Gesprächspartner, die eine ähnliche Auffassung vertreten haben. Auch eine 42jährige Abteilungsleiterin (Marketing/Vertrieb/Verkauf), die die Erreichung ihrer heutigen Position als großes Erfolgserlebnis empfunden hat, begründet dies damit, daß es ihr durch den letzten Stellenwechsel gelungen sei, ihr vorheriges «Frauengehalt» von knapp DM 60 000,– nach fünf Jahren zu verdoppeln. Und für die 36jährige Hauptabteilungsleiterin (Produktion/Forschung und Entwicklung) liegt das besondere Erfolgserlebnis darin begründet, «daß man als Frau in der Technik eine solche Position doch sehr selten erreicht».

Andere Frauen wollen das Erfolgserlebnis nicht so sehr in der Erreichung der Position selbst begründet sehen, sondern in der erfolgreichen Erfüllung der Aufgaben, die sich ihnen gestellt haben. So meint eine 45jährige Abteilungsleiterin (Marketing): «Für mich war das Wichtigste in der Position, mit der Aufgabe, die mir übertragen worden ist, zu bestehen.» Diese Aufgabe war nicht gerade leicht, denn sie hat in dem Unternehmen, in dem sie beschäftigt ist und vor zehn Jahren als Teilzeitsekretärin begonnen hat, die Marketingabteilung aufgebaut. Sie hatte nicht nur eine sachlich bedeutende und schwierige Aufgabe zu lösen, sondern auch eine persönlich besonders problematische Situation zu bewältigen: «Ich habe in dieser Phase sehr hart um

Anerkennung im Unternehmen kämpfen müssen, damit es nicht hieß, ich sei ein Protektionskind vom Chef.»

Ebenso meint eine 56jährige Hauptabteilungsleiterin (Personalwesen/Rechtsabteilung), daß sie große Erfolgserlebnisse nicht durch die Erreichung von Positionen gehabt habe, sondern vielmehr dadurch, «daß ich in der Arbeit Erfolg hatte, beispielsweise in den Auseinandersetzungen mit dem Betriebsrat». Auch hier wiederum eine besondere Situation insofern, als in dem Unternehmen, in dem sie zuletzt tätig gewesen war, ihr Vorgänger sehr verhärtete Fronten hinterlassen hatte. Es war ihr gelungen, den Betriebsrat, den sie als sehr «rot» bezeichnete, wie Eis zum Schmelzen zu bringen und andere Umgangsformen und besseren Kontakt zwischen Betriebsrat und Geschäftsführer herzustellen.

Man muß wohl erst den demütigenden Zustand einer vertragslosen Beschäftigung erlebt haben, um – wie eine inzwischen pensionierte 63jährige Hauptabteilungsleiterin (Forschung und Entwicklung) – es als Erfolgserlebnis begreifen zu können, daß man eine mit entsprechendem Gehalt und entsprechender Befugnis ausgestattete Position erhält. In dem ersten Unternehmen, in dem sie tätig war, waren die Arbeitsbedingungen unzumutbar. Mit der Begründung, daß sie ja eine Frau sei, zudem alleinstehend, hatte man ihr keinen Arbeitsvertrag gegeben. Nach dem Wechsel hat sie es in dem neuen Unternehmen daher als großes Erfolgserlebnis empfunden, auf Hauptabteilungsleiterebene mit Gesamtprokura und entsprechend höherem Gehalt eingestellt worden zu sein.

Lediglich zwei Interviewpartnerinnen warteten mit weibliche Klischees erfüllenden Antworten auf, so die 53jährige Hauptabteilungsleiterin (Werbung/PR/Kommunikation): «Die Erreichung dieser Position war für mich einfach ein überraschendes Erfolgserlebnis. Ich habe nicht damit gerechnet, in diese Position berufen zu werden.» Und eine 41jährige Abteilungsleiterin aus der Versicherungswirtschaft berichtet, daß sie «immer mit dem Ziel gearbeitet habe, daß ich eines Tages eine Chance haben könnte, und ich mir gesagt habe, es schadet ja nichts gut zu sein, vielleicht merkt es ja mal jemand.»

Als weniger überraschend und weniger großartig schildern diejenigen Frauen, die systematisch an ihrer Karriere gearbeitet haben, das Erfolgserlebnis der Erreichung der heutigen Position. So meint die 34jährige Hauptabteilungsleiterin (Devisenhandel): «Ich habe mir selbst immer bestimmte Ziele gesetzt, nämlich mit 25 Handlungsvollmacht zu bekommen, und ich hab sie mit 23 bekommen. Ich wollte mit 30 Prokura haben, und ich hab sie mit 29 bekommen. Insofern war die Erreichung der jetzigen Position gewissermaßen ein geplantes Erfolgserlebnis.» Und die 44jährige Hauptabteilungsleiterin (Finanzen/Rechnungswesen/Controlling), die ihre Karriereschritte systematisch aufgebaut hat, sagt: «Für mich war die Erreichung der heutigen Position eigentlich sehr selbstverständlich. Ich glaube, meine Freunde haben sich darüber mehr gefreut als ich selber.» Und die 52jährige Hauptabteilungsleiterin (Personalwesen), die gerne Bundeskanzler geworden wäre, meint, daß die Erreichung ihrer heutigen Position kein besonderes Erfolgserlebnis war, denn «alles lief fast automatisch».

Wenn auch ebenso viele Männer wie Frauen die Erreichung ihrer heutigen Führungsposition als selbstverständlich bzw. als großes Erfolgserlebnis empfinden, so unterscheiden sich Art und Begründung des Erlebens des Erfolgs erheblich. Der Mann ist erst dann wirklich erfolgreich, wenn er die Geschäftsführungsebene erreicht oder im Kampf um Positionen – wenn auch mit dem Attribut «spielerisch» – den Sieg davongetragen hat. Frauen empfinden sich als erfolgreich, wenn sie etwas erreicht haben, was andere Frauen in der Regel nicht erreichen, und wenn sie in der Position besondere Aufgaben bewältigt haben. Lediglich diejenigen Frauen und Männer, die meinen, daß ihre Position ein selbstverständlicher Punkt in ihrer beruflichen Entwicklung darstellt, da sie ganz einfach den entsprechenden Einsatz und die dazu gehörige Leistung bewiesen haben, befinden sich in großer Übereinstimmung. Es handelt sich um die Männer und Frauen, die von vornherein eine Führungsposition angestrebt haben. Für die wenigen Männer, die bei ihrem Berufseinstieg nicht an eine Führungsposition gedacht haben und für die vielen Frauen, für die das gleiche zutrifft, ist die Erreichung der Führungsposition ein besonders großes Erfolgserlebnis.

Auffällig ist, daß Frauen, die sich im Berufsalltag gegen die männliche Konkurrenz durchgesetzt haben, dennoch ihren Erfolg in bezug auf die Frauen definieren, die möglicherweise gar nicht erst an eine Karriere in diesem Sinne gedacht haben. Warum messen sie ihren eigenen Erfolg nicht am Erfolg ihrer männlichen Konkurrenz? Sie haben sich doch gegenüber den männlichen Kollegen durchgesetzt, haben die Anerkennungshürde, die ihnen als Frau entgegenstand, überwunden. Gewiß zählt der Erfolg der Frauen in doppelter Hinsicht: Einmal als Erfolg gegenüber der männlichen Konkurrenz in sachlicher Hinsicht, zum anderen als Erfolg gegenüber dem Mann in persönlicher Hinsicht. Sollten aber auch diese Frauen noch einem Rivalitätsdenken verhaftet sein, dem der Rivalität der Frauen um den Mann? Das erscheint kaum vorstellbar, da diese Frauen es auf dem Weg nach oben nicht mit weiblicher, sondern ausschließlich männlicher Konkurrenz zu tun gehabt haben. Eher macht die Tatsache, daß Frauen sich mit anderen Frauen vergleichen, deutlich, daß sie eine doppelte Leistung zu erbringen hatten: die Leistung als Führungskraft an sich und die Leistung als Frau, Führungskraft zu sein.

Das Gehalt – es reicht, und doch ist es zu wenig

Eines der überraschendsten Ergebnisse der schriftlichen Befragung 1986 war, daß der Anteil derjenigen Männer und Frauen, die mit ihrer Arbeitssituation zufrieden waren, mit steigendem Gehalt wuchs. Angesichts der in jüngster Zeit immer häufiger sehr global getroffenen Feststellung, daß materielle Anreize und Gratifikationen an Bedeutung für Arbeitszufriedenheit und Motivation insbesondere für Führungskräfte verloren hätten, war der Frage nachzugehen, welche Bedeutung dem Gehalt und den zusätzlichen Leistungen, wie z. B. der Stellung eines Dienstwagens, beigemessen wird. Dabei wurde berücksichtigt, daß der materielle Nutzen, der mit der Übernahme der Führungsposition realisiert wird, in zweierlei Hinsicht von Bedeutung ist: Nämlich einmal als Mittel zur Befriedigung persönlicher materieller Ansprüche und gleichzeitig als Ausdruck der Wertschätzung von Einsatz und Leistung.

Auf die Frage danach, in welchem Verhältnis die Befriedigung aus dem materiellen Nutzen, den die Führungsposition mit sich bringt, zu anderen ganz persönlichen immatieriellen Befriedigungen steht, antworteten etwa die Hälfte der Männer, daß sie der immateriellen Befriedigung den Vorrang geben, und etwa die andere Hälfte, daß sie den materiellen Nutzen zumindestens als gleichrangig, wenn nicht als das Wichtigste überhaupt einschätzen, was ihre Position mit sich bringt. Wenn von den Interviewpartnern der materielle Nutzen heute als gleichrangig oder gar als zweitrangig gegenüber sonstiger persönlicher Befriedigung empfunden wird, dann war das nicht immer so, sondern dieser Zustand stellte sich erst ein, nachdem durch das Gehalt ein gewisser Lebensstandard erreicht worden ist. So meint ein 48jähriger Geschäftsführer (General-Management): «Der materielle Nutzen bedeutet mir nicht mehr so viel wie früher, aber ich halte das Geld natürlich für sehr notwendig. Andererseits würde ich keine Einschränkung hinnehmen für mehr Geld, was man dann vielleicht nur noch in eine weitere Immobilie anlegt.» Ähnlich äußert sich ein 43jähriger Geschäftsführer (General-Management), der nach dem Karriereknick in seiner Berufslaufbahn zwar einerseits froh ist, wieder so viel Geld wie heute zu verdienen, andererseits aber auch weiß, daß er in dieser Position eigentlich mehr verdienen müßte. Nichtsdestotrotz ist er der Meinung, daß «der materielle Nutzen sicherlich eines der wichtigsten Ergebnisse der Position ist, aber nicht mehr der wichtigste Aspekt».

Daß dies so ist, hat sehr viel damit zu tun, daß man sich in einer Phase der Karriere befindet, in der das überdurchschnittliche Gehalt bereits als Selbstverständlichkeit betrachtet wird. Oder, wie der 44jährige Hauptabteilungsleiter (Personalwesen) es ausdrückt, als «Hygienefaktor», und er fügt hinzu, daß «der materielle Nutzen, das Gehalt, besondere Bedeutung erlangt, wenn man damit nicht ganz zufrieden ist».

Fast alle Männer, die der Meinung sind, daß das Gehalt, der materielle Nutzen eher von zweitrangiger Bedeutung für sie ist, unterstreichen dennoch dessen Selbstverständlichkeit. So meint der 61jährige Unternehmer, früher Maschinenbauingenieur, daß der materielle Nutzen bei ihm nie im Vordergrund gestanden habe, sondern dieser als Basis gedient habe, um geistige Ziele erreichen zu können. Er wollte etwas werden, etwas sein, jemand sein, angesehen sein. Er meint sogar, insofern einen übertriebenen Ehrgeiz gehabt zu haben. Aus diesem Grund habe er finanziell nicht alles erreicht, was er hätte erreichen können, da er eben die materiellen Ziele nie in den Vordergrund gestellt habe.

Ebenso selbstverständlich wie man den materiellen Nutzen einschätzt, ebenso unverzichtbar ist er. So meint ein 62jähriger Hauptabteilungsleiter (Produktion/Einkauf/Materialwirtschaft/Forschung und Entwicklung): «Der materielle Nutzen ist nicht erstrangig, aber auch nicht unbedeutend. Ich weiß ihn zu schätzen und würde darauf nicht verzichten wollen.» Das Gehalt soll Sicherheit geben, soll den Lebensstandard sichern, soll der Erfüllung «zeitgemäßer Ansprüche» dienen, ist Existenzgrundlage und dient damit der Verwirklichung anderer Ziele; es garantiert ein sorgenfreies Leben, ein Leben ohne existentielle Probleme. Der 47jährige Hauptabteilungsleiter (Marketing/Vertrieb/Verkauf) erläutert diese Formulierung: «Das bedeutet für mich, daß ich mir kleinere Freundlichkeiten des Lebens auch leisten kann, ohne nachzählen zu müssen.» Daß es dabei nicht immer nur um die Erfüllung eigener Ansprüche geht, macht der 45jährige Hauptabteilungsleiter (Marketing/Vertrieb/Verkauf) deutlich, der meint, daß der materielle Nutzen ihm persönlich wenig bedeute, da er ein bescheidener Mensch sei und nicht so hohe Ansprüche stelle, daß dies aber nicht für seine Familie gelte. Es handelt sich um den Mann, der sich aus wirtschaftlichen Erwägungen heraus gegen ein Leben als Hausmann entschieden hat.

Die Begründungen derjenigen, die meinen, daß das Gehalt mindestens gleichrangig, wenn nicht vorrangig einzuschätzen sei, unterscheiden sich kaum von denjenigen, die meinen, der immateriellen Befriedigung Priorität geben zu müssen. Ein 45jähriger Hauptabteilungsleiter (Einkauf/Materialwirtschaft) bringt die Antwort auf die Formel: «Ich lebe nicht, um zu arbeiten, sondern ich arbeite, um zu leben, und ich lebe gern!» Und diejenigen, die meinen, aus dem Gehalt den größeren Nutzen zu ziehen, begründen dies damit, daß ihnen das Gehalt Lebensqualität, Unabhängigkeit und Sicherheit biete. In bemerkenswerter Offenheit formulierte dies ein 49jähriger Hauptabteilungsleiter (Produktion): «Der materielle Nutzen bedeutet mir sehr viel. Er ist Kompensation dafür, daß ich mich mit Haut und Haar der Firma verschrieben habe, und er ist auch Seelentrost, wenn es abends einmal spät wird, und ich freu mich dann, daß ich in einem schönen Auto nach Hause fahren kann, daß ich einen Dienstwagen habe, bei dem ich mich nicht selber um den

Öl-Wechsel kümmern muß, und daß ich im Urlaub in ein schönes Hotel gehen kann.»

Schließlich sei man ja auch nicht Lehrer geworden, «obwohl das vielleicht auch ganz schön gewesen wäre, weil die weniger arbeiten», aber dann hätte man zu wenig Geld, so ein 44jähriger Geschäftsführer (Marketing/Vertrieb/Verkauf). Es ist sicher kein Zufall, daß gerade diese Männer, die mehr als 200 000 DM im Jahr verdienen, dem materiellen Nutzen die Priorität einräumen!

Überraschender als die Antworten der Männer waren die Antworten der Frauen. Während Frauen die Motivation für ihre Karriere sehr häufig aus finanziellem Druck abgeleitet haben, dem Streben nach finanzieller Unabhängigkeit – auch der Unabhängigkeit vom Ehemann –, ziehen sie sich bei der Frage nach dem Stellenwert des materiellen bzw. immateriellen Karriereerfolgs jedoch darauf zurück, daß nicht das Geld die erste Rolle spiele. Nur eine einzige Frau begründet mit der durch die Karriere realisierten finanziellen Unabhängigkeit die Priorität des materiellen Nutzens, während die meisten trotz der damit verbundenen gelobten Unabhängigkeit, die materielle Seite des Karriereerfolgs eher als zweitrangig ansehen oder – eine wiederholt gebrauchte Formulierung – als «angenehme Begleiterscheinung».

Das mag in den Fällen verständlich sein, in denen die Frauen verheiratet und kinderlos sind, weniger in den Fällen, in denen die Frauen geschieden sind und Kinder zu versorgen haben. Selbst in diesen nicht einfachen Situationen meinen die Frauen, die immaterielle Befriedigung obenan stellen zu müssen, was allerdings auch gut begründet werden kann. So z. B. die 56jährige Hauptabteilungsleiterin (Personal/Rechtsabteilung), die allein für ihren behinderten Sohn aus geschiedener Ehe sorgen mußte; in diesem Fall ist der materielle Nutzen des Gehalts vollständig verbraucht worden für Kinderfrauen und Haushaltshilfen, so daß ein persönlicher materieller Nutzen für diese Frau aus der Karriere kaum erwachsen ist, entsprechend gering schätzt sie ihn für sich persönlich ein.

Aus der Perspektive anderer Frauen, die alleinstehend für Kinder zu sorgen hatten, wurde gerade deshalb dem Gehalt eine überaus große Bedeutung zugemessen, und zwar um sich und ihren Kindern den Lebensstandard zu ermöglichen, den sie auch gehabt hätten, wenn sie mit einem gut verdienenden Mann verheiratet gewesen wären. Diese Frauen finden sich dann in der Gruppe derjenigen, die den materiellen Nutzen gleichrangig einschätzen wie die sonstige immaterielle Befriedigung, die ihnen aus ihrer Position erwachsen ist. In dieser Gruppe findet sich auch eine Frau, die wegen eines Gehaltssprungs gewechselt hat und die Bedeutung des Gehalts sehr nüchtern einschätzt: «Ich hätte den Wechsel von Düsseldorf nach Hannover nicht gemacht, wenn nicht ein bedeutender materieller Vorteil dabeigewesen wäre. Denn das ist das einzige, was man vorher ganz genau weiß; alles andere in einer neuen Position ist unsicher.» Auch wenn man dem materiellen Nutzen keine Priorität einräumen will, hat er doch etwas Selbstverständliches an sich, wie die 44jährige Warenhausleiterin konstatiert: «Ich brauch das!»

Bemerkenswert: Auch in der Runde der Interviewpartner spiegelt sich Ähnliches wider wie in den Ergebnissen der schriftlichen Befragung von 1986, daß nämlich die Einkommenssituation der Frauen schlechter aussieht als die der Männer (die meisten Frauen verdienten weniger als 150000 DM, die meisten Männer mehr als 150000 DM p.a.). Offen bleibt die Frage, ob nicht die Höherbewertung der immateriellen Befriedigung gerade durch die Frauen, die so häufig ihre Karrieremotivation aus wirtschaftlichen Schwierigkeiten bezogen haben, einen gewissen Selbstbetrug in dem Sinne darstellt, daß sie feststellen müssen, daß sie in finanzieller Hinsicht zwar sehr viel erreicht haben, aber nicht alles, was erreichbar gewesen wäre und eventuell ein Mann in ihrer Lage hätte erreichen können. Gleichzeitig überrascht, daß die den meisten männlichen Führungskräften von heute nachgesagte Orientierung an immateriellen Werten aus den Antworten heraus so deutlich nicht nachvollzogen werden kann. Insbesondere die höher verdienenden Führungskräfte meinen, dem Karriereerfolg in Form des materiellen Nutzens einen höheren Stellenwert beimessen zu müssen als dem immateriellen Erfolgserlebnissen. Dagegen glauben diejenigen, deren Gehälter überwiegend im Bereich zwischen 100000 und 150000 DM liegen, den immateriellen Befriedigungen mehr Gewicht geben zu müssen. Angesichts dieser Ergebnisse erscheint zumindest die häufig wiederholte These, daß Führungskräfte heute weniger an finanziellen Anreizen und Erfolgen interessiert seien, so pauschal nicht richtig zu sein. Hier sind differenziertere Fragen und Antworten erforderlich.

Die meisten Männer betonten, daß es ihnen mit ihrem Gehalt gelingt, sich und ihren Familien ein Lebensstandard zu bieten, der ihnen eine gewisse Sicherheit gibt und obendrein den Luxus ermöglicht, «nicht nachzählen zu müssen». Den Frauen gibt das Gehalt die gewünschte Unabhängigkeit und liefert die Grundlage eines «angenehmen» Lebens. Wenn auch quantitative Betrachtungen angesichts der Anzahl der Interviewpartner eher fahrlässig wären, so ist doch in der vergleichenden Übersicht unübersehbar, daß Frauen weniger verdienen als Männer. Dennoch sind es eher die Männer, die sich darüber beklagen, daß ihr Gehalt nicht markt- und leistungsgerecht sei.

Doppelt so viele Männer wie Frauen, die befragt wurden, sind der Ansicht, daß ihr Gehalt zu niedrig sei, daß sie woanders mehr verdienen können, und sie wissen auch warum. Angeführt werden vor allem Standortnachteile und die Tatsache, daß die erfolgsabhängige Komponente zu niedrig sei. Dabei ist es nicht etwa so, daß die «Beschwerdeführer» überwiegend Männer mit niedrigen Gehältern sind, Unzufriedene finden sich in allen Gehaltsgruppen. Das, was in vielen Andeutungen angeklungen ist, bringt ein 47jähriger Geschäftsführer (General-Management) mit einem Einkommen von über 200 000 DM auf den Punkt: Sein Gehalt sei vorrangig deshalb nicht markt- und leistungsgerecht, «weil bei Fehlentscheidungen meinerseits weitaus höhere Beträge auf dem Spiele stehen, wie auch im umgekehrten Falle bei richtigen Entscheidungen». Was hier von dem Leiter der Tochtergesellschaft eines international tätigen Konzerns so deutlich ausgesprochen wird, artikuliert ein verbreitetes Unbehagen im Mittel-Management: Man ist im hohen Maße für die Gesamtleistung des Unternehmens verantwortlich, agiert in diesem Bewußtsein, wird aber im Vergleich zum Top-Management vergleichsweise zu niedrig entlohnt. Die quantitativ und qualitativ hohe Arbeitsleistung des Mittel-Managements scheint vielen der Interviewpartner nicht ausreichend gewürdigt zu werden.

Wenngleich diese Einstellung bei den Frauen weniger verbreitet ist, weil sie sich offenbar bei der Bemessung ihres Gehaltes weniger an ihrer eigenen Leistung als vielmehr an dem, was Männer in vergleichbaren Positionen verdienen, orientieren, zeigen auch sie, wenn auch weniger häufig, Unzufriedenheit. Ein knappes Viertel der befragten Frauen meint, zuwenig zu verdienen oder verdient zu haben. Die 41jährige Abteilungsleiterin aus der Versicherungswirtschaft mit einem Gehalt von unter 100 000 DM hat dies besonders klar erkannt, da sie ihren Marktwert durch Bewerbungen getestet und herausgefunden hat, daß ihr Gehalt nicht marktgerecht ist. Sie sagt, daß ihr Einkommen gewissermaßen historisch bedingt sei, da sie «am Anfang, als ich noch keine Führungsposition hatte, zu wenig gefordert hab'. Insofern wirkt das niedrigere Anfangseinkommen noch nach.» Wie zu hören, ist dies ein verbreiteter Fehler von Frauen, gerade am Anfang zu niedrige Forderungen zu stellen, die sie später in ihrer Berufslaufbahn nicht mehr aufholen können. Auch eine 56jährige Hauptabteilungsleiterin (Personal/Rechtsabteilung) weiß, daß sie «immer etwa 25% zu wenig verdient» hat; «die Leute versuchen es eben, und man weiß ja gar nicht genau, was richtig ist.»

Wie stark das Gehalt in seiner Bewertung in Bezug gesetzt wird zu dem Gehalt, das ein Mann bekommen würde, machte eine andere Äußerung deutlich; eine 52jährige Geschäftsführerin (General-Management) einer gemeinnützigen Organisation sagt: «Es gibt keine vergleichbare Position, die mit einem Mann besetzt ist, aber dieser Mann würde zweifellos mehr bekommen, denn für das Geld, das ich verdiene, bekommt man keinen Mann.»

Fazit: Geld macht – wie auch vorher schon jeder wußte – nicht glücklich, aber ein sechsstelliges Gehalt gibt Sicherheit und ist die Basis für einen Lebensstandard, der vielen erstrebenswert erscheint. So weit so gut! Dennoch: Der nicht unbeträchtliche Anteil vor allem der Männer, die nicht aus Gründen des Mangels an subjektiver Bedürfnisbefriedigung durch das Gehalt, sondern aus Gründen des mit dem Gehalt ausgedrückten Mangels an Anerkennung unzufrieden sind, sollte den Leitenden auf den Top-Etagen zu denken geben. Was die Frauen angeht, so sollten sie überlegen, ob es nicht besser wäre, die Einschätzung des Gehalts an der eigenen Leistung statt an dem Gehalt, das ein Mann verdienen könnte, zu messen.

Wenn nicht das Geld – was dann?

Wenn nicht das Geld, was kann es dann sein, was größte Befriedigung bewirkt? Für die meisten Männer ist es der Einfluß, mit dem man zum Erfolg des Unternehmens beiträgt; für die meisten Frauen die Selbstbestätigung durch Anerkennung, die aus dem Umgang mit den Menschen in der Arbeitsumgebung erwächst.

Das, was semantisch auf den ersten Blick so unterschiedlich wirkt, erweist sich nach weiterer Nachfrage so unterschiedlich nicht. Einfluß nehmen, das heißt Gestaltungsmöglichkeiten haben. Was da zu gestalten ist, beschreibt ein 50jähriger Geschäftsführer (Marketing/Vertrieb/Verkauf): «Wichtig sind mir die Gestaltungsmöglichkeiten, die ich habe. Das sind die Möglichkeiten, ein komplexes und kompliziertes Gebilde, nämlich die Mitarbeiter mit ihren Beziehungen untereinander, zu einem bestimmten Ergebnis zu führen, das heißt Ziele zu setzen und mit einem Mitarbeiterstab diese auch zu erreichen. Dabei gilt es, die Mitarbeiter zu fordern und zu fördern.» Und dadurch erreicht man das, was ein 62jähriger Hauptabteilungsleiter (Produktion/Einkauf/Materialwirtschaft und Entwicklung) formuliert: «Ganz persönliche Befriedigung erziel ich aus der Anerkennung der Leute, mit denen ich zusammen gearbeitet habe, mit denen ich zum Teil zusammen Erfolge erarbeitet habe. Das gilt sowohl für meine Mitarbeiter wie auch für Geschäftspartner, denn es hat mich immer sehr gefreut, wenn ich meine Kunden habe ‹wachsen› sehen.»

Mitarbeiter- und Kundenbeziehungen erfolgreich zu gestalten, in diesem Sinne Einfluß zu nehmen auf Menschen, das ist nur möglich, wenn Entscheidungssituationen und Handlungsmöglichkeiten gewisse Freiheiten erlauben. So geht es dem 43-jährigen Abteilungsleiter (Marketing/Vertrieb/Verkauf/Werbung/Einkauf) um «die Freiheit, die meine Position mit sich bringt, die ich schätze». Ebenso betont ein 43jähriger Geschäftsführer (General-Management), daß es ihm darum gehe, selbst etwas gestalten zu können, was für ihn wichtig ist. Und ein 37jähriger Hauptabteilungsleiter (Finanzen/Rechnungswesen/Controlling) meint, er brauche die Bestätigung, daß er etwas bewegen könne. Am deutlichsten wird der 48jährige Geschäftsführer (General-Management), der früher selbständig war und auch in der heutigen Position seine unternehmerischen Freiheiten genießt: «Mir kann keiner ins tägliche Geschäft reinreden. Ich sitze als Geschäftsführer in München, und mein Vorstand in Frankfurt ist weit genug weg. Ich bin unternehmerisch tätig, jedoch ohne volles Risiko.»

Wenn es nicht um Mitarbeiterbeziehungen, sondern um Kundenbeziehungen geht, aus denen man Befriedigung zieht, dann werden vor allen Dingen internationale Kontakte genannt, denn, so ein 48jähriger Abteilungsleiter (Produktion): «Faszinierend für mich sind Kontakte in der ganzen Welt, da weiß man, wozu man Sprachen gelernt hat, und daß ich Kontakt habe zu anderen Ländern und zu anderen Mentalitäten.»

Ein 47jähriger Hauptabteilungsleiter (Marketing/Vertrieb/Verkauf) meint, daß wesentlich für ihn sei, daß man in einer Position, wie er sie innehabe, «gleichzeitig sehr viele Einflußfaktoren zu bewerten hat und Prioritäten setzen muß. Das hält lebendig.» Das bezieht er auch auf seine Tätigkeiten, die ihn «mit sehr vielen heterogenen Ländern, sehr unterschiedlichen Kulturen» in Verbindung bringen, und «meine Position ermöglicht mir den Zugang zu den Protagonisten meiner Geschäftspartner». Ein 45jähriger Abteilungsleiter (Marketing/Vertrieb/Verkauf) zieht ebenfalls große Befriedigung daraus, mit den verschiedenen Menschen zusammenzukommen, «auch solchen Menschen, die von großer Öffentlichkeitsbedeutung sind». Was zählt, ist die Anerkennung und das Ansehen im Unternehmen und über das Unternehmen hinaus.

Welche Bedeutung diese Art der Befriedigung hat, geht aus den Worten eines 49jährigen Hauptabteilungsleiters (Produktion) hervor: «Die Befriedigung zieh ich daraus, daß ich einen Beitrag leiste, der sichtbar ist. Es ist nicht die Macht, die mich reizt, aber der Einfluß. Zwar ist dieser Einfluß Freude und Bürde zugleich, da ich für das Schicksal von etwa 150 Mitarbeitern zuständig bin. Schließlich verwende ich 80% meiner Zeit für die Firma, und da ist es eben sehr wichtig, daß ich daraus Befriedigung ziehe. Diese Befriedigung ziehe ich aus dem Einfluß, den ich in dem Unternehmen habe. Wenn der XY irgend etwas sagt, dann ist das schon von Bedeutung. Und was mir auch Befriedigung verschafft, ist das Agieren im technischen Raum. Neulich war z. B. ein Bewerber hier mit einem Insead-Diplom, der erklärte, daß ihm völlig egal wäre, was das Unternehmen herstellt und verkauft, die Zahlen müßten nur stimmen. Ich interessiere mich dafür, daß auch ein kleiner Schlauch an einer Anlage noch gut funktioniert. Ich möchte auch die technischen Dinge beeinflussen, und das kann ich in einem Unternehmen dieser Größenordnung.»

Nicht vergessen werden dürfen die beiden männlichen Interviewpartner, die ganz schlicht meinten: «Der Job macht Spaß!» Dabei handelt es sich um zwei Männer, die – trotz extrem unterschiedlicher Gehälter (der eine verdient zwischen 150000 und 200000 DM, der andere unter 100000 DM) – den materiellen Nutzen aus der Position als zumindest gleichrangig wie die persönliche immaterielle Befriedigung bewertet wissen wollen.

Zusammenfassend läßt sich feststellen, daß es letztlich allen um dasselbe geht: eine Tätigkeit auszuüben, in der man erhebliche Spielräume zur Einflußnahme auf Mitarbeiter- und Kundenbeziehungen hat, die Kontakte zu Mitarbeitern und Kunden ermöglicht, die man genießt; man will für das Unternehmen Erfolge erzielen, dafür ein der Verantwortung entsprechendes Gehalt bekommen und auch das damit verbundene Ansehen ernten. So einfach ist das!

Was meinen die vielen Frauen, die aus finanziellen Notlagen heraus und im Streben nach finanzieller Unabhängigkeit Karriere gemacht haben, heute dennoch glauben, daß die immateriellen persönlichen Befriedigungen für sie wichtiger seien als das verdiente Geld? Wie schon festgestellt, geht es ihnen vorrangig um Anerkennung, um Selbstbestätigung. Wodurch erreicht man diese? Natürlich dadurch, so eine 55jährige Abteilungsleiterin (General-Management), daß man «etwas bewirken kann, einen gewissen Einfluß nehmen kann». Um diesen Einfluß auszuüben, braucht man, so die 44jährige Warenhausleiterin, «Entscheidungsfreiheit; es fällt mir schwer, weisungsgebunden zu arbeiten.» Starke Betonung auf das selbständige Arbeiten legen auch viele andere Frauen, so die 34jährige Hauptabteilungsleiterin (Devisenhandel), die sagt: «Ich könnte beispielsweise bei einem Broker etwa das Doppelte an Gehalt mit nach Hause nehmen, aber ich hätte dann weniger Kompetenzen, da die Broker lediglich auf Anweisung arbeiten, während ich in der Bank täglich eigene Entscheidungen treffen muß.» Und die 56jährige Hauptabteilungsleiterin (Personal/Rechtsabteilung): «Was mir große Befriedigung verschafft hat, ist selbständiges Handeln und Organisieren, wenn ich dann hinterher gesehen habe, daß das Erfolg gebracht hat. Man hat mir sogar schon einmal gesagt, daß man vor meiner Selbständigkeit Angst kriegen könnte, und in dem letzten Unternehmen, in dem ich beschäftigt war, dem es nicht sehr gut ging, hat meine Sekretärin zuletzt noch zu mir gesagt, ich sei die einzige in dem Unternehmen, die noch entscheide und nicht absichere.»

Noch mehr Frauen als Männer bringen zum Ausdruck, daß es ihnen Freude bereitet, Mitarbeiter auf den Unternehmenserfolg hin zu orientieren. So die 36jährige Geschäftsführerin (General-Management), die «starke Befriedigung aus dem sehr selbständigen Arbeiten und aus der Gelegenheit zur Führung und Motivation von Mitarbeitern» zieht. Auch die 52jährige Geschäftsführerin (General-Management) zieht ihre größte Befriedigung aus den «Möglichkeiten zu gestalten und Menschen zu führen». Damit unterscheidet sie sich in ihrer Äußerung kaum von einem 55jährigen Hauptabteilungsleiter (Marketing/Vertrieb/Verkauf), der auf die Frage nach der größten persönlichen Befriedigung aus der Position kurz und knapp konstatiert: «Ich führe gerne.» Das alles dient nicht einem Selbstzweck, sondern, wie die 52jährige Hauptabteilungsleiterin (Personalwesen) es ausdrückt, dem Gefühl, «total akzeptiert» zu sein, das daraus erwächst, daß ihr großes Vertrauen von Mitarbeitern und Vorgesetzten entgegengebracht wird. Dabei kann es durchaus sein, daß die Anerkennung und Selbstbestätigung, die aus den Erfolgen durch die Gestaltung der Mitarbeiterbeziehungen erlebt werden, Kompensation für «Mißerfolge» im Privatleben sind. So meint die 45jährige Abteilungsleiterin (Marketing): «Ich habe so viel negative Erfahrungen im Privatbereich gemacht, daß ich das durch positive Erfahrungen im Beruf kompensieren wollte und mußte.» Angemerkt sei, daß es sich hier um eine attraktive, Warmherzigkeit ausstrahlende Frau handelt, die in ihrer Persönlichkeitsentwicklung durch ihre beiden ehemaligen Lebenspartner blockiert wurde.

Was sich an anderer Stelle bereits abzeichnete, zeigt sich auch hier: Doppelt so viel Frauen wie Männer sagen, daß das Wichtigste an ihrer Position der Spaß an der Arbeit sei. Dafür steht die Äußerung der 44jährigen Hauptabteilungsleiterin (Finanzen/Rechnungswesen/Controlling), die sagt: «Mein Beruf macht mir Spaß, mein Beruf ist mein Hobby!» Auch Frauen ziehen die größte Befriedigung daraus, daß sie Einfluß nehmen können, gestalten können, mit großer Selbständigkeit im Sinne unternehmerischer Freiheit, daß sie dies mit Spaß an der Arbeit tun und dabei Anerkennung ernten, Selbstbestätigung finden, wobei allerdings im Vergleich zu den Männern das verdiente Geld im Bewußtsein der Frauen einen geringeren Stellenwert einnimmt.

Wenn vordergründig die größte Befriedigung der Männer aus Möglichkeiten der Einflußnahme erwächst, die der Frauen vorrangig auf Anerkennung und Selbstbestätigung beruht, so gibt es dafür sicher gute Gründe, die aus der historischen Situation, aus der unterschiedlichen Sozialisation heraus abgeleitet werden können. Von Bedeutung ist aber nicht nur die artikulierte Verschiedenheit der Bedürfnisse, die mit der Ausfüllung einer Führungsposition befriedigt werden; von mindestens ebenso großer Bedeutung ist das dahinterstehende Spektrum der Beweggründe, und da lassen sich, abgesehen von der Betonung des Stellenwerts des Gehalts, keine Unterschiede feststellen!

Verantwortung – mehr Freude als Belastung

Führungskräfte tragen Verantwortung für Arbeitsergebnisse, und zwar nicht nur für die Ergebnisse ihrer eigenen Arbeit, sondern ebenso für die Arbeitsergebnisse der ihnen unterstellten Mitarbeiter. In diesem Sinne müssen alle befragten Männer und Frauen sich regelmäßig an ihren Ergebnissen messen lassen. Sie tragen Verantwortung für die Leistung der ihnen unterstellten Mitarbeiter. Einige haben auch unmittelbar Umsatzverantwortung oder in anderen Überschußgrößen meßbare Ergebnisverantwortung. Die Übernahme dieser Verantwortung wird – wie dargestellt – mit einem überdurchschnittlich hohen Gehalt kompensiert, was häufig dennoch – gemessen an der Verantwortung – nicht als ausreichend empfunden wird. Infolgedessen drängte sich die Frage auf, ob diese Verantwortung von den Führungskräften durchweg eher als Belastung empfunden wird oder, wie im vorhergehenden Abschnitt signalisiert, damit befriedigende positive persönliche Erlebnisse verbunden sind.

Fast alle Männer und fast alle Frauen sind der einhelligen Meinung: Die Verantwortung macht Spaß, Verantwortung zu übernehmen macht Freude! Sie brauchen die selbständige Verantwortlichkeit für Ergebnisse, denn, so ein 41jähriger Hauptabteilungsleiter (Finanzen/Rechnungswesen/Controlling), «wenn man die nicht hat und die Ergebnisse nicht sieht, weiß man nicht, wie gut man ist.» Ebenso meint ein 45jähriger

Hauptabteilungsleiter (Einkauf/Materialwirtschaft): «Die Verantwortung ist verbunden mit einer ständigen Selbstprüfung, die im Ergebnis immer wieder motiviert.» Besonders ausgeprägt ist dieser Zusammenhang dann, wenn Teile des Gehaltes in Abhängigkeit vom Erfolg gezahlt werden; so meint ein 44jähriger Geschäftsführer (Marketing/Vertrieb/Verkauf): «Die ergebnisgebundene Verantwortung empfinde ich als selbstverständlich. Ich hätte keine Lust zu arbeiten, wenn ich nicht eine ergebnisorientierte Vergütung erhielte. Ich habe einen Freund, der als Vertreter ausschließlich ein Fixum erhält, das würde mich nicht befriedigen.»

Ähnliche Äußerungen finden sich bei den Frauen. So die 54jährige Hauptabteilungsleiterin (Finanzen/Rechnungswesen/Controlling), die Freude an der ergebnisgebundenen Verantwortung empfindet, «weil damit auch Selbstbefriedigung einhergeht. Wichtig ist die damit verbundene positive Selbsteinschätzung.» Die 36jährige Hauptabteilungsleiterin (Produktion/Forschung und Entwicklung) formuliert es so: «Wenn ich z. B. Zielvorgaben für die Mitarbeiter gemacht habe, und ich sehe, daß diese Mitarbeiter diese Zielvorgaben auch erreichen können, dann macht mir das Freude.»

Verantwortung wird jedoch nicht durchweg als reine Freude empfunden, sondern auch als Belastung, im Extremfall sogar als starke Belastung. Dabei kann nicht übersehen werden, daß ein größerer Anteil der Frauen als der Männer dieses zum Ausdruck bringt. Während Männer und Frauen in großer Übereinstimmung dieselbe Begründung dafür geben, warum sie Verantwortung als Freude empfinden, nämlich wegen der durch die Zielerreichung gefundenen Selbstbestätigung, die wiederum zu neuen Aufgaben motiviert, werden die Belastungen als durchaus unterschiedlich empfunden. So meint der 61jährige Unternehmer, ehemals Maschinenbauingenieur, daß er zwar früher sehr viel Freude an der Verantwortung gehabt habe, jedoch heute, da das Geschäft gewachsen sei, die Alleinverantwortung für alle Bereiche und alle Aufgaben eher als belastend empfinde. Er meint, daß er zu sehr für alle Dinge im Geschäft und in den übrigen Tätigkeitsbereichen, in denen er sich engagiere, allein verantwortlich sei. Konkreter drückt dies ein 50jähriger Geschäftsführer (Marketing/Vertrieb/Verkauf) aus: «Belastung ist insofern vorhanden, als ich die Umsatzverantwortung trage für 500 Mitarbeiter, deren Broterwerb davon abhängig ist, daß ich bestimmte Umsätze mache.» Daß Umsatzverantwortung auch in anderer Hinsicht als belastend empfunden werden kann, macht die Formulierung eines 62jährigen Hauptabteilungsleiters (Produktion/Einkauf/Materialwirtschaft/Forschung und Entwicklung) deutlich, der meint, doch oft das zu tun, was zwar dem Unternehmenserfolg dienlich sei, aber nicht so sehr dem partnerschaftlichen Verhältnis zum Kunden, eben nicht im Kundeninteresse stehe.

Was den Männern in den Bereichen Marketing/Vertrieb/Verkauf als selbstverständlich gilt oder sogar die Lust an der Arbeit und Leistung stimuliert, wird von einigen Frauen in diesen Bereichen eher als belastend empfunden, nämlich im Gehalt mindestens teilweise von den erzielten Ergebnissen abhängig zu sein. Allerdings gilt das wohl nur so lange, wie man sich der eigenen Leistung noch nicht bewußt ist, wie im Fall der 34jährigen Hauptabteilungsleiterin (Devisenhandel), die heute die Verantwortung mehr als Freude denn als Belastung empfindet, im Gegensatz zu früher, als ihr Gehalt zum Teil als Bonus gezahlt wurde. Bei einer anderen Frau, einer 49jährigen Hauptabteilungsleiterin (Personalwesen), verläuft die Entwicklung eher umgekehrt, daß nämlich die ergebnisgebundene Verantwortung ihr «noch Freude macht, aber ich befürchte und ich spüre, daß die Belastungen größer werden dadurch, daß mein Bereich größer geworden ist und laufend noch größer wird mit der Unternehmensentwicklung.» Belastung drückt sich auch aus in der diffusen «Angst vor der Übernahme größerer Aufgaben» und –

ganz konkret – in dem Bewußtsein darüber, daß «Fehlentscheidungen auf Jahre hinaus nicht zu reparieren sind».

Nur eine einzige Frau, die Geschäftsführerin einer gemeinnützigen, in der Öffentlichkeit wirkenden Organisation, empfindet die ergebnisgebundene Verantwortung sogar als «stark belastend». Das mag auf den ersten Blick paradox erscheinen, könnte man doch annehmen, daß die Übernahme der Führungsverantwortung in einer nicht erwerbswirtschaftlich orientierten Organisation mit weniger Leistungsdruck verbunden ist als in einem Unternehmen. Hier zeigt sich, daß eine – durch den Charakter der Organisation bedingt – weniger deutliche Zielformulierung, nämlich ein Konglomerat aus humanitären Zielen, moralischen Ansprüchen und finanziellen Ergebnisgrößen die Übernahme der Verantwortung hierfür eher erschwert als erleichtert.

Unternehmerisches Risiko mag da besser zu bewältigen sein, wie aus der Äußerung der 58jährigen Unternehmerin, Inhaberin einer Werbeagentur, hervorgeht: «Die Verantwortung macht mir in erster Linie Freude; ich bin bis heute Einzelunternehmerin und hafte voll, und das bei immerhin 65 fest angestellten Mitarbeitern.»

Wenn den meisten Männern und Frauen die Verantwortung für Ergebnisse überwiegend Freude macht, Belastungen weniger als irrationale Ängste erlebt und erlitten als vielmehr nüchtern eingeschätzt werden, dann stellt sich die Frage, wie die Männer und Frauen der Verantwortung gerecht werden, die sich nicht nur auf die Erzielung bestimmter Ergebnisse bezieht, sondern sich auch auf die Durchsetzung von Maßnahmen erstreckt, die die Erzielung der Ergebnisse erst möglich macht. Anders ausgedrückt: Wie halten sie es mit der Macht?

Wie die befragten Führungskräfte die Maßnahmen durchsetzen, für deren Ergebnisse sie verantwortlich sind, das war bereits unter der Überschrift «Führungsverhalten» auf Seite 109 ff. beschrieben worden. Dabei stellte sich heraus, daß im allgemeinen eine starke Neigung zur kooperativen Führung besteht, man aber auch davon überzeugt ist, hin und wieder Autorität zeigen zu müssen. Dann wird nicht diskutiert, und dann wird nicht das gemacht, was die Diskussion im Ergebnis gebracht hat, sondern dann werden die Maßnahmen ergriffen, die jene für richtig halten, die schließlich auch den Kopf dafür hinzuhalten haben. Solchermaßen autoritäres Verhalten setzt voraus, daß die Position, aus der heraus dieses Verhalten ausgeübt wird, mit einer gewissen Macht ausgestattet ist. Die Übernahme von Verantwortung für Maßnahmen und deren Ergebnisse setzt voraus, daß ein gewisser Spielraum für machtvolle Entscheidungen vorhanden ist, da andernfalls zwischen Entscheidungsträgern und Verantwortungsträger eine unerträgliche Diskrepanz entstehen würde.

Wie halten es die Führungskräfte im Mittelmanagement mit der Macht? Wie stehen sie zu dieser Macht? Wie empfinden sie diese Macht? Was bedeutet die Macht, die mit ihrer Position verbunden ist, für sie? Mit diesen Fragen konfrontiert, meinte eine 45jährige Abteilungsleiterin (General-Management): «Was ist Macht? Das müßte man erst einmal definieren.» Genau das soll aber hier – ähnlich wie beim Erfolgsbegriff – nicht getan werden, sondern es soll dargelegt werden, wie die befragten Führungspersönlichkeiten ganz subjektiv ihre Macht empfinden und wie sie damit umgehen.

Im Unterschied zur Einstellung gegenüber der Verantwortung, die Führungskräfte mit ihrer Position übernehmen, weichen die Äußerungen der Männer von den der Frauen über das Phänomen ihrer Macht erheblich voneinander ab. Nur ein einziger Mann wußte nicht zu sagen, ob er Macht in seiner Position habe, denn er meinte, «das habe ich noch nicht ausprobiert. Wenn ich mit der Macht verheiratet wäre, würde ich anfangen statisch zu denken, nämlich in Armeen. Ich brauche keine Armeen. Ich habe, als ich die Abteilung übernommen habe, von achtzehn Mitarbeitern acht Mitarbeiter entlassen müssen. Dazu brauchte ich keine Macht, sondern einfach Mut, da es sich zum Teil um altgediente Mitarbeiter handelte.» Das sind die Worte des 49jährigen Hauptabteilungsleiters (Marketing/Vertrieb/Verkauf), der auf die Frage nach seinem Führungsverhalten ohne zu zögern und mit großem Nachdruck «autoritär» geantwortet hatte! Die meisten Männer meinten, viel Macht zu haben, einer meinte sogar, zuviel zu haben. Mancher wollte den Begriff ‹Macht› lieber durch ‹Einfluß› ersetzen. Ein anderer war der Auffassung, wirkliche Macht wirke nach außen, nach innen habe man überhaupt keine Macht. Viele andere glaubten, daß sie zu wenig Macht hätten. Was verbirgt sich hinter diesen Äußerungen? Was bedeutet die Macht für diese Männer?

Während die Verantwortung in der Führungsposition durchweg mit einer positiven Empfindung verbunden war, nämlich der von Spaß und Freude, sieht man das Phänomen der eigenen Macht eher differenzierter, begreift die Macht als notwendig, empfindet sie als beruhigend und bestärkend, aber durchaus auch als belastend.

«Man braucht die Macht» – so der 62jährige Hauptabteilungsleiter (Produktion/Einkauf/Materialwirtschaft/Forschung und Entwicklung) –, um «Dinge, die notwenig waren, durchsetzen zu können; hätte ich die Macht nicht gehabt, wären sie sonst zerredet oder von anderen als nicht notwendig erachtet worden.» Ebenso meint ein 48jähriger Abteilungsleiter (Produktion): «Macht, na gut, wer hat die nicht, die hat sicher jeder, unabhängig davon, wo er in einer Führungsposition steht. Für mich bedeutet Macht zu haben, Entscheidungen treffen zu können und Entscheidungen beeinflussen zu können, auch von unten nach oben.» Überwiegend jedoch wird die Macht genutzt, um Einfluß von oben nach unten zu nehmen, auch wenn es nicht immer der eigene Einfluß ist. So ein 49jähriger Hauptabteilungsleiter (Produktion): «Manchmal fühle ich mich mächtig, dann wird es mir richtig warm ums Herz. Allerdings wache ich dann auch nachts manchmal auf und spüre die Belastung dieser Macht. Ich bin hin und wieder gezwungen, diese Macht einzusetzen, nämlich dann, wenn ich nicht nach eigenen Kriterien entscheiden kann, das heißt zur Durchsetzung von Positionen der Geschäftsleitung, wenn Diskussionen nicht mehr möglich sind.»

Das Gefühl der Belastung, die aus der Macht resultiert, kommt auch in vielen anderen Äußerungen zum Ausdruck. Macht verschafft keine Befriedigung, sondern bedeutet Arbeit und Sorgen, verschafft nicht etwa sonderliche Genugtuung, sondern bedeutet Verantwortung und Verpflichtung. Man möchte die Macht zum Wohl der Mitarbeiter und der Gesellschafter einsetzen, möchte mittels der Macht das Unternehmen nach vorne bringen.

So meint ein 45jähriger Abteilungsleiter (Marketing/Vertrieb/Verkauf): «Ich glaube, daß ich Macht habe, denn ich erlebe manchmal an mir selber, daß ich etwas anfasse und merke dann an der Resonanz der Mitarbeiter, daß ich das eigentlich hätte anders machen sollen. Ich hab's dann einfach gemacht aus meiner Macht heraus, ohne darüber nachzudenken. Wenn ich eine solche Reaktion der Mitarbeiter bemerke, spüre ich im ersten Moment Betroffenheit, aber im nachhinein weiß ich dann, daß es doch wohl so sein mußte.» Aber auch nicht nur gegenüber Mitarbeitern sind die befragten Männer – was die Machtausübung angeht – selbstkritisch, auch gegenüber Geschäftspartnern. So meint ein 45jähriger Hauptabteilungsleiter (Einkauf/Materialwirtschaft): «Ich versuche als Einkäufer, meine Macht nicht auszunutzen. Ich versuche Partnerschaft ins Spiel zu bringen. Ich halte mich da an einen Satz eines früheren Vorgesetzten: Das Arschlecken geht reihum, denn je nach Konjunktur ist mal der Einkäufer und mal der Verkäufer der Mächtigere.» Ähnlich ein 48jähriger Geschäftsführer (General-Management): «Ich habe die Macht, um andere Leute zu ärgern, ich tue es aber nicht, denn der andere würde ja zurückschlagen.»

Männer, die glauben, viel Macht zu haben, setzen sie ein, um Dinge durchzusetzen, finden das aber wiederum auch manchmal anstrengend, weil mit viel Verpflichtung und Verantwortung verbunden. Andere Männer glauben, zu wenig Macht zu haben, um nämlich, wie ein 44jähriger Hauptabteilungsleiter (Personalwesen) es ausdrückt, «verschiedene Dinge besser zu machen». Nur zwei Männer meinten, daß ihnen die mit der Position zugewachsene Macht gar nichts bedeute.

Macht der Frauen – nicht gewollt und selten geschätzt

Weniger eindeutig und gleichzeitig andersartig ist die Position der Frauen zu ihrer Macht. Nur zwei Frauen waren der Auffassung, daß sie in ihrer Position über gar keine Macht verfügen. Während die meisten Männer angegeben hatten, tatsächlich über viel Macht zu verfügen, trifft das nur auf eine geringe Anzahl von Frauen zu. Sie möchten Macht eher als Verantwortung und Einflußnahmemöglichkeit verstanden wissen. Nur wenige Frauen, die glauben, Macht zu haben, verbinden damit für sie positive und nützliche Vorstellungen, wie beispielsweise die 36-jährige Hauptabteilungsleiterin (Produktion/Forschung und Entwicklung), die meint, daß sie «eher mehr als weniger» Macht hat: «Ich finde das ganz angenehm. Das ist zwar nicht mein Ziel, was ich anstrebe, aber es erleichtert die Dinge.» Ähnlich eine 49jährige Hauptabteilungsleiterin (Personalwesen) die sagt: «Ich glaube, daß ich viel Macht habe. Ich spiele jedoch nicht mit der Macht, ich brauche sie nicht unbedingt, aber sie bestärkt mich.» Und eine 34jährige Hauptabteilungsleiterin (Devisenhandel), die glaubt, daß sie eine «gewisse Macht hat», empfindet «das als befriedigend». Noch deutlicher drückt es eine 52jährige Hauptabteilungsleiterin (Personalwesen) aus: «Ich glaube, daß ich viel, besonders indirekte Macht ausübe und das mit großem Erfolg und dem Neid von Kollegen. Die Ausübung der Macht ist für mich sehr wichtig, um Menschen zu bewegen und wichtige Entscheidungen zu treffen.»

Alle anderen Frauen, selbst wenn ihnen klar ist, daß sie in ihrer Position über Möglichkeiten der Machtausübung verfügen, lehnen das jedoch für sich ab. So die 36jährige Geschäftsführerin (General-Management), für die Macht «ein häßliches Wort ist». Sie sagt: «Ich hätte Macht, wenn ich welche wollte, möchte aber Macht nicht nach außen darlegen.» Man möchte Macht nicht zeigen, will sie nicht haben und wenn man sie hat, wird sie verleugnet. Warum mag das so sein, wenn doch Macht in einer Führungsposition offenbar etwas sehr Nützliches ist?

Eine 52jährige Geschäftsführerin (General-Management): «Wenn ich mehr Macht hätte, wäre es zu einfach.» Die Ablehnung, Macht einzusetzen, signalisiert einen Anspruch an sich selbst, nämlich nicht mit Machtmitteln etwas durchsetzen zu müssen. So die 45jährige Abteilungsleiterin (Marketing): «Ich halte nichts davon, wenn man über Machtansprüche etwas erreicht.» Man möchte überzeugen, gerade dann, wenn man wie die junge Frau, die im elterlichen Unternehmen Geschäftsleitungsfunktionen ausübt, besonders prädestiniert ist, Macht auszuüben. Sie meint, die Macht nicht haben zu wollen, daß sie mehr durch das Gespräch mit Menschen, durch Überzeugungskraft und nicht durch ihre Machtposition etwas durchsetzen wolle. Ähnlich die 58jährige Unternehmerin, Inhaberin einer Werbeagentur, die sagt: «Ich glaube, daß ich viel Macht habe, aber ich habe sie nie ausgespielt und wollte dieses auch nie. Macht ist mehr Verantwortung.» Eine 42jährige Abteilungsleiterin (Marketing/Vertrieb/Verkauf) geht sogar so weit zu behaupten, daß man Macht nicht nur nicht brauche, sondern daß auch ihr Einsatz negativ zu beurteilen sei: «Wer auf Macht pocht, hat verloren.»

In all diesen Äußerungen spiegelt sich das Attribut wider, mit dem die kooperativ und autoritär führenden Frauen ihr Führungsverhalten versehen haben, nämlich die Teamorientierung. Männer dagegen betonen als zusätzliches Attribut zur kooperativen und autoritären Führung häufiger die Zielorientierung, und solche setzt in einem höheren Maße auch den Einsatz der mit der Position verbundenen Macht voraus.

Wenn auch Teamorientierung, Ablehnung von Macht und Verzicht von Machtausübung dem durch weibliche Sozialisation bestimmten Wertsystem entsprechen mögen, so muß doch fraglich erscheinen, ob damit auch tatsächlich alles das, was Frauen in Führungspositionen erreichen wollen, erreicht werden kann. Erst am Ende einer Karriere wird ihnen dann häufig erst klar, was so mancher Mann konstatiert, daß nämlich die Macht, gemessen an der Verantwortung, die man trug, zu gering war. Deutlich steht hierfür die Äußerung der inzwischen pensionierten 63jährigen Hauptabteilungsleiterin (Forschung und Entwicklung): «Ich habe leider in meiner Position immer zu wenig Macht gehabt. Ich hatte zwar viel Verantwortung und auch sehr viele Freiheitsgrade, aber ich hätte gerne mehr Macht gehabt, um die Arbeitssituation und die Abteilung in einer anderen Form gestalten zu können. Ich hätte dann die ganze wissenschaftliche Arbeit in einem komplett anders organisierten Zustand hinterlassen. So konnte ich immer nur Vorschläge machen, die nur teilweise akzeptiert worden sind. Ein Mann an meiner Stelle hätte einen Direktorenposten gehabt, der wäre eben nicht nur Hauptabteilungsleiter gewesen, und er hätte dann auch mehr durchsetzen können.»

Hier klingt an, was auch der 48jährige Abteilungsleiter (Produktion) weiter oben bereits äußerte: Es geht bei der Machtausübung nicht nur um Durchsetzung gegenüber Mitarbeitern, sondern vor allem auch um Durchsetzung eigener Kompetenzen gegenüber Vorgesetzten, um machtvolle, nicht machtlose Verantwortlichkeiten für den eigenen Tätigkeitsbereich. Wenn Frauen auf Teamorientierung, auf das Vertrauen der eigenen Mitarbeiter in sie setzen, dann müssen sie dieses nicht nur dadurch rechtfertigen, daß sie die eigenen Mitarbeiter «gut behandeln», sondern auch dadurch, daß sie sich gegenüber Vorgesetzten für den eigenen Tätigkeitsbereich und damit für die eigenen Mitarbeiter einsetzen und durchsetzen. Die Antworten der Frauen signalisieren in dieser Hinsicht ein noch wenig ausgeprägtes Bewußtsein und bestätigen, was Rosabeth Moss Kanter in ihrer Untersuchung «Men and Women in the Corporation» bereits 1977 herausgefunden hatte, daß nämlich Frauen in leitenden Positionen weniger Macht als Männer im Sinne der Durchsetzung von Abteilungsinteressen nach oben ausüben, auch ein Grund dafür, daß Frauen ungerne für Frauen arbeiten. Mag die durch weibliche Sozialisation hervorgerufene Einstellung zur Macht im Sinne der Mitarbeiterorientierung und Mitarbeitermotivation positiv und zukunftsträchtig sein, könnte es andererseits doch sein, daß diese Einstellung im Hinblick auf die Durchsetzung eigener Kompetenzen und Ansprüche gegenüber den Vorgesetzten eher hinderlich ist und damit für die Erfüllung der Aufgaben im Leitungsbereich eher beeinträchtigend wirkt.

Das Bewußtsein um die eigene Macht, deren Ausübung und differenzierte Bewertung erscheint wohl erst am Ende einer Karriere nüchterner und pragmatischer zu sein, wie es bereits in der Äußerung der 63jährigen Hauptabteilungsleiterin (Forschung und Entwicklung) zum Ausdruck kam. Ergänzend dazu die Worte der 56jährigen Hauptabteilungsleiterin (Personalwesen/Rechtsabteilung): «Daß ich in meiner Position Macht gehabt habe, ist mir erst durch die Mitarbeiter bewußt geworden. Ich habe gemerkt, daß die Leute einen gewissen Respekt vor meinen Titeln hatten, ich war Prokuristin und hatte sämtliche Bankvollmachten. Ich habe aber dieses nicht ausgenutzt, sondern alle Menschen, von denen ich wußte, daß sie von mir abhängig sind, besonders liebenswürdig behandelt. Lediglich im Umgang mit Kollegen und Vorgesetzten habe ich mich härter, machtvoll verhalten.»

So lobenswert der Verzicht auf Machtausübung im Sinne einer motivierenden Mitarbeiterführung sein mag, so wenig wird sie dem Prinzip der Letztverantwortung in hierarchisierten Strukturen gerecht. Die Diskrepanz zwischen der von vielen Frauen für sich proklamierten Teamorientierung und der Prämierung der Einzelleistung desjenigen, der Führungsverantwortung trägt, beeinträchtig den Aufstieg von Frauen in zentralisierten, stark hierarchisierten Unternehmenstrukturen wie auch den Aufstieg in Positionen, die durch Dezentralisierung mit marktnaher Verantwortung ausgestattet sind. Wie schon weiter oben aus anderen Gründen festgestellt, liegen gerade wegen der Teamorientierung die Chancen der Frauen eher in dezentralisierten, flachen Organisationsstrukturen. Solche Chancen wahrzunehmen bedeutet jedoch auch, in dezentralen Einheiten unternehmerische Verantwortung zu übernehmen, das heißt nicht nur Personalverantwortung, sondern auch Umsatzverantwortung. Dann allerdings kann die Macht und Machtausübung nicht mehr allein aus Gründen der Abneigung von Macht gegenüber Mitarbeitern abgelehnt werden. Dann erfordert die Verschärfung der Wettbewerbssituation ein Umdenken, eine andere, differenziertere, auch positive Einschätzung von Macht und Machtausübung!

Macht, die man gelegentlich anstrengend findet oder gar nicht will und ein überdurchschnittliches Einkommen zu haben, ist das der Lohn für Opfer und Verzicht, die um der Karriere willen auf sich genommen werden? Gibt es überhaupt einen Preis für die Karriere?

Was die Frauen angeht, so kann nicht die Rede davon sein, daß sie die Karriere wegen der mit der Position verbundenen Macht angestrebt hätten, und auch die Männer weisen der Macht eher eine instrumentelle Funktion in bezug auf die Durchsetzung von Zielen für Mitarbeiter und Unternehmen zu; Macht als eigenständiges Ziel, als eigener Wert konnte nicht erkannt werden. Was zählt, ist eher das Geld und die ganz persönliche Befriedigung über die eigene Leistung. Lohnt sich dafür die Karriere?

Die oben erörterte familiäre Situation der Männer (siehe Seite 131 f.) dokumentiert, daß die Opfer nicht gering waren. Immerhin, insgesamt fünf Männer bekennen freimütig, mindestens ihre erste Ehe zugunsten der Karriere geopfert zu haben. Das dieses «Eheopfer» ganz stark in Verbindung steht mit den Opfern, die allgemein einer Führungskraft abverlangt werden, nämlich Opfer an Privatleben und Freizeit, liegt auf der Hand. So gibt es kaum jemanden, weder unter den Männern noch unter den Frauen, der nicht meint, Freizeit und Privatleben für die Karriere geopfert zu haben. Während sich diese Opfer bei den Männern eher im Verzicht auf Familienleben niederschlagen, schlagen sie sich bei den Frauen eher im Verzicht auf Freundschaft nieder. Frauen haben entweder keine Familie oder eine Familie, sprich einen Ehemann, der die Karriere vollständig mitträgt.

Bei den Männern ist dies offenbar anders. Die meisten Männer haben eine Familie. Diese ist dann gezwungenermaßen den zeitlichen Belastungen durch die Karriere des Mannes ausgesetzt. Gleichzeitig empfindet man diese Opfer an Zeit und Familienleben insgesamt jedoch nicht als negativ, nicht einmal die fünf Männer, die mindestens eine Ehe der Karriere geopfert haben, meinen, daß sich das nicht gelohnt habe. Ein 48jähriger Abteilungsleiter (Produktion) formuliert: «Einen Preis hat die Karriere sicher gehabt, nämlich Opfer von Privatleben, aber damit bin ich immer einverstanden gewesen. Ich seh das insofern nicht als Opfer, sondern als einen Preis, der gerechtfertigterweise zu zahlen ist für die Vorteile, die ich aus der Karriere gezogen habe. Gelohnt hat es sich in jedem Fall, nämlich insofern, als in der Familie ein Konsens darüber bestanden hat und besteht, daß diese Opfer an Privatleben zu bringen sind.» Und ein 49jähriger Hauptabteilungsleiter (Produktion) betont, keine Opfer gebracht zu haben, sondern im Gegenteil, aus der Karriere Gewinn für sich und seine Familie gezogen zu haben. Ein 44jähriger Hauptabteilungsleiter (Personalwesen) bezeichnet die Opfer, die er gebracht hat, als «Kleinopfer». Er sagt: «Ich hätte mich gerne mehr um die Familie gekümmert, obwohl ich natürlich auch nicht sicher bin, ob die inzwischen fast erwachsene Tochter sich dann anders entwickelt hätte, wenn ich mehr zu Hause gewesen wäre. Ich hätte mehr Bücher gelesen. Ich hätte mich gerne breiter weitergebildet oder z. B. mal einen Lehrauftrag an der Fachhochschule angenommen. Das hab ich aber im Interesse des Unternehmens ständig weggeschoben; dennoch meine ich, daß sich diese Opfer gelohnt haben.»

Man hat eine positive Einstellung, wie beispielsweise auch der 37jährige Hauptabteilungsleiter (Finanzen/Rechnungswesen/Controlling): «Natürlich leiste ich auch Freizeitverzicht, aber das empfinde ich nicht als Opfer, denn mein Beruf ist mein Hobby. Ich würde heute sogar die Karriere noch höher bewerten als früher.» Oder man sagt, wie ein 43jähriger Abteilungsleiter (Marketing/Vertrieb/Verkauf/Werbung/Einkauf) ganz einfach: «Ich hab keine Opfer gebracht. Karriere macht einfach Spaß; früher, in den Aufbauzeiten, hat es noch mehr Spaß gemacht. Früher hat man mehr gerungen, heute hat man schon zu viel Reife und Abgeklärtheit.»

Schließlich gibt es nur eine einzige noch nicht erfüllte Sehnsucht: der Traum von der Zeit, Zeit zu haben! Es gibt keine unerfüllten Wünsche, Träume, Sehnsüchte, bis auf den Wunsch nach mehr Zeit; Zeit, um soviel zu lesen, wie man möchte, und um gelegentlich etwas anderes außerhalb des Tagesgeschäfts machen zu können, um andere Interessenfelder erschließen zu können. Die Karriere hat manchen Traum erfüllt; ein 50jähriger Geschäftsführer (Marketing/Vertrieb/Verkauf) formuliert das so: «Als Kind wünschte man sich, ein Märchenprinz zu sein, die schönste Prinzessin zu heiraten und unermeßliche Schätze zu gewinnen, und ich bin ganz zufrieden, weil ich glaube, daß ich die Hälfte davon geschafft habe.»

Dennoch, die Probleme mit dem Familienleben nagen. Ein 48jähriger Geschäftsführer (General-Management), der meint, alles erreicht zu haben: «Ich habe mir das Familienleben einfacher vorgestellt als das Berufsleben. Es ist aber genau umgekehrt. Schließlich wird man auf das Berufsleben durch die Ausbildung sehr intensiv vorbereitet, nicht aber auf die Aufgaben im Familienleben.» Das unangenehme, belastende Gefühl, Karriere auf Kosten des Familienlebens gemacht zu haben, bringt fast jeder der Männer an irgendeiner Stelle des Interviews zum Ausdruck. Sie wissen alle, daß sie der Familie einen überdurchschnittlichen Lebensstandard mit ihrer Leistung und ihrem Einkommen verschafft haben, dennoch bleibt die Freude daran nicht ungetrübt.

Auch Frauen wissen, was sie geopfert haben, nämlich Freizeit, wobei es sich hier nicht immer um Zeit für das Familienleben handelt, sondern eher um Zeit für Freundschaften. Nur eine einzige Frau war der Auffassung, daß sich dieses Opfer nicht gelohnt habe. Für alle anderen steht die Äußerung der 47jährigen Hauptabteilungsleiterin (Finanzen/Rechnungswesen/Controlling/EDV), die sagt: «Ich hab das nicht doll vermißt und kann damit leben.» Wohl wissend, daß Partnerschaften und Freundschaften der Karriere geopfert werden, sind sich die meisten Frauen aber auch im klaren darüber, daß sie gleichzeitig Freiheit, Unabhängigkeit, Selbständigkeit und nicht zuletzt finanzielle Vorteile gewinnen. Es sei ganz einfach, so die 34jährige Hauptabteilungsleiterin (Devisenhandel): «Das gehört eben dazu und das lohnt sich.»

Vergleichsweise mehr Frauen als Männer waren der Auffassung, gar keine Opfer für die Karriere gebracht zu haben. Möglicherweise wird dieses Grundgefühl bestimmt von einer Einstellung, die von einer 55jährigen Abteilungsleiterin (General-Management) so formuliert wird: «Ich zwinge mich nicht zu Dingen, die ich nicht will. Man muß im positiven Sinne egoistisch und egozentrisch sein, und dann bringt man eben kein Opfer.»

Keine der befragten Frauen hat an der Entscheidung zwischen Kindern und Karriere schwer zu tragen gehabt, da sie bewußt Prioritäten gesetzt und daher den Verzicht auf Kinder als solchen überhaupt nicht empfunden haben. So meint die 52jährige Prokuristin aus der Versicherungswirtschaft, daß es ihr völlig klar war, keine Kinder haben zu können, wenn sie sich so, wie sie sich das vorstellte, für die Berufstätigkeit engagierte; so hat sie das dann auch nicht als Opfer empfunden.

Die Bilanz dieser Fragestellung zeigt, daß unerwartet viele Männer meinen, für die Karriere Opfer gebracht zu haben, die sich zwar gelohnt haben, die sie aber doch, zumal wenn es um Familienleben geht, stark beschäftigen, mindestens Irritationen hervorrufen. Dagegen haben unerwartet viele Frauen festgestellt, keine Opfer gebracht zu haben, vor allen Dingen keine Opfer an Familienleben, allenfalls an Zeit für Freundschaften. Fragt man nach unerfüllten Träumen, Wünschen, Sehnsüchten, bekommt man auch von den meisten Frauen die Antwort, daß – im Gegenteil – die Karriere es ihnen ermöglicht hat, sich viele Wünsche zu erfüllen. Lediglich die Sehnsucht nach einem Partner, einer starken Schulter zum Anlehnen bleibt. Natürlich läßt sich alles alleine machen, die Sorge für sich und für die Kinder ist überhaupt kein Problem; die meisten Frauen haben auch Freundinnen, Freunde, möchten aber eben einmal nicht immer alles alleine entscheiden müssen. Dennoch waren es nur zwei Frauen, die deutlicher einer diffusen Sehnsucht nach Geborgenheit Ausdruck gaben. Erstaunlicherweise beides Frauen über 50, die alles erreicht haben, und die in ihrer beruflichen Laufbahn besondere Schwierigkeiten bewältigt haben!

Männer und Frauen wissen, daß die besondere Position, die Führungsposition, nicht umsonst zu haben ist, daß das überdurchschnittliche Gehalt, die Entscheidungsfreiheit, die Freude an der Verantwortung einen Preis hat. Dieser Preis besteht in erster Linie darin, daß sehr viel Zeit für die Karriere einzusetzen ist. Was damit geopfert wird, hängt von den verschiedenen Lebensverhältnissen ab. Für die Männer besteht dieses Zeitopfer in einem Verzicht auf Familienleben, für die meisten Frauen besteht dieses Zeitopfer in einem Verzicht auf Freundschaften. Und doch, es habe sich gelohnt, sagen die befragten Männer und Frauen einhellig. Das, was die Karriere an positiven Wirkungen gebracht habe, rechtfertige den hohen zeitlichen Einsatz.

Demzufolge hätten auch die meisten Frauen nichts anders machen wollen. Nur eine einzige meinte, daß sie, wenn sie heute am Beginn ihrer Berufslaufbahn stehen würde, vielleicht einen anderen Beruf wählen würde; sie würde nämlich ihr Hobby, das Sammeln moderner Kunst, zum Beruf machen und Kunsthändlerin werden wollen. Einigen Frauen wie auch mehreren Männern erscheint aus heutiger Sicht die Perspektive der Selbständigkeit lohnender; sicherlich jedoch eine Karriereentwicklung, die noch weitaus mehr Zeitopfer verlangt hätte. Nur zwei Männer würden sich heute, wenn sie noch einmal am Anfang ihrer Karriere stünden, für einen anderen Beruf entscheiden, und zwar für einen weniger «sachlich orientierten», dafür mehr «menschenorientierten» Beruf. Insgesamt signalisierten die Antworten auf die Frage, ob man aus heutiger Sicht etwas anders machen würde, per Saldo eine große Zufriedenheit im Hinblick auf das Verhältnis von «Karrierenutzen» und «Karrierekosten». Hätte man etwas anders machen wollen, dann bezieht sich das nicht auf die Verringerung der «Karrierekosten», sondern eher darauf, den «Karrierenutzen» zu steigern, indem man sich um eine bessere und gezieltere Ausbildung und vor allem mehr Auslandserfahrung bemühen würde. Man würde weniger dem Zufall überlassen, sondern «von Anfang an die Karriere anstreben», so ein 55 Jahre alter Hauptabteilungsleiter (Marketing/Vertrieb/Verkauf).

5. Die Zukunft des Managements – männlich, weiblich, androgyn?

Frauen: Lernen aus Fehlern der Vergangenheit

Das Geld: endlich verdienen, was sie verdienen

Wenige Tage vor dem Interviewtermin bekam die 47jährige Hauptabteilungsleiterin (Finanzen/Rechnungswesen/Controlling/EDV) einen Anruf von einem Personalberater, der sie für eine Bank abwerben wollte. Als sie auf die Frage nach ihrem Gehaltswunsch ihre Einkommensvorstellung nannte, reagierte der mit dem Satz: «Das ist für eine Frau aber viel!» Sie konterte, was denn der Zusatz «für eine Frau» wohl besagen sollte. Erst daraufhin wurde diesem Mann überhaupt klar, was er gesagt hatte.

Wenn auch häufig gerade von Vertretern von Großunternehmen bestritten, so ist doch der mit der Untersuchung 1986 festgestellte gravierende Einkommensnachteil und der im Kreis der Interviewpartner ebenfalls auffällige Einkommensunterschied der Frauen im Vergleich zu den Männern offenbar fest in den Köpfen verankert. Da das Einkommen eben nicht nur der Befriedigung persönlich unterschiedlicher materieller Ansprüche dient, sondern in seiner Höhe Ausdruck der Wertschätzung von Person und Leistung darstellt, müssen Frauen im Interesse ihrer gesellschaftlichen Anerkennung wie auch aus Gründen persönlicher Selbstbestätigung die Einkommensunterschiede überwinden. Um Ansatzpunkte hierfür zu finden, müssen zunächst einmal die Gründe dafür bekannt sein – bei den Männern, die die Einkommen festsetzen, und bei den Frauen, die die Einkommen fordern –, die verursachen, daß diese Einkommensdiskrepanzen überhaupt entstehen können.

Fragt man die Männer und Frauen, die Führungskräfte sind, danach, welche Gründe ihrer Ansicht nach für den Einkommensunterschied verantwortlich sind, so bekommt man im wesentlichen dieselben Antworten. Sie lassen sich zusammenfassen in solche Gründe, die in den historisch gewachsenen gesellschaftlichen Rahmenbedingungen liegen, und solche, die in Einstellungen und Verhaltensweisen der Männer sowie in den Voraussetzungen und dem Verhalten von Frauen liegen.

Wenn die Tradition bemüht wird, verweist man auf das Christentum, so wie ein 55jähriger Hauptabteilungsleiter (Marketing/Vertrieb/Verkauf): «Lesen Sie doch mal die Bibel! So alt ist das schon!» Präziser wird da ein 49jähriger Hauptabteilungsleiter (Marketing/Vertrieb/Verkauf): «Das niedrigere Einkommensniveau der Frauen in Führungspositionen ist historisch bedingt. Frauen haben bisher nur Serviceleistungen erbracht, und dadurch hat sich für Frauen ein niedrigeres Gehaltsniveau eingependelt, das auch dann, wenn eine Frau in eine andere, den Männern vergleichbare Position hineinwächst, nicht automatisch angehoben wird.» Auch ein 45jähriger Hauptabteilungsleiter (Einkauf/Materialwirtschaft) meint: «Für das unterschiedliche Einkommensniveau von Männern und Frauen gibt es keine wirklichen Sachgründe, das ist eine gewachsene Angelegenheit. Es ist ja schließlich noch nicht so lange her, daß Frauen nicht gleichberechtigt waren. Das heißt, das, was sich aus Geschichte und Tradition heraus ergeben hat, wird von den Unternehmen einfach ausgenutzt.» Und ein 41jähriger Hauptabteilungsleiter (Finanzen/Rechnungswesen/Controlling) prognostiziert, daß sich in zehn Jahren die Einkommensunterschiede nivelliert haben werden.

Müssen die Frauen so lange warten oder gibt es nicht auch Möglichkeiten zur Beschleunigung der Veränderung von Einstellungen und Verhaltensweisen?

Nicht zu leugnen ist, daß eine Veränderung der Rahmenbedingungen, die Frauen heute vorfinden, Zeit braucht. Noch immer ist der Markt für weibliche Führungskräfte zu klein, sowohl von der Angebotsseite wie von der Nachfrageseite her. Da sind sich die befragten Männer und Frauen einig: Frauen sind gezwungen, eher Kompromisse beim Gehalt zu machen, da sie «froh sein können, überhaupt die Position bekommen zu haben», «da sie sich in Männerdomänen erst hineinarbeiten müssen» und deshalb «mangels Alternativen nicht um das Gehalt pokern können». So meint dann auch die 36jährige Geschäftsführerin (General-Management): «Frauen denken, als Frau muß ich billiger sein, um an eine Position zu kommen und hoffen dann auf späteren Ausgleich, der natürlich nie erfolgt.» Der Nachteil des niedrigen Gehaltsniveaus zu Beginn einer beruflichen Laufbahn wirkt insbesondere bei den Frauen nach, die nicht als Führungskräfte eingestellt worden sind, sondern zur Führungskraft in einem Unternehmen herangewachsen sind. Gerade diese Frauen haben es besonders schwer, gehaltlich mit den Männern gleichzuziehen, die schon länger als Führungskraft in einem Unternehmen beschäftigt sind. Insofern zahlt sich die Firmentreue vieler Frauen keineswegs aus, sei sie nun das Ergebnis des Mangels an Alternativen oder bewußter Entscheidung, eine gehaltliche Belohnung hierfür gibt es nicht.

Die meisten Frauen, aber auch einige Männer sind der Auffassung, daß der Gehaltsnachteil der Frauen vorrangig darin begründet ist, daß die Frauen sich eher mit weniger zufrieden geben, weil sie glauben, sich die Position mit Zurückhaltung bei Gehaltsforderungen erkaufen zu müssen. Der Gehaltsnachteil wird als «Risikoprämie» oder sogar als «Mütterrabatt» tituliert. Paradox erscheint dies, wenn gleichzeitig die Firmentreue der Frauen als Begründung für den Gehaltsnachteil angeführt wird!

Gerade von den Frauen werden für den Gehaltsnachteil nicht nur die Umstände oder die Männer verantwortlich gemacht, sondern sie sehen sehr deutlich, daß Frauen zu wenig fordern, daß sie sich nicht gut genug verkaufen. Erklärt wird dieses damit, daß das Einkommen der Frau häufig das zweite Einkommen in einer Familie darstellt, und Männer immer noch als «Ernährer» bezahlt werden. Frauen meinen, daß sie zu unsicher und zu bescheiden aufträten und nicht selbstsicher genug Forderungen stellten. Eine 55jährige Abteilungsleiterin (General-Management) erklärt: «Frauen verdienen deshalb weniger als Männer, weil sie es sich gefallen lassen, weil sie zu häufig den Weg des geringsten Widerstandes gehen und nur eingeschränkte Ziele haben. Das mag ja bei einer verheirateten Frau kein Fehler sein, aber eine alleinstehende Frau muß da anders denken.»

Oft ist es auch nicht nur zuviel Bescheidenheit und zu geringes Selbstbewußtsein, sondern ganz einfach die Unkenntnis darüber, was finanziell erreichbar ist, weshalb sich Frauen mit weniger begnügen. Ein 45jähriger Abteilungsleiter (Marketing/Vertrieb/Verkauf): «Frauen lassen sich abspeisen ohne zu wissen, daß mehr drin ist. Das liegt daran, daß sie sich zu schlecht verkaufen. Frauen sind zu ängstlich, sie geben alles her, nur um die Stelle zu kriegen.»

Die Strategie der Frauen muß also lauten: Mit Selbstbewußtsein fordern, was drin ist! Gehälter werden jedoch in der Regel von vorgesetzten Männern festgesetzt und diese, so ein 38jähriger Hauptabteilungsleiter (Personal/Finanzen/Rechnungswesen/Controlling/General-Management), «achten auf den Abstand». Daran mag, wie die 63jährige ehemalige Hauptabteilungsleiterin (Forschung und Entwicklung) es formuliert, «die Borniertheit der Männer, die von sich eingenommen sind gegenüber Frauen», zum Ausdruck kommen, aber auch das nicht ohne weiteres zu entkräftigende Argument von der Doppelbelastung der Frau, aus dem eine mangelhafte Belastbarkeit im beruflichen Alltag abgeleitet wird. Der 61jährige Unternehmer, früher Maschinenbauingenieur, sagt von seinen Geschlechtsgenossen, daß «Männer einfach erwarten, daß Frauen nicht die Leistung bringen können wie Männer». Ein solches Argument führt auch eine Frau an, eine 53jährige Hauptabteilungsleiterin (Werbung/PR/Kommunikation), die meint, «daß Frauen auch weniger leisten in gleichen Positionen wie Männer, weil sie eben die Doppelbelastung haben.» Diese Äußerung wird allerdings verständlich, bedenkt man, daß es sich hier um eine Frau handelt, die gewissermaßen aus wirtschaftlichen Gründen heraus Karriere gemacht hat, und das mit drei zu versorgenden Kindern im Schlepptau. Ehe das Argument eine Rolle spielt, sollte man sich also sehr genau den individuellen familiären Hintergrund ansehen!

Was ist zu tun? Frauen in Führungspositionen stellen heute unter der berufstätigen Bevölkerung einen verschwindend geringen Anteil dar, der sicherlich in Zukunft wachsen wird, aber nicht die Dimension einer bedeutenderen ‹Pressure-Group› erreichen wird. Zwar wird von Vertretern von Großunternehmen immer wieder betont, daß die Gehaltsraster es gar nicht zulassen, Frauen in Führungspositionen geringer zu bezahlen als Männer in vergleichbaren Positionen, dennoch bestehen auch hier in den verschiedenen hierarchischen Ebenen Verhandlungsspielräume, die von den Frauen aktiv genutzt werden müssen. Und das gilt nicht erst beim Aufstieg, das gilt bereits beim Einstieg. Es zeigt sich auch unter den Interviewpartnerinnen, daß diejenigen, die zu Beginn ihrer beruflichen Laufbahn – was im nachhinein bekannt wurde – zu wenig gefordert hatten, keinen Einkommensausgleich beim Aufstieg erzielen konnten.

Frauen sollten darüber hinaus stärker als bisher ihre Gehaltsforderung, ihre Gehaltsvorstellung mit dem verknüpfen, was sie leisten und nicht an dem messen, was andere Frauen erreicht haben oder erreichen können, die weniger qualifiziert, weniger motiviert sind, weniger Einsatz zeigen. Mag ja sein, was zwei der ranghöchsten Frauen unter den Interviewpartnerinnen geäußert haben, nämlich, daß den «Frauen das Prestige mehr als das Gehalt bedeute» und daß «Frauen nicht um Geld kämpfen können», was an anderer Stelle, nämlich in Scheidungsauseinandersetzungen, sich oft ganz und gar nicht nachvollziehen läßt!

Wenn Frauen aber in Zukunft als gleichwertige Verhandlungspartner in internen und externen Unternehmensbeziehungen anerkannt werden wollen, dann setzt dies voraus, daß sie zunächst einmal für sich selbst die Vorteile fordern und aushandeln, die sie dann auch im Interesse des Unternehmens realisieren sollen. Nur dann wird es den Frauen gelingen, den gedanklichen Kurzschluß der Männer, daß nämlich jemand, der sich selbst nicht richtig verkaufen kann, auch das Unternehmen und seine Produkte nicht richtig verkaufen kann, zu durchbrechen. Oder wie die 36jährige Hauptabteilungsleiterin (Produktion/Forschung und Entwicklung) es formuliert: «Frauen verkaufen ihre Arbeit nicht positiv genug; Frauen hauen nicht genügend auf den Putz!» In diesem Sinne auch die 34jährige Hauptabteilungsleiterin (Devisenhandel), die sagt: «Es gibt Jobs, in denen man sehr viel Geld verdienen kann, was viele Frauen nicht wissen. Während ein Mann daherkommt und erst mal sagt, was er alles kann, und den Job dann für sehr viel Geld bekommt, steigen die Frauen mit einem niedrigeren Gehalt ein und meinen, sie könnten nach der Bewährung in der Position einen entsprechenden gehaltlichen Aufstieg machen; aber da dann das Einstiegsgehalt schon sehr niedrig ist, bleiben sie immer unter dem Gehaltsniveau der Männer.»

Und um solche Nachteile wett zu machen, muß man natürlich auch schon mal – wie einige der Interviewpartnerinnen es vorgemacht haben – das Unternehmen wechseln, wenn man erkennt, daß Karrierebremsen nicht abzubauen sind. Selbst dann, wenn eine Frau tatsächlich weniger am Geld als an den immateriellen Erfolgen interessiert sein sollte, sollte sie nicht auf ein leistungsgerechtes und marktgerechtes Gehalt verzichten; das ist ein Gehalt, das tatsächlich der eigenen Leistung – unter Umständen auch dem der Männer in vergleichbaren Positionen, auf keinen Fall aber dem der Frauen in nicht vergleichbaren Positionen – entspricht.

Wo schließlich informiert man sich über die Höhe des möglichen Gehalts? Die im allgemeinen im Führungskräftebereich durch arbeitsvertragliche Schweigeregelungen hergestellte Undurchsichtigkeit ist inzwischen durch Gehaltsstrukturuntersuchungen verschiedener Institutionen transparenter gemacht worden. Damit ist natürlich noch nicht festzustellen, welche Verhandlungsspielräume im Einzelfall bestehen. Angesichts des hohen Anteils von Frauen in den Bereichen Finanzen/Rechnungswesen/Controlling und Personalwesen sollte es genügend Möglichkeiten geben, sich Einblicke in die unternehmensspezifischen Gehaltsstrukturen zu verschaffen. Ob in dieser Hinsicht Frauennetzwerke hilfreich sein können, darauf wird noch an anderer Stelle eingegangen (s. S. 201 ff.).

Nicht beeinflußbar von seiten der Frauen, die sich für eine Karriere im Management eines Unternehmens entschieden haben, ist die Marktsituation. Wenn allerdings der angeblich zu erwartende Führungskräftemangel in den neunziger Jahren tatsächlich eintreten sollte, wird sich die Marktposition für die Frauen entsprechend positiv verändern. Daß unter derartigen Bedingungen ein allgemeiner Einkommensschub nach oben im Mittelmanagement zu erwarten ist, wird an den berechtigten Klagen der Männer deutlich, die sich im Verhältnis zur übernommenen Verantwortung im Vergleich zum Topmanagement als zu schlecht bezahlt ansehen. Und dann sollten sich die Frauen diese Entwicklung auch für ihre Einkommen zu nutze machen. Besser selbstbewußt eine zu hohe Forderung stellen, als kleinlaut eine zu niedrige, um von der trügerischen Hoffnung auf späteren Ausgleich zu leben, der doch nicht stattfindet.

Denjenigen in Unternehmen, die an verantwortlicher Stelle für oder gegen die Einstellung einer Frau als Führungsnachwuchskraft zu entscheiden haben, sei geraten, Motivforschung zu betreiben. Die pauschale Ablehnung von Frauen und die «Risikoprämie» für Frauen in Form eines Gehaltsabschlags, nur weil die Möglichkeit des Ausscheidens aus familiären Gründen besteht, kann nicht dazu führen, daß letztendlich der richtige Mensch auf den richtigen Platz in einem Unternehmen gebracht wird. Natürlich gibt es Frauen, die an einer Karriere nach männlichem Muster nicht interessiert sind, die eine qualifizierte Ausbildung gemacht haben, um einer qualifizierten Berufstätigkeit nachgehen zu können, dennoch aber nicht bereit sind – wie einer der Interviewpartner es formulierte – «sich mit Haut und Haar der Firma zu verschreiben». Denjenigen Frauen aber, die ganz eindeutig kompromißlos Prioritäten zugunsten der Karriere gesetzt haben und dieses auch schon in jungen Jahren signalisieren, dürfen der Leistung entsprechende Gehälter nicht verweigert werden, weil dieses schließlich zu einer Zurücknahme der Motivation führen könnte, die auch nicht im Interesse des Unternehmens ist. Frauen mit guter Ausbildung, hoher Motivation und großer Einsatzbereitschaft sind qualifizierte Führungskräfte. Wer diesen Frauen nicht das Gehalt zahlen will, das ihrer Leistung entspricht, sollte sich mit mittelmäßigen Männern zufrieden geben müssen!

Der Aufstieg: Kompetenz demonstrieren, die akzeptiert wird

Das Rezept scheint einfach: eine gute Ausbildung, im Job Kompetenz demonstrieren, die «Mann» akzeptiert – damit dürfte einer Karriere nichts im Wege stehen! Doch auch die Grundgesamtheit der Interviewpartner spiegelt das wider, was schon die schriftliche Befragung von 1986 zum Ergebnis hatte, daß nämlich Frauen im Mittelmanagement weitaus seltener als Männer die höheren Ränge vom Hauptabteilungsleiter an aufwärts erreichen. Von den 26 im Angestelltenverhältnis tätigen männlichen Führungskräften bezeichneten sich nur 3 als Abteilungsleiter, während von den 20 angestellten weiblichen Führungskräften immerhin 7 ihre Position auf dieser Ebene einordneten. So einfach das Rezept für den Aufstieg erscheinen mag, so einfach ist es dennoch nicht umzusetzen. Aus vielerlei Äußerungen und aus den verschiedensten Begründungen geht hervor, daß das «Frausein» als Karrierebremse wirkt. So meint die gerade ausgeschiedene 63jährige Hauptabteilungsleiterin (Forschung und Entwicklung), daß angesichts der Bedeutung ihres Bereichs und ihrer Position innerhalb des Unternehmens, sie im Range eines Direktors mit den dazugehörigen Kompetenzen hätte stehen müssen. Und sie fügt hinzu, daß, wäre sie ein Mann gewesen, ihre Stelle nicht im Range eines Hauptabteilungsleiters verblieben, sondern entsprechend umgewandelt worden wäre.

Sucht man nach den Ursachen dafür, daß anteilsmäßig weniger Frauen als Männer in die ranghöheren Positionen des Mittelmanagements gelangen, so darf natürlich nicht übersehen werden, daß viele Frauen gerade in den ersten Jahren einer möglichen Karriereentwicklung, nach den ersten Erfahrungen damit, was es heißt, eine Karriere nach männlichem Muster zu machen, ganz einfach die Prioritäten anders setzen. Eine 54jährige Hauptabteilungsleiterin (Finanzen/Rechnungswesen/Controlling) meint, daß Frauen nicht nur die Alternative als Ehefrau und Mutter hätten, sondern daß sie sich auch zu sehr als Frau, d. h. als Ehefrau und Mutter empfänden – um dann irgendwann auch entsprechend zu handeln.

Und Männer glauben, daß Frauen einer ständigen Versuchung ausgesetzt seien, die harten Karriereschleudersitze mit weichen Polstern, finanziert durch einen Ehemann, zu vertauschen. So zum Beispiel der 49jährige Hauptabteilungsleiter (Marketing/Vertrieb/Verkauf): «Eine Frau hat die Alternative, einen Mann zu heiraten, sich von ihm versorgen zu lassen und das viel besser zu finden, als Karriere zu machen. Diese Möglichkeit der Frauen steckt in den Köpfen der Männer, und deshalb werden Frauen kaum in die höheren hierarchischen Stufen gelassen. Es gibt z. B. bei uns in der Firma eine Frau, Ende 30/ Anfang 40, die sieht recht gut aus, und ich frag mich immer, warum diese Frau nicht verheiratet ist. Ich glaube, daß diese Frau Angst davor hat, zu heiraten, weil es ja dann passieren könnte, daß sie das Leben an der Seite eines gut verdienenden Mannes viel angenehmer findet, als berufstätig zu bleiben. Dann hat sie eine schicke Terrassenwohnung und viel Zeit für sich und trotzdem einen hohen Lebensstandard. Dies könnte sie schon in die Versuchung führen, ihren Beruf aufzugeben und dann wäre ihre Karriere beendet.»

Auch in der Äußerung eines 47jährigen Hauptabteilungsleiters (Marketing/Vertrieb/Verkauf) schwingt ein bißchen Neid darüber mit, daß Frauen die Alternativen, die für Männer – wie schon ausgeführt – bei weitem noch nicht selbstverständlich sind, tatsächlich haben und auch wahrnehmen können: «Da Frauen, um Karriere zu machen, mindestens einen so großen Einsatz wie die Männer bringen müssen, ist es nötig, daß sie sich bei ihrer Entwicklung früher mit der Frage befassen, ob sich dieser Mehreinsatz denn überhaupt lohne, und dann kommen sie häufig zu der Einschätzung, daß es sich nicht mehr lohnt und sie erreichen dann auch nicht mehr die höheren hierarchischen Ebenen. Frauen haben von Natur her eben das Glück, auch andere Dinge tun zu können, als nur Karriere zu machen.»

Aufgrund der den Frauen (noch) vorbehaltenen Alternativenstellung müssen sie nach wie vor Entscheidungen treffen zwischen Karriere und «Nur-Hausfrauendasein».

Die Kompromißlösung einer Karriere mit begrenzter Kraft erscheint so lange utopisch, wie die männliche Konkurrenz einen so hohen Einsatz – wie zur Zeit – zu bringen bereit ist. Für die Zukunft dürften allerdings Veränderungen zu erwarten sein. Nicht nur, daß die Mittvierziger die negativen Auswirkungen der Karriere auf das Familienleben reflektieren, auch die männlichen Führungsnachwuchskräfte von heute, die jetzt die Hochschulen verlassen, sehen deutlicher als ihre Vorgänger – und das schon am Beginn einer Karriere –, welchen Preis sie im Hinblick auf Freizeitverzicht und damit Verzicht auf Familienleben zu zahlen haben. Das Motto dieser jungen Männer heißt «Karriere ja, aber nicht um jeden Preis».

Alle Interviewpartnerinnen hatten aus den verschiedensten Gründen heraus früher oder später Prioritäten zugunsten der Karriere gesetzt. Bleibt also zu fragen, warum uneingeschränktes Engagement für die Karriere dennoch lediglich zu gebremstem Aufstieg führt.

Wie schon bei der Begründung des Einkommensnachteils, herrscht auch in diesem Punkt Einigkeit: Es liegt gleichermaßen an Männern *und* Frauen! Hier wirke, so meint ein 44jähriger Hauptabteilungsleiter (Personalwesen) «Selbstbescheidung der Frauen mit Unterdrückung durch Männer» zusammen. Und er fügt hinzu: «Diese Unterdrückung könnte aber nicht so wirksam werden, wenn die Frauen sich nicht derart selbst bescheiden würden.» Auch die 36jährige Hauptabteilungsleiterin (Produktion/Forschung und Entwicklung) ist der Meinung, daß Frauen sich oft nicht zutrauen, Aufgaben auf höheren Ebenen zu übernehmen. Mit diesen Aufgaben sei eine höhere Verantwortung verbunden, die die Frauen nach Auffassung eines 48jährigen Abteilungsleiters (Produktion) eher scheuten. Mit dieser Meinung steht er nicht allein. Die 53jährige Hauptabteilungsleiterin (Werbung/PR/Kommunikation) führt ihre eigenen Mitarbeiterinnen an, «die auch bei mehr Geld nicht bereit sind, mehr Verantwortung zu übernehmen und mir häufig sogar sagen, ‹also das, was sie da tun, das würden wir nicht tun wollen›.» Auf ähnliche Erfahrungen verweist ein 41jähriger Hauptabteilungsleiter (Finanzen/Rechnungswesen/Controlling): «Wenn ich die Frauen in meiner Abteilung zur Weiterbildung schicke, dann empfinden die das gewissermaßen als Strafe. Sie haben nicht genügend Ehrgeiz, um auch bei gestiegenem Einkommen noch weiter zu arbeiten. Wenn meine Damen 4500,– DM brutto im Monat verdienen, dann läßt der Ehrgeiz deutlich nach. Das mag wohl daran liegen, daß die männlichen Partner es nicht so gerne sehen, wenn die Frauen mehr Geld verdienen und weniger Zeit für sie haben. Außerdem sehe ich da ein anderes Problem, das für Frauen mit dem Aufstieg in eine andere hierarchische Gruppe entsteht. In meinem Unternehmen sollte eine Frau zur Direktorin befördert werden, was damit verbunden ist, daß sie dann im Kasino mit den Direktoren essen würde, und dort wäre sie die einzige Frau gewesen. Sie hat offen gesagt, daß ihr das gewisse Schwierigkeiten macht; in der jetzigen hierarchischen Position, in der sie sich befindet, hat sie die ungeteilte Anerkennung der Kollegen und Kolleginnen; steigt sie jedoch auf, dann ist sie gewissermaßen in der neuen Gruppe der ‹weiße Elefant›, wird sehr kritisch beäugt und ihr fehlt dann die Anerkennung.»

In welchem hohen Maße die Anerkennung aus dem Kollegenkreis für die Frauen von Bedeutung ist, wurde bereits an anderer Stelle deutlich. Selbst eine der erfolgreichsten Frauen unter den Interviewpartnerinnen wollte ihre Karriere in Richtung Aufstieg deshalb nicht weiter forcieren, weil sie dann wieder um neue Anerkennung hätte kämpfen müssen. So ist das, was als «Selbstbescheidung» bezeichnet wird, womöglich nichts anderes als der Ausdruck dessen, daß Frauen um ihre Position und in ihrer Position mehr ringen müssen als Männer. Wenn eine 55jährige Abteilungsleiterin (General-Management) der Auffassung ist, daß viele Frauen deshalb in der Hierarchie nicht so hochsteigen, «weil sie den Atem nicht dazu haben, weil sie sich immer wieder zurücknehmen», so muß man diese Beobachtung im Zusammenhang mit der Äußerung der pensionierten 63jährigen Hauptabteilungsleiterin (Forschung und Entwicklung) sehen, die meint, daß eine Frau «doppelt soviel leisten muß, um dafür die Hälfte der Anerkennung wie ein Mann zu bekommen».

Zwar wird gerade von erfolgreichen Frauen heutzutage häufig bestritten, daß eine Frau mehr leisten muß als ein Mann, um dieselbe Position zu erreichen, dennoch erscheint es nicht unwahrscheinlich, daß Frauen, die ihre Prioritäten nach den ersten Berufsjahren zugunsten des Familienlebens gesetzt haben, dieses auch deshalb getan haben, weil sie eine sehr nüchterne Erkenntnis über das Verhältnis von Einsatz und Nutzen der Karriere gewonnen haben. Sie setzen ihre Prioritäten auch im Bewußtsein ihrer schlechteren Berufschancen.

Mögen die Frauen auch die These von der Mehrleistung, die ihre Geschlechtsgenossinnen zu erbringen haben, ablehnen, die Männer wissen sehr genau, worum es dabei geht: Weniger um ein rein quantitatives «Mehr an Leistung», sondern vielmehr um die Bewältigung von Problemen, die sich Männern nicht in den Weg stellen – und die sie nicht bewältigen müssen! Das sind Akzeptanzprobleme, und zwar einerseits Durchsetzungsprobleme in internen Beziehungen gegenüber Mitarbeitern, Kollegen und Vorgesetzten sowie andererseits Anerkennungsprobleme in externen Beziehungen gegenüber Kunden und Lieferanten.

Die selten erkannte, aber oft vermutete mangelhafte Akzeptanz von Frauen bei externen Verhandlungspartnern, gepaart mit der dem weiblichen Wesen häufig zugeschriebenen, seltener beobachteten Zurückhaltung, verhindert die Karrieren der Frauen im Marketing/Vertrieb/Verkauf. Nicht nur, daß man Frauen nicht auf Reisen schicken kann, wie ein 43jähriger Geschäftsführer (General-Management) zu wissen glaubt, man meint, so ein 49jähriger Hauptabteilungsleiter (Marketing/Vertrieb/Verkauf), daß sie «nicht genügend Verhandlungshärte haben, im Auftreten nicht richtig seien, d. h., daß es ihnen an Mut mangelt, an Forschheit. Frauen treten weniger offensiv auf. Und wenn sie offensiv sind, so können sie es sich doch nicht leisten, denn wenn eine Frau offensiv auftritt, vergibt sie sich etwas. Dann heißt es gleich, sie habe Haare auf den Zähnen oder sei ein Mannweib.» Daß gerade in den externen Beziehungen, in Beziehungen zu Kunden, Frauen die besten Chancen haben, die ihnen entgegengebrachte Skepsis zu überwinden, das beweisen tagtäglich die vielen erfolgreichen Unternehmerinnen!

Diese Erfolge sind nicht zuletzt darauf zurückzuführen, daß hier eine Objektivierung der geschäftlichen, beruflichen Mann-Frau-Beziehung erfolgt. Der Filter des Marktes schiebt sich in den Dunstkreis der Vorurteile. Dagegen erlauben die internen Beziehungen zu Vorgesetzten, Kollegen und Mitarbeitern sehr viel mehr Spielraum zur Pflege von Vorurteilen. Demzufolge wußten auch die befragten Männer sehr genau, wo die Durchsetzungsprobleme der Frauen im Unternehmen liegen, nämlich nach allen Seiten, nach oben und nach unten. So meint ein 49jähriger Hauptabteilungsleiter (Produktion): «Da oben, das ist eine reine Macho-Gesellschaft; keiner wird die Frau hochkommen lassen. Frauen haben gewissermaßen zwei Durchsetzungsprobleme, einmal sozusagen am Boden gegenüber Untergebenen. Wenn ich mir vorstelle, daß ich z. B. eine Verfahrenstechnikerin einstelle, die sich gegenüber hundert – meist türkischen – gewerblichen Arbeitern durchsetzen muß, so glaube ich, daß das nur schwer möglich ist. Gleichzeitig hat die Frau Durchsetzungsprobleme nach oben, nämlich gegenüber der Geschäftsleitung. Mein Chef ist Amerikaner, der hinter jedem zweiten Satz einen Joke macht; und Sie können sich vorstellen, was das für Witze sind; wenn nun eine Frau in seiner Umgebung wäre, dann wäre der sofort sein ganzes Repertoire los!»

Derartiges ist auch anderen Äußerungen zu entnehmen; man traut den Frauen nicht die notwendige Durchsetzungsfähigkeit gegenüber ihnen unterstellten Mitarbeitern zu. Daß dabei kulturell bedingte besondere Situationen auftreten können, steht außer Frage. Dennoch wird ernsthaft geäußert, daß Frauen nicht führen können, daß Frauen selten geeignet sind, Führungspositionen zu übernehmen.

Schwierigkeiten kommen aber nicht nur von unten oder von oben, sondern auch von gleichgestellten Kollegen, wie der 62jährige Hauptabteilungsleiter (Produktion/Einkauf/Materialwirtschaft/Forschung und Entwicklung) erkannt hat, daß nämlich ein Mann befürchtet, die Frau auf gleicher Ebene könne seine Vorgesetzte werden. Wenn Männer mauern, dann mauern sie am stärksten, um – wie der schon zitierte 49jährige Hauptabteilungsleiter (Produktion) es nannte – sich ihre «reine Macho-Gesellschaft» in den höheren hierarchischen Rängen zu erhalten. Der 49jährige Hauptabteilungsleiter (Marketing/Vertrieb/Verkauf) dazu: «Auf den höheren hierarchischen Positionen ist die Welt für die Männer noch in Ordnung. Da gibt es keine, wie gerade in der SPD durchgesetzte unsinnige Quotierung, da ist sozusagen noch eine heile Männerwelt. Es wird niemals eine Generalin an der Spitze eines Heeres geben, immer nur einen General. Es wird niemals an der Spitze von Daimler Benz eine Frau geben, und wenn einer der drei Chemieriesen so etwas versuchen wollte, dann würden die andern beiden ihn schon zurückpfeifen.»

Und warum mauern die Männer oben? Dazu der 45jährige Abteilungsleiter (Marketing/Vertrieb/Verkauf): «In unserer Marketingkommission sitzen acht Männer. Von denen würde sich mindestens die Hälfte nicht mehr wohl fühlen, wenn auch nur eine Frau in dieser Kommission drin wäre.»

Nicht nur, daß das Repertoire an Jokes wesentlich beschnitten würde durch die Gegenwart von Frauen, auch so manche andere Verhaltensweise müßte sich wohl ändern!

Dazu ausführlich und pointiert der 43jährige Abteilungsleiter (Marketing/Vertrieb/Verkauf): «Einerseits arbeite ich gerne mit Frauen zusammen, da sie Impulse bringen, neue Impulse und andersartige Impulse als Männer. Allerdings müssen sie intelligent sein. Andererseits ist es etwas schwieriger oder belastender mit weiblichen Kollegen zusammenzuarbeiten; wenn ich z.B. unterwegs bin, und es stellt sich die Frage, ob man zum

Mittag an die Würstchenbude geht oder irgendwo einen Hummerschwanz ißt und die schwarze Witwe dazu trinkt, dann kann man sicher sein, daß der Mann ‹Würstchenbude› und die Frau ‹Hummerschwanz› sagt. Außerdem kann ich zu einem Mann auch schon mal ‹Du Idiot› sagen, das geht mit einer Frau nicht. Ich muß also in der Zusammenarbeit mit einer Frau viel mehr Selbstkontrolle aufbringen.» Diesen offenen, emotionalen Worten folgte eine bemerkenswerte Analyse: «Frauen sollten vor allen Dingen Männer mehr als Partner betrachten und in den männlichen Vorgesetzten nicht so sehr das Väterliche sehen. Außerdem gibt es eine Diskrepanz zwischen dem Umgang von Frauen und Männern in der Arbeitswelt miteinander oder besser gesagt, wie er in der Arbeitswelt sein sollte, und wie er nach Feierabend ist. In der Arbeitswelt müssen Männer und Frauen partnerschaftlich zusammenarbeiten. Geht man jedoch abends in die Disco, dann ist das Verhältnis zwischen Männern und Frauen völlig anders, dann nämlich fängt das traditionelle Rollenspiel an, und da gibt es Brüche, Schwierigkeiten, vor allem was das Umdenken angeht, wenn man nach Feierabend in die traditionelle Rolle schlüpft. Das gilt für Frauen wie für Männer.»

Die schlichte Forderung an die Männer, die kompetente Frau zu akzeptieren, übersieht, daß in Analogie zu den Durchsetzungsproblemen der Frauen die Männer ihre besonderen Anpassungsprobleme haben. Dabei ist auffällig, daß die älteren Interviewpartner, die Frauen fast ausschließlich in ihrer Rolle als Mutter, Ehefrau, Sekretärin und eventuell Tochter kennengelernt haben, davon weniger betroffen zu sein scheinen als die jüngeren Männer, bei denen die Frau als kompetente Konkurrentin eher Abwehrhaltungen hervorruft. Für die älteren Männer sei noch einmal auf den 62jährigen Hauptabteilungsleiter (Produktion/Einkauf/Materialwirtschaft/Forschung und Entwicklung) verwiesen, der kritisierte, daß nach seiner Beobachtung die Männer die Frauen «aus falschem Pavianstreben» heraus blockieren. Dieser Mann hatte sich sehr um die Förderung einer Frau bemüht, war damit jedoch an der Geschäftsleitung gescheitert. Die Äußerungen der jüngeren Männer signalisieren ernsthafte deutliche Abwehrhaltungen gegenüber der neuen weiblichen Konkurrenz, wobei man durchaus auch auf solche Argumente wie das der mangelnden Belastbarkeit zurückgreift. Dazu der 43jährige Abteilungsleiter (Marketing/Vertrieb/Verkauf/Werbung/Einkauf): «Ich hab da so meine Zweifel, ob Frauen tatsächlich, auf Dauer gesehen, die Kondition und Konstitution haben, um in der Härte des Geschäftslebens zu bestehen. Es kommt eben schon mal vor, daß man bis morgens um 4.00 Uhr trinken muß und dann am nächsten Morgen wieder topfit sein muß.» Hier wird eine beispielhafte Extremsituation angeführt, wofür in anderen Äußerungen so allgemeine Formulierungen gebraucht werden wie die, daß eine Frau einfach weniger leiste als ein Mann und obendrein nicht führen könne. Aufgrund welcher Denkmuster Männer zu solcher Einschätzung kommen, demonstriert die Äußerung eines 49jährigen Hauptabteilungsleiters (Produktion), der feststellt: «Wenn eine Frau Familie hat, dann ist sie nicht hundertprozentig einsatzfähig im Job, andererseits, wenn sie keine Familie hat, dann ist sie nicht normal, sondern wird eher als schwierig eingeschätzt. Eine Frau befindet sich da in einem wirklichen Dilemma.»

Seit es Frauen in Führungspositionen gibt, müssen diese sich mit widersprüchlicher Kritik herumschlagen, insbesondere mit der, daß sie wegen ihres Frauseins nicht führen könnten, und wenn sie aber führen, daß sie dann keine richtige Frau seien, sondern ein ‹Mannweib›, wie einer der Interviewpartner es formuliert. Die Anpassungsprobleme der Männer finden ihren weiteren Ausdruck in kritischen Äußerungen wie der, daß Frauen zu wenig souverän seien, zu wenig teamfähig, zu unkollegial, zu pedantisch, zu sensibel, wenn sie sich nämlich an einem bestimmten Punkt doch wieder auf ihr «Frausein» zurückzögen. Männer finden es nicht nur schwierig und unbequem mit einer einzelnen Frau, sie finden es auch schwierig und unbequem mit mehreren Frauen, weil aus ihrer Sicht das Problem sich vervielfältigt bzw. eine zusätzliche Dimension bekommt insofern, als Schwierigkeiten auszubügeln sind, die Frauen sich untereinander machen. Daß dieses Argument nicht ohne weiteres von der Hand zu weisen ist, wurde weiter oben schon deutlich gemacht.

Was tun? Frauen müssen damit rechnen, daß nicht im gleichen Maße, wie Frauen in Führungspositionen zum Gegenstand öffentlicher Diskussionen und wohlwollender Sonntagsreden geworden sind, auch die Akzeptanz bei den Männern in den Unternehmen gewachsen ist. Eher scheint es so, als ob gerade bei jüngeren Männern eine stärkere Abwehrhaltung als bei den älteren zu erkennen ist. Dennoch gibt es auch andere Tendenzen, die die Äußerung eines 48jährigen Geschäftsführers (General-Management) repräsentiert: «Wenn eine Frau ganz nach oben kommen will, dann müssen bei ihr viel mehr positive beeinflussende Faktoren zusammenkommen als bei einem Mann. Allerdings ist das wohl alles nur eine Frage der zeitlichen Entwicklung. Ich selbst traue den Frauen mehr zu als den Männern. Ich meine, Frauen sind intensiver in allem, was sie tun, während Männer häufig nur auf die äußere Akzeptanz sehen; so beobachte ich z. B. bei einem älteren Kollegen bei der Einstellung von Lehrlingen, daß er die guten Frauen einfach nicht sieht und nicht haben will, weil er der Meinung ist, daß die Frauen von anderen nicht akzeptiert werden.»

Es ist keine Frage mehr, es gibt diese Männer, die bereit sind, mit Frauen zusammenzuarbeiten, und die die Unternehmen für die qualifizierten und motivierten Frauen öffnen wollen. Wenn es in Zukunft mehr sein sollen, wenn die Chancen der Frauen für den Aufstieg wachsen sollen, dann müssen mehr Männer als bisher positive Erfahrungen mit kompetenten Frauen machen.

Das bedeutet, daß die einzelne Frau, die sich auf den Karrierepfad begibt, nicht nur Verantwortung trägt für ihre eigene Entwicklung, sondern auch dafür, wie schwer oder wie leicht es weibliche Führungsnachwuchskräfte in Zukunft haben werden. Und darum kann das Rezept nur lauten: Frauen müssen nicht nur kompetent sein, sondern ihre Kompetenz auch demonstrieren und von den Männern erwarten, daß diese Kompetenz akzeptiert wird!

Frauenförderung und Frauennetzwerke – unwillkommene Hilfestellung?

Es soll an dieser Stelle keine abschließende Diskussion um den Sinn oder Unsinn, die tatsächliche oder vermeintliche Wirksamkeit karriereunterstützender Maßnahmen für Frauen geführt werden. Um diese Diskussion jedoch überhaupt führen zu können, müssen hierzu Einstellungen und Erfahrungen derjenigen, die als Entscheidungsträger in den Unternehmen Personalverantwortung und damit auch Verantwortung für die möglichen Karrieren weiblicher Führungsnachwuchskräfte tragen, bekannt sein.

Wie nicht anders zu erwarten war, ist in den meisten Unternehmen, in denen die befragten Führungskräfte beschäftigt sind, bisher weder über Maßnahmen der Frauenförderung nachgedacht, geschweige denn diskutiert worden. Die meisten Frauen waren der Ansicht, daß dieses auch nicht erforderlich sei, da es keine frauenfeindlichen Einstellungen gebe und Frauenförderung gewissermaßen im Rahmen der allgemeinen Führungsnachwuchskräfteförderung stattfinde, nämlich leistungsbezogen und unabhängig vom Geschlecht. Oder man meint, daß frauenfördernde Maßnahmen überflüssig wären, weil Frauen ohnehin dabei seien, sich durchzusetzen, so die

36jährige Hauptabteilungsleiterin (Produktion/Forschung und Entwicklung), die zwar noch festgestellt hatte, daß ihre eigene Beförderung einer «Palastrevolution» gleichkam, jedoch heute bereits auf gleicher Ebene mit drei Frauen zusammenarbeitet, die für andere Bereiche zuständig sind. Keine der Interviewpartnerinnen ist in die Führungsposition unter Zuhilfenahme frauenfördernder institutionalisierter Maßnahmen gekommen, sondern in Unternehmen nach oben gekommen, in denen eine leistungsorientierte Gleichbehandlung von Männern und Frauen erfolgt. Förderung erfolgt individuell. Wenn sich im Einzelfall allerdings einmal eine gewollte Frauenförderung als nicht erfolgreich erweist, ist das der berühmte Schuß, der nach hinten losgeht. So berichtet eine 44jährige Hauptabteilungsleiterin (Finanzen/Rechnungswesen/Controlling): «Man hat in dem Unternehmen, in dem ich tätig bin, gewissermaßen aktiv Frauenförderung in dem Sinne betrieben, daß man sehr bewußt die Leitung der Abteilung Qualitätskontrolle mit einer promovierten Frau besetzt hat. Diese Frau ist dann wegen Schwangerschaft nach einem Jahr ausgeschieden, und nun ist natürlich allen klar, daß man so etwas nicht so schnell wieder tun wird. Ich hatte selbst einen weiblichen Lehrling, eine gute Frau, die ich hochziehen wollte, die ich weiter fördern wollte, die hat dann aber irgendwann zu mir gesagt, daß sie das nicht möchte, da sie einen Freund hat und, na ja, den Rest der Geschichte können Sie sich denken.»

Vom unternehmerischen Standpunkt her allerdings muß das Ausscheiden einer Frau nicht unbedingt so negativ bewertet werden; das zeigt die Äußerung der Frau, die im elterlichen Unternehmen Geschäftsführungsfunktionen wahrnimmt: «Hier auf dem Lande ist es im allgemeinen so, daß die Frauen nach der Ausbildung vielleicht noch fünf bis sechs Jahre arbeiten und dann ausscheiden, und viele möchten ihnen deshalb von vornherein nicht so qualifizierte Aufgaben übergeben. Ich selbst handhabe das anders, ich sage mir, besser diese fünf, sechs

Jahre jemanden zu haben, der das Unternehmen kennt, hochqualifizierte Arbeit leistet, als sich von vornherein von außen jemand anders dafür holen zu müssen.»

So wie diese Frau, betreibt auch mancher Mann sozusagen seine eigene Frauenförderung, wie der 61jährige Unternehmer: «Ich stelle vor allen Dingen gerne Frauen ein, die jenseits der 40 wieder in den Beruf einsteigen. Ich nehme gerne Leute, die befriedigt und beruhigt sind.» Die erfolgreichen Spät- und Wiedereinsteigerinnen unter den Interviewpartnerinnen, die in mittelständischen Unternehmen in verantwortungsvolle Positionen aufgestiegen sind, bestätigen die Erfahrung dieses Mannes. Erfreulicherweise ist festzustellen, daß inzwischen auch das eine oder andere Großunternehmen Trainee-Programme auch für «ältere» Frauen mit qualifizierter Ausbildung, die eine Familienpause eingelegt hatten, öffnet – und das mit großem Erfolg!

Wenn in den Unternehmen, in denen die Interviewpartner beschäftigt sind, über Frauenförderung schon einmal gesprochen worden ist, so meinte man damit überwiegend nicht besondere Maßnahmen zur Karriereunterstützung für Frauen, sondern die Gleichbehandlung mit den männlichen Führungsnachwuchskräften. Dabei werden die Grenzen allerdings besonders offenkundig, wenn mehr weiblicher als männlicher Nachwuchs zur Verfügung steht. So stellt ein 44jähriger Geschäftsführer (Marketing/Vertrieb/Verkauf) fest: «Wir haben seit Jahren mehr weibliche Lehrlinge als männliche. So sehr diese Tatsache an sich erfreulich ist, ich bedaure das, weil die weiblichen ausgelernten Kräfte hier in die Buchhaltung oder in andere interne Funktionen streben und nicht so sehr in den Vertrieb und Verkauf, d. h., daß ich mir dann immer Leute von draußen für Vertrieb und Verkauf holen muß.» Und ein 41-jähriger Hauptabteilungsleiter (Finanzen/Rechnungswesen/Controlling), der berichtet, daß man in seinem Unternehmen sehr darauf achtet, mehr Frauen als früher zu Seminaren zu schicken: «Frauen sind da schwer zu überzeugen, zum einen, weil sie glauben, sowieso chancenlos zu sein, d. h., sie sagen sich, ‹was soll ich dahingehen, dadurch ändert sich ja doch nichts› oder ‹ich gehe dahin, dann guckt mein Chef, ob ich das, was ich da mitgebracht habe, wofür er ja viel Geld ausgegeben hat, auch umsetze. Ich werde also hinterher kritischer angeguckt›. Die Damen in meiner Abteilung empfinden es fast wie eine Strafe, wenn sie zu Weiterbildungsmaßnahmen geschickt werden.»

Leider kommt es auch vor, daß die Diskussion um frauenfördernde Maßnahmen gewissermaßen als taktischer Schritt einer «Vorwärtsverteidigung» bewertet werden muß. Dies erklärt mit bemerkenswerter Offenheit ein 45jähriger Abteilungsleiter (Marketing/Vertrieb/Verkauf): «Über Frauenförderung hat man noch nicht umfassend diskutiert, allerdings hat man die Anzeigentexte entsprechend geändert insofern, als nun auch ausdrücklich Frauen angesprochen werden. Das wurde diskutiert, allerdings mehr unter dem Gesichtspunkt, ‹wie können wir uns da nach Außen verteidigen›, denn man kann diese Männermentalitäten einfach nicht ändern.» Tröstlicher Zusatz: Dieser Abteilungsleiter hat sich die Zeit für das Interview genommen, weil er selbst in seiner Abteilung in der Überzahl Frauen beschäftigt, mit denen er außerordentlich positive Erfahrungen gemacht hat! Und so wird denn auch von einigen anderen Männern und Frauen ihre Gesprächsbereitschaft erklärt: Sie wollen mit der Weitergabe von Informationen und Erfahrungen aus ihrem Berufsalltag, ihrer beruflichen Entwicklung den Frauen einen Dienst erweisen.

Ob das aus der Sicht der weiblichen Führungskräfte auch mit den inzwischen regional, überregional und international entstandenen Netzwerken von Frauen für Frauen geschehen kann oder soll, darüber besteht keine Einigkeit. Nur drei der Interviewpartnerinnen äußerten sich nicht negativ über Frauennetzwerke. Sie waren der Meinung, daß möglicherweise Frauen hier auf Gesprächspartnerinnen treffen könnten, die sich in ähnlichen beruflichen Situationen befinden, wodurch vielleicht mancher unsicheren Frau geholfen werden könnte, denken aber auch, «da wo viele Frauen auftreten, ist immer auch viel Aggressivität zu beobachten, vor allen Dingen, wenn diese Frauen sich in Widerspruch zu den Männern stellen.» Die meisten Frauen haben sich mit diesen Einrichtungen bisher weder befaßt, noch sind sie bekannt und wenn, dann besteht kein Bedürfnis an «Frauenveranstaltungen» teilzunehmen. So die 45jährige Abteilungsleiterin (Marketing): «Da werde ich wieder in eine Kategorie, in eine Schublade eingeordnet, eben nur als Frau irgendwo hinzugehen.» Frauen die tagtäglich überwiegend mit Männern als Kollegen und Vorgesetzte umzugehen haben, wissen, daß sie auch *gegen* die Männer nur dann etwas durchsetzen können, wenn sie es *mit* den Männern tun. Auch als Interessenvertretung weiblicher Führungskräfte werden solche Einrichtungen teils sehr emotional abgelehnt, denn, «emanzipiert ist man, man wird es nicht, man kann es sich nicht erquatschen!» Die überwiegende und teils vehemente Ablehnung, sich selbst an Frauennetzwerken zu beteiligen, heißt nicht, daß diese Frauen nicht bereit wären, sich im Interesse der jüngeren weiblichen Führungsnachwuchskräfte einzusetzen. Sie sind bereit, ihre Erfahrungen weiterzugeben und wollen auch Frauen fördern, allerdings nur, wie die 42jährige Abteilungsleiterin (Marketing/Vertrieb/Verkauf) sagt, «dann, wenn die entsprechende Leistung auch vorhanden ist». Diese Frau hat gerade eine Frau zu ihrer Stellvertreterin gemacht.

Die Leistung muß stimmen, aber das Gehalt auch! Es kann nicht das Ziel frauenfördernder Maßnahmen sein, nur mehr Frauen auf dem Weg nach oben zu unterstützen, um sie als «Leichtlohngruppe» im Management zu etablieren. Wenn auch Vertreter von Großunternehmen und betroffene Frauen in bemerkenswerter Übereinstimmung den Einkommensnachteil der Frauen leugnen, in Netzwerken sollte keine vornehme Zurückhaltung gegenüber Gehaltsfragen geübt werden. Nur durch Information über Gehaltsdifferenzen lassen sich Nachteile beseitigen! Daß da wenig Unterstützung von den Männern zu erwarten ist, liegt auf der Hand. Wenn Netzwerke tatsächlich so nützlich sein sollen wie die informell gewachsenen Beziehungsgeflechte zwischen Männern, dann muß dort eine Atmosphäre von Offenheit, Ernsthaftigkeit und Vertrauen entstehen, in der für Belanglosigkeiten ebensowenig Platz ist wie für Beutezüge der «Woman Industries», derer, die sich beratend und trainierend der vermeintlichen Defizite der Frauen annehmen. Insbesondere Netzwerke für Frauen in Führungspositionen und auf dem Weg dorthin müssen streng zielgruppenorientiert sein, denn keine aktive Managerin kann es sich erlauben, ihre knapp bemessene Freizeit ohne erkennbaren Nutzen einzusetzen.

Wenn institutionalisierte Maßnahmen der Karriereunterstützung für Frauen gefordert werden, dann wird häufig auf US-amerikanische Verhältnisse verwiesen; in der Tat ist in den USA in der Zeit von 1965 bis 1985, 20 Jahre, in denen Frauenfördermaßnahmen eingerichtet und wirksam wurden, der Anteil der Frauen in leitenden und administrativen Positionen von 14% auf 33% gestiegen. Im übrigen stellen sich die Verhältnisse dar wie in der Bundesrepublik: Der Einkommensnachteil der Frauen in Führungspositionen ist mindestens so groß wie hierzulande, und die familiären Verhältnisse schlagen sich in denselben Prozentzahlen nieder: Auch in den USA leben 42% dieser Frauen ohne Partner. Was demnach mit den Frauenfördermaßnahmen nicht geleistet werden konnte, ist ein höheres Maß an Akzeptanz, an Anerkennung herzustellen, was sich auch im Gehalt niederschlägt, und Arbeitsbedingungen zu schaffen, die ebenso vielen Frauen wie Männer eine Partnerschaft ermöglichen. In den USA wird zunehmend eine andere Kritik laut: Frauenfördermaßnahmen, die ausschließlich auf die Erhöhung des quantitativen Anteils von Frauen in Führungspositionen zielen, führen auch dazu, daß weniger qualifizierte Frauen in Positionen befördert werden, für die sie (noch) nicht geeignet sind, was ebenso wie die oben geschilderte negative Einzelfallerfahrung den Interessen der hoch qualifizierten und hoch motivierten Frauen zuwider laufen muß. Auf diese Weise könnte ganz unbeabsichtigt eine Gleichstellung der Frauen mit den Männern erfolgen, die auch nicht im Interesse der Unternehmen liegen kann: die Beförderung über die Grenzen der eigenen Fähigkeiten hinaus, bekannt als Peter-Prinzip*. Wenn Maßnahmen zur Unterstützung und Verbesserung der Karrieremöglichkeiten für Frauen eingeführt und erfolgreich umgesetzt werden sollen, dann können das nur solche sein, die aus der Perspektive der Männer eine erkennbare Komplementarität zu ihren Interessen aufweisen und deutlich zum Unternehmenserfolg beitragen.

Wie in Kapitel 2 auf Seite 75ff. schon festgestellt, gelangen Frauen häufiger in Klein- und Mittelbetrieben in Führungspositionen als in Großbetrieben; in kleineren Unternehmen ist man mehr auf die Leistung der Frau angewiesen, man kann sie nicht übersehen, und Frauen wissen dort früher und schneller, welchen Beitrag sie zum Unternehmenserfolg leisten. Wenn institutionalisierte Maßnahmen der Frauenförderung angebracht sein sollen, dann dort, wo Personalpolitik anonym ist, wo die Leistungen der Frauen nicht unsichtbar sind, aber durch männliche Kollegen und Vorgesetzte unsichtbar gemacht werden können, mämlich in Großunternehmen. Dort, wo diese Art der Manipulation möglich ist, sollte auch eine Manipulation im Interesse der Frauen erfolgen können. Maßnahmen der Frauenförderung sollen jedoch nicht Frauen begünstigen, weil sie Frauen sind, son-

* Laurence J. Peter/Raymond Hull: Das Peter-Prinzip oder die Hierarchie der Unfähigen. Reinbek bei Hamburg 1970 und 1972.

dern sollen geeignet sein, Leistungen und Leistungspotentiale der Frauen zu erkennen, um sie für das Unternehmen und die Karriereentwicklung der Frauen gleichermaßen zu nutzen. Wenn dies im Rahmen einer auf individuelle Entwicklungsmöglichkeiten aller Führungsnachwuchskräfte – d. h. geschlechtsunabhängig – ausgerichteten Personalentwicklung nicht möglich sein sollte, weil Einstellungen und Verhalten der Männer dies verhindern, dann muß im Interesse des Unternehmenserfolgs eine besondere Frauenförderung erfolgen. Daß damit der geforderten Komplementarität zu den Interessen der Männer nicht widersprochen werden muß, ergibt sich aus den folgenden Überlegungen.

Die Manager der Zukunft – Superfrauen und Mattglanzhelden?

Karriere und Familie: das Dilemma der Männer, Lösungen der Frauen

Was sich bei einem guten Drittel der männlichen Interviewpartner feststellen ließ, nämlich die negativen Auswirkungen ihrer Karriere auf das Familienleben bis hin zur Scheidung, ist in manchen Großunternehmen bereits ein quantitativ deutlich beobachtbares Phänomen: die Zunahme der geschiedenen männlichen Karriere-Singles über 40!

Immer häufiger sind Frauen nicht bereit, die Karrieren der Männer bedingungslos mitzutragen. Warum nicht? Das Einkommen ermöglicht nicht den wahren Luxus, eher bescheidenen Wohlstand, auf den man natürlich auch nicht verzichten möchte. Aber wer hat schon gewußt, welchen Einsatz ein Mann bringen muß, der seine Funktion als Hauptverdiener und Statussymbol erfüllen soll, und dabei ja auch noch Zeit für Kinder und Ehefrau haben soll? Da bleibt keine Zeit mehr zum Märchen erzählen, geschweige denn Zeit für die Auseinandersetzung mit den realen Problemen der Familie. Das Familienmanagement liegt in den Händen der Ehefrau, die – wenn die Kinder groß sind – so oft mit leeren Händen dasteht. Wenn diese dann ernst macht und Kleiderschrank und Konto räumt, ist die Verblüffung der Männer groß, denn sie haben doch alles getan: Sie haben Karriere gemacht und damit für einen überdurchschnittlichen Lebensstandard der Familie gesorgt. Sie verstehen nicht, was hier passiert, können den Irritationen und Erschütterungen nicht nachgehen und nachgeben, denn sie müssen ja weiter arbeiten, Schwächen sind über 40 nicht mehr erlaubt. Wenn auch alles bröckelt, nur nicht die Fassade! Und doch, das Image des Helden der post-industriellen Gesellschaft, des Managers, droht zu verblassen.

Im nachhinein wird die Scheidung von den Männern allerdings positiv bewertet, insofern als sie sich der familiären Probleme damit entledigt haben und ihre Karriere forcieren konnten. Dadurch entwickelt sich rein äußerlich auch bei den Männern ein Typ, der seit jeher einen großen Teil der Frauen in Führungspositionen ausmacht, der Karriere-Single. Die Männer haben sich zwar von familiären Belastungen durch die Scheidung befreit, nicht jedoch von dem Gefühl, für das Scheitern des Familienlebens verantwortlich zu sein.

Nicht nur dort, wo durch Scheidung die negative Auswirkung der Karriere auf die Familie bereits besiegelt ist, auch dort, wo die Grenzen der Belastbarkeit der Familie durch die Karriere spürbar werden, steht der Mann vor einem scheinbar unlösbaren Problem: Einerseits ermöglicht die Karriere des Mannes der Familie einen überdurchschnittlichen Lebensstandard, was einen überdurchschnittlichen Einsatz an Zeit voraussetzt, andererseits sind die Familien mit der verbleibenden Restzeit weniger zufrieden denn je. Außerdem leiden die Familien vielfach unter den physischen und psychischen Belastungen, die die von Führungskräften geforderte Mobilität mit sich bringen. Diese Probleme werden in Zukunft eher häufiger als seltener auftreten: Wenn nämlich männliche Führungsnachwuchskräfte sich mit Partnerinnen verbinden, die nicht ausschließlich mehr Hintergrundfunktionen für die Männerkarrieren wahrnehmen, sondern eigenständige berufliche Interessen zur Blüte bringen wollen, dann muß auch in einer Ehe möglich sein, was alleinstehende Frauen und die neuen männlichen Karriere-Singles demonstrieren. Sie zeigen, daß man auch ohne «Karrierebegleitung» des Partners im herkömmlichen Sinne erfolgreich sein kann.

Das heißt nicht nur, von den Unternehmen zu fordern, bei der Karriereentwicklung eines Mannes auch die Entwicklung der Partnerin zu berücksichtigen, sondern das heißt zunächst auch schon einmal «unorthodoxe» Lösungen vorurteilsfrei zu akzeptieren: Ein 45jähriger Abteilungsleiter (Marketing/Vertrieb/Verkauf) z. B. hat seiner Familie die vielen Umzüge erspart, führt seit Jahren eine Wochenendehe und stellt heute fest, daß das, was am Anfang problematisch erschien und von seinem Vorstand nach wie vor mit Skepsis beobachtet wird, sich ausgesprochen positiv sowohl auf die familiäre Atmosphäre als auch auf die Möglichkeiten seiner Karriereentwicklung ausgewirkt hat.

Wenn solche Lösungen allerdings – wie im vorliegenden Fall – vom Top-Management negativ beurteilt werden und in Zukunft nicht mehr Verständnis aufgebracht wird für die familiären Bedürfnisse von Führungsnachwuchskräften, dann dürfte das Phänomen, das sich unter den Interviewpartnern deutlich abzeichnet, daß man nämlich wegen des zu erwartenden Freizeitverlustes an weiterem Aufstieg nicht interessiert ist, noch zunehmen. Nicht nur die meisten Frauen mit qualifizierter Ausbildung, auch viele junge Männer, die den berühmten Marschallstab im Tornister tragen, wollen auf ein Familienleben gewissen Ausmaßes nicht verzichten. Sie wollen zwar Karriere machen, aber nicht um den Preis einer zerrütteten Familie und erwägen, eher das Unternehmen zu wechseln, die Karriere von vornherein zu plafondieren, als der zeitlichen Beanspruchung auf dem Weg nach oben total nachzugeben.

Wie lösen Frauen das Problem Karriere und Familie? Wie sich zeigte, haben sie erst gar keine Familie, verzichten also von vornherein auf die damit entstehende Doppelbelastung oder haben offenbar bei der Auswahl ihres Partners in den Glückstopf gegriffen und jemanden gefunden, der ihren Weg mitgegangen ist. Allerdings stellt sich nicht so sehr die Frage, ob eine Partnerschaft mit der Karriere vereinbar ist, sondern vorrangig die Frage nach der Vereinbarkeit von Kindern und Karriere. Die zur Zeit in den Medien, in Netzwerken, an Arbeitsplätzen und Hochschulen intensiv geführte Diskussion soll hier nicht nachvollzogen werden, sondern es soll aufgezeigt werden, wie jüngere Frauen mit diesem Problem umgehen. Dabei geht es weniger um die Vereinbarkeit von Kindern und Karriere, als um die Feststellung der Unvereinbarkeit, zumindestens unter den derzeitigen Rahmenbedingungen.

Die Frauen, die den Aufstieg in das obere Segment des Mittelmanagements geschafft haben, waren in dieser Hinsicht kompromißlos. Sie haben sich, ob mit oder ohne Partner, für die Karriere und gegen Kinder entschieden. Und es wird auch deutlich, daß diese Entscheidung nicht ausschließlich vor dem Hintergrund der Unvereinbarkeit von Kindern und Karriere gesehen werden muß, denn in den benannten Fällen waren praktische Lösungen durchaus vorstellbar. Hier wurde ganz einfach den eigenen Bedürfnissen gefolgt. Somit kann auch nicht die Rede von einem Opfer für die Karriere sein, von einem unzumutbaren Verzicht, sondern diese Frauen haben aus freien Stücken ihre Prioritäten zugunsten der Karriere gesetzt.

Sicherlich anders zu beurteilen ist die Situation im Fall der Spät- bzw. Wiedereinsteigerinnen, die überwiegend Kinder zu versorgen hatten und sich deshalb aus wirtschaftlichem Druck heraus zur Karriere gezwungen fühlten, wenn sie ihr Anspruchsniveau für sich und die Kinder realisieren wollten. Auch in diesen Fällen ließen sich praktische Lösungen – meistens allerdings mit Unterstützung der Eltern – finden. Dennoch kann man sich natürlich nicht damit zufriedengeben, daß einzelne Frauen durch glückliche Umstände in der Lage waren, das Problem zu lösen, sondern die Veränderung der Rahmenbedingungen zugunsten der Vereinbarkeit von Kindern und Karriere muß weiter gefordert und durchgesetzt werden.

Dabei darf es nicht nur um staatliche Maßnahmen gehen, sondern auch um Einstellungsveränderungen, und zwar nicht nur bei den Männern, sondern auch bei den Frauen. Wir befinden uns in einer Zeit, in der berufstätige Frauen ein höheres gesellschaftliches Ansehen genießen als «Nur-Hausfrauen», was den Frauen, die tatsächlich eine Karriere mit hohem zeitlichen Einsatz machen wollen, gar nicht dienlich sein muß. Denn, so die 58jährige Unternehmerin, Inhaberin einer Werbeagentur: «Gerade für berufstätige Frauen ist es ungemein wichtig, daß die Hausarbeit aufgewertet wird, weil nur auf diese Weise Frauen sich auch entlasten können von der Hausarbeit; denn nur dann, wenn die aufgewertet wird, entsprechend bezahlt wird, finden sich auch qualifizierte Kräfte für solche Vertrauenspositionen. Wenn diese Aufwertung nicht kommt, werden möglicherweise Frauen in Berufstätigkeit und Karriere gedrängt, ohne daß sie die entsprechenden Neigungen und Fähigkeiten dazu haben.»

Daß angesichts der – jüngst durch Forschung belegten – mangelhaften Unterstützung der berufstätigen Frau durch den männlichen Partner diese Forderung an Bedeutung gewinnt, mag zwar nicht ins feministische Weltbild passen, entspricht jedoch dem erforderlichen Pragmatismus. Ebenso wie die Unternehmen den hoch motivierten und hoch qualifizierten Frauen vorurteilslos Karriereangebote machen sollten, sollte es doch auch den Frauen möglich sein, sich vorurteilslos für eine Tätigkeit in ehemaligen Männerdomänen wie auch im Haushalt entscheiden zu können. Das Prinzip der sinnvollen Arbeitsteilung – Erfolgsprinzip des Wirtschaftens schlechthin – muß überall und ohne Ausnahme dort gelten, wo Kapazitäten knapp sind, also auch im Leben einer beruflich engagierten Frau. Der unheilvollen Vorstellung von der gleichzeitig und perfekt alles und jedes erledigenden Superfrau darf gar nicht erst Ehre zuteil werden.

Wenn in Zukunft das Führungskräftenachwuchspotential nicht ausschließlich aus Männern bestehen soll, die auf familiäre Belange keine Rücksicht nehmen wollen, und aus Frauen, die auf

Kinder zugunsten der Karriere verzichten wollen, dann muß nicht nur eine Veränderung der Rahmenbedingungen staatlicherseits gefordert werden, sondern dann muß auch eine verantwortliche Personalpolitik für den Führungskräftebereich Arbeitsbedingungen kreieren, die nicht von vornherein familienschädlich sind. Dabei muß berücksichtigt werden, daß das Problem der Frauen weniger darin besteht, keine Zeit zu haben, sondern eher darin, nicht ausreichend über ihre Zeit disponieren zu können. Deutlicher Indikator dafür ist, wie die schriftliche Befragung von 1986 ergab, daß Frauen mit Unternehmerinnenstatus häufiger Kinder hatten als angestellte Frauen. Wie Unternehmerinnen können auch Frauen in Klein- und Mittelbetrieben ihre Arbeitszeit flexibler disponieren als Frauen in Großbetrieben, und so zeigte die Untersuchung von 1986 auch, daß Frauen in Klein- und Mittelbetrieben häufiger verheiratet waren und Kinder hatten als Frauen in Großbetrieben. Es dürfte kaum anzunehmen sein, daß Frauen im Unternehmerinnenstatus und Frauen in Klein- und Mittelbetrieben angesichts der dort üblichen knappen personellen Kapazitätsausstattung im Führungskräftebereich über mehr Freizeit verfügen als Frauen in Großbetrieben, eher dürfte es umgekehrt sein. Wenn auch «Teilzeitkarrieren» angesichts der Unteilbarkeit von Führungspersönlichkeiten eher unwahrscheinlich erscheinen, so sollten doch Überlegungen in Richtung einer Flexibilisierung von Arbeitszeiten im Mittelmanagement vorangetrieben werden, zumal derartige Flexibilität im Topmanagement z. B. zugunsten von Verbandsarbeit und öffentlichen Auftritten durchaus selbstverständlich ist.

Wenn das Nachdenken und die Diskussion über Frauenfördermaßnahmen schließlich zu Ergebnissen führt, die auch den Männern im Management gestatten, gewisse Rücksichten auf familiäre Belange zu nehmen, dann ist die Komplementarität zu den Interessen der Männer gewahrt. Nur dann wird es einem Unternehmen in Zukunft möglich sein, für sich die Besten aus dem Führungskräftenachwuchspotential zu gewinnen und nicht nur die Auswahl unter den wenigen treffen zu müssen, die für sich die Entscheidung getroffen haben, die Prioritäten ihres Lebens ausschließlich zugunsten der Karriere zu setzen. Gerade im Hinblick auf die zukünftigen Anforderungen an Führungskräfte muß der Pool derjenigen, die zur Karriere bereit sind, vergrößert werden.

Anforderungen an Führungskräfte morgen – Herausforderung und Chancen für Frauen

Eins steht fest: Schon jetzt und in Zukunft werden mehr Frauen denn je Ausbildungsgänge absolviert haben, die als adäquater Einstieg in eine Karriere gelten. Das sind insbesondere Wirtschaftswissenschaftlerinnen und Juristinnen. Ob alle diese Frauen für eine Karriere nach derzeitigem Muster – und d. h. nach männlichem Muster – zur Verfügung stehen, muß bezweifelt werden. Wenn früher eine Minderheit der Frauen karriereorientierte Studiengänge gewählt hat, dann taten sie es sehr wohl in dem Bewußtsein, auch nach Abschluß des Studiums der Karriere die Priorität im Leben geben zu wollen. Die größere Anzahl an Frauen, die heute solche Studiengänge wählt, ist dazu nicht bereit, sondern sucht eine qualifizierte Berufstätigkeit, mit der Familienaufgaben vereinbar sind.

Die andere Frage ist, ob neben der Ausbildung und dem Wunsch nach einer Karriere diese Frauen auch die persönlichen Voraussetzungen, d. h. bestimmte Persönlichkeitsmerkmale und deren Ausprägungen mitbringen, um die Herausforderungen der Karriere anzunehmen und ihre Chancen wahrzunehmen.

Es hat in letzter Zeit eine Fülle von Erhebungen bei Personalfachleuten und Topmanagern gegeben, die feststellen wollten und sollten, welche Persönlichkeitsmerkmale zukünftige Manager in besonderer Ausprägung haben sollten. Aus der Fülle dieser Studien sei hier nur eine zitiert, und zwar die des Internationalen Management Instituts in Genf. Zunächst einmal kam man zu der Feststellung, daß bei den sechsunddreißig größten international weltweit tätigen Unternehmen, die befragt wurden, die Personalauswahl für den Führungskräftebereich nach äußerst unterschiedlichen Verfahren erfolgte. Um zumindestens eine Vorstellung darüber zu bekommen, welche Anforderungen denn in Zukunft wahrscheinlich am häufigsten erfüllt sein müßten, wurde in Abhängigkeit von der Häufigkeit der Nennungen eine Rangreihung der Persönlichkeitsmerkmale, die gefordert werden, aufgestellt. Daraus ergab sich folgende Liste:

Menschenumgang/Kommunikationsfähigkeit	75 %
Motivation/Antrieb/Energie	67 %
Analytische, konzeptionelle Fähigkeiten	58 %
Erfüllen von Zielvereinbarungen	47 %
Visionen/Kreativität	42 %
Fachliche Fähigkeiten	36 %
Entschlossenheit/Durchhaltevermögen	33 %
«Helicopter view»	17 %
Flexibilität	14 %
Orientierung an den Ressourcen	8 %
Andere motivieren können	6 %
Bereitschaft, Risiken einzugehen	3 %
Zeitliche Zuverlässigkeit	3 %
Verinnerlichung der Firmenkultur	3 %

Wie hier, so stehen auch in anderen Aussagen über die zukünftige Qualifikation der Führungskräfte kommunikative Fähigkeiten an vorderster Stelle; Fähigkeiten, für die bekanntlich männliche Manager heutzutage die schlechtesten Noten bekommen. Denn: Kommunikation ist keine Einbahnstraße! Männern fällt es schwer zuzuhören, und genau das erwartet man von Frauen:

Sie sollen ihre kommunikativen Fähigkeiten in jeder Richtung in Führungspositionen einsetzen und zur Entfaltung bringen können.

Was die Motivation angeht, so kann zumindest denjenigen Männern und Frauen, die auch heute noch bereit sind, der Karriere Priorität in ihrem Leben einzuräumen, diese ohne weiteres bescheinigt werden. Sicherlich ist die Motivation, eine Position mit Umsatz- und/oder Personalverantwortung anzustreben, bei einem großen Teil der Frauen, wie schon festgestellt, unter den derzeitigen Bedingungen nicht so selbstverständlich vorhanden. Das sollte jedoch Personalverantwortliche nicht dazu verführen, Frauen generell nicht die gleichen Chancen zur Karriere wie Männern einzuräumen, da man sich dann unter Umständen gerade der besten Potentiale berauben würde. Hoch motivierte Frauen, die häufige Zurückweisungen erleben, werden irgendwann einmal ihre Motivation zurücknehmen, was nicht im Interesse des Unternehmens sein kann. Und um sich schließlich alle Potentiale zugänglich zu machen, ist, wie schon erwähnt, eine Änderung der Arbeitsbedingungen im Führungskräftebereich unerläßlich.

An dieser Stelle sei noch einmal ein Blick auf die sogenannten «älteren» Frauen geworfen, die nach der Erfüllung ihrer wesentlichen familiären Aufgaben, sei es nun freiwillig oder aus familiären Zwangssituationen heraus, in eine Karriere starten wollen. Ihre Ausdauer, ihre Hartnäckigkeit, der uneingeschränkte Wille zum Erfolg, dessen Umsetzung durch nichts mehr behindert wird, müßte – entsprechende Qualifikation vorausgesetzt – diese Frauen zu äußerst begehrten Führungsnachwuchskräften machen. Tatsächlich stellt man sich eine Führungsnachwuchskraft aber wohl als Persönlichkeit von Mitte 20 vor, mit allerhand Wissen und Titeln ausgestattet, die sich mit Leib, Seele, Herz und Verstand dem jeweiligen Unternehmen verschreibt. Daß das von jungen Leuten dieses Alters nicht erwartet werden kann, liegt auf der Hand. Für das Engagement, die Motivation sogenannter «älterer» Frauen spricht, daß sich immerhin 70 % der Frauen in Führungspositionen in Klein- und Mittelbetrieben befinden, und alle Spät- und Wiedereinsteigerinnen aus dem Interviewkreis dort ebenfalls ihre Position gefunden und daraus einen Erfolg gemacht haben. Erste zaghafte Versuche, Traineeprogramme für weibliche Führungsnachwuchskräfte über 30 zu öffnen, sind folgerichtige Maßnahmen angesichts des Erfolgs, den diese Frauen in Klein- und Mittelbetrieben bereits schon realisieren konnten.

Die geforderten analytischen konzeptionellen Fähigkeiten beweisen Frauen in der Regel ebenso wie auch ihre fachlichen Fähigkeiten durch überdurchschnittliche Studienleistungen. Fragt man danach, ob Frauen geneigt sind, Zielvereinbarungen zu erfüllen, dann sei auf wesentliche Erfahrungen verwiesen, die männliche Interviewpartner mit Frauen gemacht haben, daß nämlich Frauen seltener als Männer das Unternehmen wechseln und daß sie in bezug auf die Erfüllung von Zielvorgaben und die Einhaltung von Regeln außerordentlich zuverlässig sind.

Die Fähigkeit zu Visionen als Anforderung an Führungskräfte betrifft wohl eher die Topebene. Überall gefragt ist aber Kreativität. Gibt es irgendeinen Grund, Frauen, die eine Managementkarriere anstreben, weniger Kreativität als den Männern zuzuschreiben? Wohl kaum.

Natürlich gehören zur Managementkarriere auch diejenigen Fähigkeiten, die schon bisher erforderlich waren, nämlich sich auch mal mit Entschlossenheit gegen andere und deren Interessen durchzusetzen. Gerade was die sogenannten «harten» Eigenschaften wie Dominanz, Selbstsicherheit und Aggressivität angeht, konnte in den amerikanischen Forschungen zu Persönlichkeitsmerkmalen von Frauen und Männern im Management wie auch zu Persönlichkeitsmerkmalen von Frauen und Männern, die als MBA-Studenten eine Karriere im Management anstreben, kein wesentlicher Unterschied erkannt werden. Zu ähnlichen Ergebnissen kommt auch die in Deutschland durchgeführte Studie von Brigitta Gold, in der Persönlichkeitsmerkmale von Männern und Frauen auf der obersten Führungsebene miteinander verglichen werden*. Nennenswerte Unterschiede konnten auch hier nicht festgestellt werden, obwohl sie sogar – wie die Studie belegt – von sogenannten Experten vermutet und behauptet wurden! Nach den bisher vorliegenden Forschungen, insbesondere aus dem angelsächsischen Raum, scheint es so zu sein, daß die Persönlichkeitsmerkmale, die für Führungspositionen üblicherweise bisher gefordert wurden, nicht geschlechtsabhängig differieren, wohl aber in Abhängigkeit von Ausbildung und Erziehung. Insofern kann man natürlich nicht erwarten, daß eine Frau, die eine sogenannte typisch weibliche Sozialisation durchgemacht hat, die Ausprägungen von Persönlichkeitsmerkmalen aufweist, die nach herkömmlicher Auffassung eine erfolgreiche Führungspersönlichkeit beschreiben. Andererseits dürfte auch fraglich sein, ob eine solche Frau überhaupt auf die Idee kommt, eine Berufstätigkeit in männerdominierten Bereichen oder gar eine Karriere nach männlichem Muster anzustreben.

In der vorliegenden Liste der Eigenschaften wird als Anforderung der sogenannte «Helicopter view» genannt; andere Autoren setzen hier den Begriff der holistischen Fähigkeiten ein, gemeint ist in jedem Fall eine ganzheitliche Betrachtungsweise und ein ganzheitliches Herangehen an komplexe Problemsituationen. Diese Vorstellung findet ihren Ausdruck in der Forderung nach mehr Generalisten in Führungspositionen, die unternehmerisch denken sollen. Generalisten müssen selbstverständlich – mindestens in der Einstiegsphase – auch Spezialkenntnisse haben, da sie anderenfalls gar nicht gefragt sind. Spezialkenntnisse werden durch fachliche Spezialisierung und durch den Er-

* Brigitta Gold: Management und Persönlichkeit – Zur Persönlichkeitsstruktur des erfolgreichen Managers und der erfolgreichen Managerin, Köln/Hamburg 1988.

werb von ergänzenden zusätzlichen Qualifikationen angeeignet. Die Frage, ob Frauen mit den geforderten holistischen Fähigkeiten, mit der Neigung zum Generalisten ausgestattet sind, ist selbstverständlich so einfach nicht zu beantworten. Es gibt jedoch aus der Hirnforschung Hinweise darauf, daß bei Frauen die beiden Gehirnhälften weniger asymmetrisch funktionieren als beim Mann; das würde bedeuten, daß Frauen an komplexe Probleme gleichermaßen mit Intuition, Gefühl und Vorstellungskraft wie auch logischem Verstand und rationalem Denken herangehen, während man den Männern eine funktionale Asymmetrie zu Lasten der rechten Gehirnhälfte nachsagt, d. h., sie seien eher links dominant und bevorzugen deshalb für Problemlösungen den Einsatz von Logik und Rationalität.

Mit welcher «Flexibilität» Frauen sich auf andere Lebensumstände einstellen können und schließlich aus diesen Veränderungen auch noch Erfolge machen, das zeigen die Interviewpartnerinnen durch ihre Karriereentwicklung! Kein Zweifel auch an der Erfüllung des Merkmals «Orientierung an den Ressourcen», schließlich befinden sich die meisten Frauen in den Bereichen Finanzen/Rechnungswesen/Controlling und Personalwesen! Die Fähigkeit, andere motivieren zu können, wurde von einigen Frauen, mit denen Interviews geführt wurden, eindrucksvoll demonstriert. Zeitliche Zuverlässigkeit und ein hohes Maß an Identifizierung mit dem Unternehmen kann ihnen unterstellt werden, das bedarf keiner weiteren Diskussion.

Wie sieht es aber aus mit der Bereitschaft, Risiken einzugehen? Die deutliche Zurückhaltung der Frauen gegenüber dem Bereich Marketing/Vertrieb/Verkauf und der Ausdruck der Belastung, der vermittelt wird, wenn Teile des Gehaltes ergebnisabhängig gezahlt werden, scheint darauf hinzudeuten, daß Frauen eher risikoscheu, eher vorsichtiger agieren. Daß sie sich dabei auch 'mal eine Chance entgehen lassen, liegt auf der Hand. Wenn es in Zukunft mehr Frauen in Führungspositionen geben soll, dann müssen auch mehr Frauen die Risiken tragen wollen, die mit einer Position verbunden sind, in der man unmittelbar an finanziellen Ergebnisgrößen gemessen wird!

Vor dem Hintergrund des hier vorgestellten Anforderungskatalogs, wie auch im Bewußtsein anderer, ähnlicher Forschungs- und Umfrageergebnisse, wird deutlich, daß in Zukunft Führungskräfte nicht immer nur durch die bisher für erforderlich gehaltenen sogenannten «harten» Eigenschaften beschrieben werden können, die als typisch männlich gelten, sondern daß die Anforderungen sich ausdehnen in solche Bereiche von Persönlichkeitsmerkmalen, die eher als typisch weiblich gelten. So werden in anderen Anforderungskatalogen auch Eigenschaften wie emotionelle Stabilität, Sensibilität, Teamfähigkeit und Glaubwürdigkeit genannt; Eigenschaften, die kaum einer Frau und Mutter abgesprochen werden. So bleibt festzustellen, daß es in Zukunft mehr Frauen denn je geben wird, die die fachliche Einstiegsqualifikation für eine Managementkarriere mitbringen und die ebenso die persönlichkeitsabhängigen Anforderungen, die für den Aufstieg qualifizieren, erfüllen. So stellen die zukünftigen Anforderungen an Führungskräfte nicht nur eine annehmbare Herausforderung für Frauen dar, weshalb sie die sich bietenden Chancen wahrnehmen sollten, sondern auch aus der Sicht der Unternehmen ergibt sich die Notwendigkeit, diese sich entwickelnden Potentiale im Interesse des Unternehmenserfolgs zu nutzen.

Wenn die zukünftigen Führungskräfte ebenso «weibliche» wie «männliche» Persönlichkeitsmerkmale haben sollen (oder das, was man typischerweise dafür hält), um in Zukunft erfolgreich agieren zu können, dann könnte man meinen, daß nunmehr Personalberater und Personalabteilungen nach einem neuen androgynen Menschentyp fahnden müßten. Das dürfte müßig sein und erübrigt sich dann, wenn in den Führungsetagen eine Atmosphäre geschaffen wird, die es den Männern erlaubt, auch ihre weiblichen Seiten im Beruf auszuleben und in der eine Frau, die ihre männlichen Seiten in den Beruf einbringt, nicht als «Mannweib» verunglimpft wird. Das bedeutet, nicht Suche nach einem androgynen Menschentyp, sondern Auswahl und Förderung von Führungspersönlichkeiten unabhängig vom Geschlecht, aber mit Blick darauf, daß die Organisation androgyne Züge aufweist, d. h., daß sowohl weibliche wie auch männliche Elemente in den Entscheidungsprozeß einfließen können. Es geht um die Realisierung einer Personalstruktur im Führungskräftebereich, in der unabhängig vom Geschlecht der Personen, männliche und weibliche Einflüsse kombiniert sind, sich ergänzen.

Wenn das gelingt, brauchen wir keine Superfrauen, die androgyn sind und doch ganz Frau, auch keine Supermänner, deren gestählte Hochglanzfassade durch zunehmenden Leistungs- und Familiendruck nur noch matt wirkt. Dabei geht es um nichts anderes als um die Einführung des «menschlichen Maßes» auf den Führungsetagen. Wenn eine Führungspersönlichkeit von heute glaubwürdig auf die Führungsnachwuchskräfte von morgen wirken soll, dann gehört mehr dazu als die erfolgreich absolvierte 60-Stunden-Woche und die am Wochenende aufpolierte körperliche Fitneß. Dazu gehört auch das, was die Persönlichkeit «rund» macht, was ihr Ausstrahlung verleiht, geistig-seelische Ausgeglichenheit, Gelassenheit der Hektik des Alltags und den zweifellos auch widersprüchlichen Anforderungen gegenüber. Es sollte eine Glosse sein, doch ist es wohl eher bitterer Ernst, womit in einer Mitarbeiterzeitschrift eines weltweit tätigen Computerherstellers die Anforderungen an zukünftige Führungskräfte beschrieben werden: Der ideale Manager der Zukunft soll durchsetzungsfähig und doch konsensfähig sein, zielstrebig, aber flexibel, profilbewußt und dennoch teamfähig, genußorientiert ebenso wie diszipliniert, genauso dynamisch wie besonnen und – last but not least – Fachmann und Generalist sein! Es gilt also Balanceakte zu bewältigen. Welche intelligente Frau sollte das nicht können?

Ausbildung für den Einstieg

Die Führungskräfte, die heute unter anderem für die Auswahl von Führungsnachwuchskräften Verantwortung tragen, sind übereinstimmend der Meinung, daß nur die bestmögliche Ausbildung eine Basis für eine zukünftige Karriere legen kann. Was ist damit gemeint?

Das ist kurz gesagt: Ein Studium, eine Lehre vor dem Studium, ein internationales Studium und Auslandsaufenthalte, eine sinnvolle Spezialisierung im Studium und den Erwerb von Zusatzqualifikationen neben dem Studium, wobei mit diesen Zusatzqualifikationen die Beherrschung von mehreren Fremdsprachen (als ideal gilt, mindestens drei Sprachen zu beherrschen) und der Erwerb von EDV-Kenntnissen gemeint sind.

Damit ist der Rahmen abgesteckt für das, was an Einstiegsqualifikation in Zukunft erwartet wird. Die inhaltlichen Schwerpunkte jedoch sollten nicht reinen Nützlichkeitserwägungen überlassen bleiben. Die Vorbereitung einer Karriere muß neben den Arbeitsmarktchancen, die man mit einer bestimmten Ausbildung vielleicht in Zukunft haben wird, vorrangig auch die Neigungen berücksichtigen und am wichtigsten: die ganz persönliche Zielvorstellung von dem, was man im Berufs- und Privatleben erreichen möchte.

Schon die Karrierevorbereitung verlangt Entscheidungen über die Ausbildung, die bedacht sein wollen, die geplant sein sollten.

Eine der Interviewpartnerinnen war der Auffassung, daß Frauen deshalb auf der Karriereleiter nicht so hoch steigen, weil sie sich vor Entscheidungen drücken, während Männer, die Karriere machen wollen, Entscheidungen treffen, um ihre Ziele zu erreichen. Wenngleich die Hypothese, daß Männer ihre Karriere planen, während Frauen ihren Erfolg dem Zufall überlassen, nicht bestätigt werden konnte, mag vielleicht doch in dem, was diese Frau ausgesprochen hat, ein Körnchen Wahrheit liegen. Andererseits sind aber doch gerade Frauen, die Karriere machen wollen, unter den derzeitigen Rahmenbedingungen gezwungen, Prioritäten zu setzen zugunsten von Familienleben oder Karriere. Und wer Entscheidungen treffen muß, sollte diese auch vorbereiten und planen.

Wenn Einwände gegen diese Art der Planung, die ja immer auch Lebensplanung ist, erhoben werden, meistens mit der Begründung, daß ja ohnehin immer alles anders komme, als man sich das denke, dann liegt dem ein fundamentales Mißverständnis über Aufgaben und Funktion der Planung zugrunde. Planung heißt nicht, heute für die Zukunft zu entscheiden; Planung heißt nicht, sich heute festzulegen für eine Zukunft, über die noch viel zu wenig Informationen vorliegen, sondern Planung heißt, sich heute über Entscheidungs- und Handlungsmöglichkeiten, über Spielräume und Alternativenstellungen klarzuwerden, um dann, wenn die Entscheidung erforderlich ist, auf Basis des bestmöglichen Informationsstandes die richtige Entscheidung treffen zu können. Erst mit der Entscheidung erfolgt die Festlegung, nicht schon mit der Planung! Planung muß also flexibel sein, muß verschiedene mögliche Entwicklungen und in Abhängigkeit davon verschiedene mögliche Handlungsalternativen antizipieren. Planung ist also nicht der Zauberstab zur Erfüllung aller Wünsche, sondern ganz einfach ein Instrument, das bestenfalls die richtigen Entscheidungen antizipiert, schlechtestenfalls die beste Notlösung ermöglicht.

Um «richtige» Entscheidungen treffen zu können, ist zunächst einmal erforderlich, sich über die Zielvorstellungen klarzuwerden, die man mit den Entscheidungen erreichen will. Die Frage nach den beruflichen Zielen ist immer gleichzeitig eine Frage nach den Lebenszielen schlechthin. Denn von den Lebenszielen hängt ab, welcher Stellenwert der Beruf im Leben haben soll. Zu Beginn einer beruflichen Laufbahn ist daher grundsätzlich zu klären: Soll eine Führungsposition mit Ergebnis- und Personalverantwortung angestrebt werden, oder wird ein höheres Maß an persönlicher Zufriedenheit in einer Position realisiert, die durch eine fachlich qualifizierte Tätigkeit ohne die Übernahme solcher Verantwortung ausgefüllt wird. Die Antwort auf diese Frage wird vor allen Dingen davon abhängig sein, welchen Stellenwert außerberufliche Interessen wie Familie, Freundeskreis, politisches Engagement, Hobbys und ähnliches einnehmen und davon, in welchem Verhältnis diejenigen Ziele, die mit der beruflichen Aufgabe erfüllt werden können, zur Erfüllung allgemeiner Lebensziele stehen.

Im ersten Schritt der Karriereplanung ist also die Frage zu beantworten «Was will ich?», um sich schließlich im Ergebnis darüber klarzuwerden, welchen Stellenwert die berufliche Zielsetzung haben soll und welcher Art die berufliche Zielsetzung sein soll (vgl. S. 226). Letztere muß weiter präzisiert werden im Hinblick auf die langfristige Berufsperspektive, d. h., es sind Fragen an sich selbst zu richten, die die Aufstiegsorientierung betreffen. Was bedeutet der Umgang mit der Macht für mich? Wie ausgeprägt ist die soziale Orientierung und wie stark das Streben nach selbst geschaffenem Wohlstand? Im Hinblick auf den beruflichen Alltag sind Zielvorstellungen zu präzisieren dahingehend, ob beispielsweise eine mit Reisen verbundene Tätigkeit einer stationären Tätigkeit vorgezogen wird, ob man eher

Grundmuster der Karriereplanung

1. Schritt
«Was will ich?»

Entwicklung von Zielvorstellungen

persönliche Ziele der Lebensplanung

Ziele, die mit der beruflichen Aufgabe erfüllt werden sollen

Zielbeziehung?

Ergebnis:

Antwort auf die Fragen nach
– Stellenwert der beruflichen Zielsetzung
– Art der beruflichen Zielsetzung

2. Schritt
«Was kann ich?»

Analyse der Qualifikation

– Art und Niveau der Aus- und Vorbildung

– Benennung und Bewertung der überfachlichen Fähigkeiten

Ergebnis:

Antwort auf die Frage, ob die für die Zielerreichung erforderlichen persönlichen Voraussetzungen vorhanden sind

3. Schritt

«Wer will gerade mich?»

Analyse

– des Nachfragepotentials

bei Unternehmen und Behörden im Hinblick auf Zielvorstellung und Qualifikation

– der Konkurrenzsituation

im Hinblick auf
– Quantität
– Qualifikation
– Image
– Aktionen

Ergebnis:

Antwort auf die Frage, ob die Umwelteinflüsse die Zielerreichung ermöglichen

4. Schritt

«Was soll ich tun?»

Entwurf persönlicher Handlungsprogramme auf Basis von

– Zielvorstellungen
– Qualifikation
– Nachfrage und Konkurrenzsituation

die nach Möglichkeit

– gemeinsame erste Schritte haben und
– Entwicklung in Richtung
→ Differenzierung (Erwerb von Spezialkenntnissen)
→ Schwerpunktsetzung in Bereichen

erlauben

Ergebnis:

Antwort auf die Frage, welche Handlungsalternativen
– Spielräume und
– Anpassungsmöglichkeiten zulassen

- Zielvorstellung
  - Im Hinblick auf die langfristige Berufsperspektive
    - Machtorientierung
    - Wohlstandsorientierung
    - soziale Orientierung
  - im Hinblick auf den beruflichen Alltag
    - stationäre Tätigkeit
    - mit Reisen verbundene Tätigkeit
    - Umgang mit Menschen
    - Umgang mit Zahlen
    - weisungsgebundene Aufträge
    - Entscheidungsorientierung

- Qualifikation
  - fachliche
    - Ausbildung vor dem Studium
    - Schwerpunktsetzung im Studium
      - externes/internes Rechnungswesen
      - Marketing
      - Personal/Organisation
    - sonstige Kenntnisse/Erfahrungen
      - EDV
      - Sprachen
  - überfachliche
    - kognitive
      - mehr quantitativ analytisch ausgeprägt
      - mehr sprachlich ausgeprägt
    - psychisch/physisch
      - aktuelle Belastbarkeit
      - Regenerationsfähigkeit
      - originäre Antriebskraft
      - Anpassungsfähigkeit
    - soziale
      - Kontaktfähigkeit, Kommunikationsfähigkeit, Durchsetzungsvermögen
        - kollegial
        - dominierend

ein Faible für den Umgang mit Zahlen oder den Umgang mit Menschen hat – was sich in der Regel nicht gegenseitig ausschließt –, ob man eher anhand weisungsgebundener Aufträge tätig werden möchte oder eine starke Entscheidungsorientierung, einen starken Drang zum selbständigen Arbeiten hat (vgl. S. 228).

Wenn nun der erste Schritt eine Orientierung über eigene Vorstellungen von der beruflichen Zukunft ermöglicht hat, folgt zur vollständigen Selbsteinschätzung als nächster Schritt die Antwort auf die Frage «Was kann ich?» (vgl. S. 226). Zunächst muß festgestellt werden, ob die für die Erreichung der anvisierten beruflichen Zielvorstellungen erforderlichen Fähigkeiten überhaupt vorhanden sind oder zumindest entwickelbar sind. Dafür ist zunächst eine Bestandsaufnahme der fachlichen Qualifikation vorzunehmen, d. h. sich darüber Klarheit zu verschaffen, welcher Art Aus- und Vorbildung sind und auf welchem Niveau diese einzuordnen sind. Das bedeutet, sich im Wege der Selbsteinschätzung das eigene Qualifikationsprofil bewußt zu machen, eine erste Voraussetzung dafür, sich auf die richtigen Stellenanzeigen beim richtigen Arbeitgeber zu bewerben (vgl. S. 229; dargestellt für Absolventen eines betriebswirtschaftlichen Studiums). Mag diese Aufgabe noch vergleichsweise einfach zu erfüllen sein, so ist die Selbsteinschätzung der überfachlichen persönlichen Fähigkeiten schon sehr viel schwieriger. Dabei muß es darum gehen, die Ausprägungen der kognitiven Eigenschaften festzustellen, die psychisch/physischen Belastbarkeiten auszuloten und die sozialen Fähigkeiten einer kritischen Überprüfung und Einordnung zu unterziehen (vgl. S. 229).

Gerade wenn jemand sich die Frage stellt, ob er zur Karriere mit der Übernahme von Ergebnis- und Personalverantwortung taugt und dieses nicht nur Wunschdenken bleiben soll, dann ist selbstkritisch nach solchen Merkmalen und deren Ausprägung zu fragen, die das ausmachen, was mit dem Begriff «Persönlichkeitsstärke» umschrieben wird.* Damit ist gemeint, daß jemand

- zuversichtlich, gelassen und belastbar ist,
- Probleme als Herausforderung, als Chance begreift,
- über ein weitgehend widerspruchsfreies Wertsystem verfügt,
- in der individuellen Existenz einen Sinn sieht – wie immer es auch kommt –,
- dadurch aktiv lebensgestaltend wirkt – nicht passiv schicksalsergeben,
- und schließlich über eine beachtliche Fehlertoleranz anderen gegenüber verfügt – also nicht dogmatisch fordernd auftritt.

Die Bedeutung solcher Merkmale, die die Persönlichkeit ausmachen, belegen alle Anforderungskataloge, in denen in jüngster Zeit zu umschreiben versucht wurde, was die erfolgreiche Führungskraft von morgen auszeichnet. Und bei dieser Selbstprüfung darf man sich nichts vormachen: Nur bei authentischer Ausprägung dieser Merkmale ist zu erwarten, daß eine qualifizierte Persönlichkeit ausreichend streßresistent ist, um im Karrierewettbewerb nicht nur erfolgreich, sondern auch unbeschädigt ans Ziel zu gelangen.

Nach eingehender Selbstbeschau stellt sich natürlich die Frage: «Wer will gerade mich?» (vgl. S. 227). Damit beginnt die Analyse des Nachfragepotentials bei Unternehmen und Behörden im Hinblick auf die formulierten Zielvorstellungen und festgestellten Qualifikationen, wie auch die Analyse der Konkurrenzsituation, d. h., daß man – soweit möglich – Informationen sammeln sollte über Mitbewerber im Hinblick auf deren Anzahl, deren Qualifikation, deren Image und deren Aktionen, mit denen sie auf Arbeitgeber zugehen. Arbeitsämter, Tageszeitungen

* vgl. Ottmar Kliem, Was Menschen erfolgreich macht, in: Harvard manager, 2/1989, S. 23 bis S. 30.

und die Fachpresse liefern eine Fülle von Arbeitsmarktinformationen. Diese müssen unter dem Gesichtspunkt der eigenen Zielvorstellungen und Qualifikationen systematisiert ausgewertet werden, um schließlich aus der Fülle der Angebote diejenigen herauszufiltern, zu denen man die größte Affinität aufweist. Erst dann kann festgestellt werden, ob die Arbeitsmarktsituation überhaupt ermöglichen wird, die Zielvorstellungen zu erreichen.

Im vierten und letzten Schritt der Karriereplanung geht es darum, die richtige Strategie und Taktik für den Ein- und Aufstieg zu finden (vgl. S. 227). Strategie heißt, in Auseinandersetzung mit der Arbeitsmarktsituation Handlungsprogramme zu entwerfen, die langfristig geeignet sind, die eigene Zielvorstellung zu erreichen oder zumindest dieses wahrscheinlich werden zu lassen. Taktik heißt, hierfür den ersten richtigen Schritt zu tun. Handlungsprogramme für eine Karriere zu entwerfen, erfordert eine mögliche Abfolge von beruflichen Schritten zu planen, die auch bei Zielkorrekturen und Veränderung der Arbeitsmarktsituation noch brauchbar sind. D. h. also von vornherein solche längerfristigen Perspektiven zu entwikkeln, die Anpassungsmöglichkeiten, Umsteigemöglichkeiten in verschiedener Richtung beinhalten. Da es im Rahmen der beruflichen Entwicklung unumgänglich ist, bestimmte Schwerpunkte zu setzen, lassen sich natürlich von irgendeinem Zeitpunkt an nicht mehr alle Alternativen offenhalten. Dennoch sollten die Schwerpunkte nach Möglichkeit so gewählt werden, daß zukunftsträchtige Anpassungen noch möglich sind. Solche Überlegungen sollten bereits während des Studiums bei der Wahl der Schwerpunkte Berücksichtigung finden. Außerdem erscheint es – auch schon während des Studiums – sinnvoll, sich durch den Erwerb von Spezialkenntnissen, d. h. also durch Differenzierung, von potentiellen Mitbewerbern abzusetzen. Dabei handelt es sich um Zusatzqualifikationen, von denen insbesondere immer wieder Sprach- und EDV-Kenntnisse genannt werden.

Schwerpunktsetzung und Differenzierung erlauben in der Regel einen Berufseinstieg, der Entwicklungen nach verschiedenen Richtungen auf der Basis erster gemeinsamer Schritte ermöglicht. Da mit der Entscheidung für die erste Arbeitsstelle einerseits Weichen gestellt werden, sich andererseits auch neue Spielräume auftun können, sollten solche Einstiegspositionen bevorzugt werden,

- mit denen Ausbildungsleistungen verbunden sind,
- die hierarchische Entwicklungsmöglichkeiten zulassen (z. B. Einstieg in Großunternehmen, späterer Wechsel in Richtung hierarchischer Besserstellung in einen Klein- und Mittelbetrieb),
- deren Ausübung als Voraussetzung für verschiedene Weiterentwicklungsmöglichkeiten gesehen wird (z. B. Vertriebstätigkeit als Voraussetzung für Tätigkeit im Marketing oder Verkaufstraining, z. B. Tätigkeit in der Kostenrechnung als Voraussetzung für Übernahme von Aufgaben in der Planung, im Controlling oder in der internen Revision).

Zusammenfassend sollte man solche Einstiegspositionen anvisieren, die horizontale und vertikale Veränderungsmöglichkeiten gleichermaßen beinhalten. Da andererseits eine gewisse Konzentration unausweichlich ist, also die Notwendigkeit besteht, verwertbare Berufserfahrung bereichsspezifischer Art zu gewinnen, sind sorgfältige planende Überlegungen erforderlich.

Am Ende einer solchen immer wieder zu revidierenden Karriereplanung steht also nicht eine Entscheidung über das, was vielleicht in fünf Jahren erst zur Entscheidung ansteht, sondern steht ein Überblick über individuelle Entwicklungsmöglichkeiten, womit die Anpassung an unvorhergesehene Entwicklungen ebenso erleichtert wird wie ad-hoc-Entscheidungen verbessert werden. Kein Lebenslauf, keine Karriere läßt sich vollständig und vollends planen in dem Sinne, daß das, was Vorstellung ist, in jedem Fall auch Realität wird; jedoch dient ein solches Vorausdenken dazu, Chancen bewußter wahrzunehmen wie auch dazu, unnötige Risiken zu vermeiden.

Tips für den Aufstieg

Was raten Männer und Frauen, die ihren Karriereweg gemacht haben und heute im oberen Segment des mittleren Managements unter anderem Personalentscheidungen zu treffen und zu verantworten haben, jungen Frauen, die sich in die Startblöcke zur Karriere begeben? Zunächst ist festzustellen, daß es – wenn auch wenige – Männer und Frauen gibt, die einer jungen Frau ausdrücklich von dem Versuch, in einem Unternehmen eine Karriere zu machen, abraten! Eine Frau sollte besser Beamtin werden, Verbandsarbeit anstreben oder sich als Unternehmerin selbständig machen, aber nicht versuchen, als angestellte Führungskraft erfolgreich zu sein, denn Frauen haben es in diesem Status in der Regel schwerer als Männer. Insbesondere einer der jüngeren Interviewpartner bezieht hier eine deutliche Position: «Ich habe eine 11jährige Tochter und kann mich deshalb sehr gut in die Situation hineinversetzen. Ich würde meine Tochter nicht in diese Richtung fördern. Sie sollte etwas anderes machen, denn als Frau wird sie wesentlich mehr verschlissen als ein Mann und kann vor allen Dingen noch schwerer als ein Mann Berufs- und Privatleben miteinander in Einklang bringen.» Das soll nicht abschreckend wirken, aber doch zumindest anregen, die eigene Position, Wünsche und Ziele zu überdenken.

Alle Männer und Frauen betonen, daß es für den Aufstieg auf den richtigen Einstieg ankommt. Damit sind Branche und Unternehmen gemeint. Die Einstiegsentscheidung sollte zugunsten eines «gesunden» Unternehmens fallen in einer «für Frauen typischen Branche, weil der Job an sich schon aufreibend genug ist; da muß man sich nicht noch eine Branche aussuchen, in der Frauen überhaupt nicht willkommen sind», so ein 44jähriger Geschäftsführer (Marketing/Vertrieb/Verkauf). Auch rät man zur Karriereplanung, die damit beginnt, daß man sich zunächst einmal fragt, ob eine berufliche Karriere mit den privaten Zielen, mit den Lebenszielen übereinstimmt. Man rät dazu, einen Zeitplan aufzustellen, der bestimmte Ziele vorgibt, so wie es die 34jährige Hauptabteilungsleiterin (Devisenhandel) beispielhaft praktiziert hat, indem sie ihre Ziele jeweils in Fünf-Jahresabschnitten erreichen wollte und sich selbst dabei zuvorgekommen ist.

Bei der Planung sollten zwei Dinge berücksichtigt und angestrebt werden: Nach Möglichkeit schon früh Auslandserfahrung zu sammeln und ein- bis dreimal in den ersten fünf bis acht Jahren der Berufstätigkeit das Unternehmen zu wechseln, um schließlich dann in ein Unternehmen zu gehen, in dem man konsequent eine ausbaufähige Führungsposition anstrebt. Direkt im Anschluß an das Studium sollte ein Großunternehmen als Arbeitgeber bevorzugt werden, nach Möglichkeit mit einer Trainée-Ausbildung, oder noch besser, mit einer Assistentenstelle; spätestens nach drei Jahren sollte dann eine Linienfunktion übernommen und nach weiteren drei bis vier Jahren das Unternehmen gewechselt werden. Neben diesen Überlegungen, die die Karriereschritte markieren, gehören natürlich ständige Weiterbildung, harte Arbeit sowie die Bereitschaft, ständig Neues anzupacken und alles auch einmal selbst zu tun dazu.

Diese Tips würde man einem jungen Mann sicher ebenso geben wie einer jungen Frau. Worauf aber muß eine Frau besonders achten, wenn sie sich auf den Karrierepfad begibt? Schließlich sollte sie sich vergegenwärtigen – so ein 43jähriger Abteilungsleiter (Marketing/Vertrieb/Verkauf/Werbung/Einkauf) –, «daß sie doppelt so hart arbeiten muß wie ein Mann, daß der kleinste Fehler ihr nicht verziehen wird, daß sie Charme haben muß.» In diesen Worten steckt das, was die meisten Männer einer Frau als Erfolgsrezept empfehlen würden, nämlich die Kombination von hoher fachlicher Qualifikation, Intelligenz und Leistung mit dem Charme und der Einzigartigkeit der Weiblichkeit in einer durch überwiegend männliche Kollegen und Vorgesetzte dominierten Umgebung. Wie schon festgestellt, sind Männer gegenüber Frauen nachsichtiger, geduldiger, verständnisvoller, höflicher, vorsichtiger, charmanter und kompromißbereiter. Es klingt fast unglaublich, aber Männer fordern Frauen tatsächlich auf, diese ihnen entgegengebrachten Verhaltensweisen für ihren Aufstieg zu nutzen! Allerdings darf nicht verschwiegen werden, daß dies ein Drahtseilakt ist, bei dem gerade jüngere Frauen wegen ihrer Unerfahrenheit leicht abstürzen können. Dennoch, dieser Rat der Männer entspricht den Erfahrungen der Frauen. Fast alle Frauen berichteten, daß, nachdem sie mit hohem Einsatz und größter Leistung die Anerkennungshürde überwunden hatten, für sie ein «Frauenvorteil» spürbar wurde, der auf ihrer Weiblichkeit und ihrer Einzigartigkeit in einer männlich geprägten Umgebung beruhte. Wenn dennoch in den Äußerungen der Frauen diese Ratschläge so explizit nicht gegeben wurden, so wohl deshalb, weil der «Frauenvorteil» für sie inzwischen etwas Selbstverständliches geworden ist.

Sicher müssen auch die Risiken bedacht werden, wenn eine Frau sehr bewußt auf ihre Weiblichkeit setzt. Um Mißverständnissen vorzubeugen: Keinesfalls soll Weiblichkeit fehlende Leistung kompensieren. Wird die Leistung erbracht, bleibt das Risiko bestehen, um eine Nuance daneben zu liegen, nämlich anzüglich oder anbiedernd zu wirken. Und daß eine solche Nuance entscheidend sein kann für Sieg oder Niederlage, das machte die Äußerung eines Mannes deutlich, der meinte, daß, wenn eine Frau zu sehr auf ihren weiblichen Charme setze, im Mann Eroberungsinstinkte ausgelöst und damit der sachlichen Grundlage für Zusammenarbeit und Verhandlung der Boden entzogen würde.

Andererseits besteht keine Notwendigkeit, Weiblichkeit zu leugnen, wie häufig in jüngster Zeit Frauenzeitschriften ihrer berufstätigen Leserschaft Glauben machen wollen. Die Hauptabteilungsleiterin (Finanzen/Rechnungswesen/Controlling) in türkisfarbener Rüschenbluse, in Sandaletten mit atemberaubend hohen Absätzen, die Personalchefin im pastellfarbenen, legeren Häkelpullover, die Marketingleiterin im schwarzen Lederrock, die Warenhausleiterin, lange blonde Haare, mädchenhaft zum Zopf gebunden, in einem, die erstklassige Figur betonenden luftigen schwarzen Sommerkleid, die modisch gekleidete Hauptabteilungsleiterin (Produktion/Forschung und Entwicklung) aus der Kosmetikindustrie, von der man auf den ersten Blick meinen würde, sie sei das Model aus der Werbung und nicht die Frau, unter deren Leitung hier produziert und geforscht wird – sie alle machen deutlich, daß eine sich auch äußerlich dokumentierende Weiblichkeit offenbar keinesfalls karriereverhindernd, sondern eher karrierefördernd wirken kann. Das hoch gelobte Kostüm als Pendant zum Anzug der Männer tauchte bei den Interviewpartnerinnen nur einmal auf, und das in modisch angepaßter Form als Hosenrock-Kostüm bei einer Frau, die als Repräsentantin der Modebranche Aktualität demonstrierte.

So betonen Frauen dann auch, daß das Wichtigste sei, sich selbst treu zu bleiben und daß eine Frau «immer versuchen solle, sie selbst zu bleiben». Die Frau mit der längsten Berufserfahrung drückt das so aus: «Eine Frau muß geradlinig sein, darf sich nicht auf krumme Sachen einlassen, nicht mit sich handeln lassen, sie muß korrekt sein, verantwortungsbewußt, pflichtbewußt. Sie muß Durchhaltevermögen besitzen, einen breiten Rücken haben und trotz der Elefantenhaut, die man notwendigerweise entwickeln muß, niemals das Gespür für Menschen verlieren. Außerdem braucht sie noch eine Portion Glück, und mir hat mein Vater immer gesagt, ‹der Mensch ist soviel wert, wie er sich gefallen läßt›.» Auch in anderen Äußerungen wird betont, daß eine Frau eine «positive Grundhaltung gegenüber den Menschen haben müsse und vor allen Dingen Freundlichkeit im Umgang mit einfachen Menschen.» Dies entspricht auch dem, was ein Mann äußert, «immer zu den Mitarbeitern freundlich sein, nicht zu den Vorgesetzten, denn auf die Mitarbeiter ist man angewiesen, auf die Vorgesetzten kann man zur Not verzichten.»

Und schließlich gibt es noch einen besonderen Hinweis von den Frauen: Vorsicht bei der Partnerwahl! Unter dem Gesichtspunkt der Karriere als Entscheidungskriterium für die Partnerwahl wird empfohlen, nach Möglichkeit, wenn überhaupt, jemanden aus der Branche zu heiraten!

6. Signale des Umbruchs – Potentiale der Veränderung

Zeiten des Umbruchs sind immer dadurch gekennzeichnet, daß es starke Kräfte gibt, die auf Veränderung drängen und Veränderungen in Gang setzen, während sich gleichzeitig die Kräfte formieren, die die Verhältnisse bewahren, die mit Beharrlichkeit die Vergangenheit in die Zukunft hinüberretten wollen.

Zu Beginn des letzten Jahrzehnts des Jahrhunderts, zum Ausgang des Jahrtausends ist viel von Revolutionen die Rede, und in der Tat, sie finden ja auch statt. Und sie sollen auch die Unternehmen verändern. Führungskräfte sollen sich darauf einstellen, daß Unternehmen kulturellen Revolutionen ausgesetzt sein werden, Führungskräfte sollen diese Situation bewältigen. Zum wiederholten Male wird gefordert, daß der Mensch in den Mittelpunkt zu rücken sei, daß der Mensch, das Humanvermögen, das wichtigste Kapital aller Unternehmen sei, nicht nur der Dienstleistungsbetriebe sondern auch der produzierenden Unternehmen. Man sagt, es wird mit einem neuen Mitarbeitertyp zu rechnen sein, der Selbstbewußtsein demonstriert, der entsprechend behandelt werden will; Befehl und Gehorsam haben endgültig ausgedient. Unternehmen brauchen mehr denn je den kreativen, selbständig denkenden Mitarbeiter.

Aber ist das so neu? Schon in den fünfziger Jahren wurde in den USA die Konformität, ein – wie es scheint – fast zwingendes Merkmal großer Organisationen, von führenden Köpfen der Wirtschaft in Frage gestellt. Da heißt es in den Vorlesungen von Crawford H. Greenwalt, dem seinerzeitigen Präsidenten von Du Pont, gehalten an der Graduate School of Business der Columbia Universität: «Conformity in behavior is a human necessity; conformity in patterns of thought a human danger» und im Vorwort: «Every human association depends on the individual; on his skills and on his acceptance of responsibilities to conduct organizational affairs with effectiveness.»

Der Gedanke, daß der Unternehmenserfolg maßgeblich auf dem basiert, was der einzelne Mensch an Fähigkeiten im Unternehmen entfalten kann, ist also gar nicht so neu. Nur der Gedanke, daß das Individuum nicht unbedingt ein Mann sein muß, der ist neu, denn die eben erwähnten Vorlesungen erschienen damals unter dem Titel «The Uncommon Man» – der eindeutig als «Mann» zu identifizieren war. Nicht die Entdekkung des mündigen Mitarbeiters mit seinen individuellen unterschiedlichen Wertvorstellungen fordert zu Veränderungen heraus, sondern vielmehr die Tatsache, daß dieser Mitarbeiter auch eine Frau sein kann und obendrein das Männermonopol auf den Führungsetagen in Frage stellt.

Es besteht gar kein Zweifel daran, daß die Mehrheit der Männer die damit für sie einhergehenden Veränderungen abwehren möchte. Diese Abwehrhaltungen kommen deutlich zum Ausdruck in den Argumenten, die benutzt werden, um klarzumachen, daß Frauen für die Übernahme von Führungsaufgaben weniger geeignet seien als Männer. D. h., daß Frauen sich darauf einstellen müssen, daß sie nach wie vor auch in Zukunft besondere Durchsetzungsprobleme, die den Männern fremd sind, gegenüber männlichen Kollegen und Vorgesetzten haben werden und daß obendrein mit dem Anwachsen weiblicher Mitbewerber zusätzliche Fallstricke gespannt werden, da offensichtlich Frauen der Umgang mit weiblicher Konkurrenz noch schwerer fällt als mit männlicher. Die Konkurrenz der Frauen untereinander – im Untertitel des amerikansichen Buches «Women versus Women» von Tara Roth Madden* als «The Uncivil Business War» bezeichnet – wird von den Frauen selbst abgelehnt, verunsichert; sie haben dazu noch keinen emotionslosen Standpunkt zwischen frauenbewegter Forderung nach Solidarität und eigenem Eliteanspruch gefunden. Noch können Frauen die Chancen, die in ihrer Einzigartigkeit in einer von Männern dominierten Arbeitsumgebung liegen, vollständig nutzen, doch werden sie lernen müssen, mit weiblicher Konkurrenz ebenso souverän umzugehen wie mit der männlichen – mehr oder weniger wohlgesonnenen – Umgebung. So ist denn nicht nur für die Männer in den Führungsetagen die Situation neu und ungewohnt, unbequem und herausfordernd, sondern ebenso für die Frauen. Die vehemente emotionale Ablehnung von Frauen, mit Frauen, insbesondere mit weiblichen Führungskräften zusammenzuarbeiten, zeigt genausoviel Abwehr wie die vorurteilsbeladenen Argumente der Männer.

Es hat sich gezeigt, daß auch die Frauen, die mit größter Selbstverständlichkeit eine Managementkarriere gemacht haben, mit der ihnen durch die Position zugewachsenen Macht durchaus noch nicht ebenso selbstverständlich umgehen. Ablehnung oder allenfalls halbherzige Akzeptanz der Macht verhindert nicht nur deren Mißbrauch, sondern beschränkt auch den positiven Einsatz im Interesse des Unternehmens, der Mitarbeiter und nicht zuletzt auch zugunsten der persönlichen Entwicklung. Daß da schon mal die heimliche Sehnsucht nach der starken männlichen Schulter ein Vakuum signalisiert – und sei es noch so klein –, überrascht nicht, ebensowenig wie der in einer extremen Belastungssituation unter Umständen blitzartig auftauchende Gedanke – wenn es einen Partner gäbe –, einfach «den Griffel fallen zu lassen». Dennoch: Wenn auch Rückzugs-

* New York 1987. (Zu beziehen über American Management Association)

und Erholungsmöglichkeiten in einer Partnerschaft fehlen, die alleinstehenden Frauen sind mit ihrer Lebenssituation überwiegend zufrieden, insbesondere wenn sie sich aus belastenden und blockierenden Beziehungen gelöst haben und den täglichen zermürbenden häuslichen Kleinkrieg durch eine ausfüllende Tätigkeit und Erfolgserlebnisse ersetzt haben. Schließlich gab es zumindest für die jüngeren Frauen keinen Mangel an Männern, wohl aber an zu ihren Ambitionen passenden Männern. Was uns Hollywood-Filme der späten 80er Jahre über Karrierefrauen glauben machen wollen, daß nämlich Verstand, Durchsetzungsvermögen und Unabhängigkeit nur in Verbindung mit dem Geld und der Macht des enterotisierten weiblichen Wesens zu denken sind, widerlegen die lebendige Weiblichkeit und erotische Ausstrahlung der attraktiven Interviewpartnerinnen. Auch die mit einem Partner zusammenlebenden Frauen betrachten die Zweisamkeit am häuslichen Herd nicht als ernstzunehmende Alternative zur Karriere, denn sie brauchen ihre Unabhängigkeit, und die gewährleistet ihre erfolgreiche Berufstätigkeit. Ebenso wie viele Männer machen diese Frauen deutlich, daß eine positive Wechselwirkung zwischen Glück und Zufriedenheit im Privatleben und Erfolg im Beruf möglich ist – wenn man nur den «Richtigen» gefunden hat.

Den starken Beharrungstendenzen sehr vieler Männer steht die Bereitschaft einer noch kleinen, aber mit Wahrscheinlichkeit wachsenden Anzahl von Männern gegenüber, die Veränderungen zumindestens zulassen. Sie spüren Veränderungen an sich und in sich, können diese zwar in den seltensten Fällen schon aktiv forcieren, bringen jedoch ihre Veränderungsbereitschaft deutlich zum Ausdruck. Dafür steht immerhin die Hälfte der männlichen Interviewpartner, die erklärte, durchaus schon einmal mit dem Gedanken an das Hausmanndasein gespielt zu haben. Dafür stehen alle die Männer, die nicht mehr vollständig davon überzeugt sind, daß es in ihrer beruflichen Umgebung grundsätzlich ein Vorteil sei, ein Mann zu sein. Dafür stehen Männer, die der Meinung sind, daß die guten Frauen sich in jedem Fall durchsetzen werden, und daß es dazu keiner besonderen frauenfördernden Maßnahmen bedarf, geschweige denn Quotierungen. Dazu gehören auch die Männer, die selbst zutiefst davon überzeugt sind, daß Frauen nicht nur einfach gut sind, sondern daß sie alle Dinge, die sie tun, intensiver und engagierter tun als Männer, die ihrerseits häufig nur auf die äußere Akzeptanz achten.

Am wichtigsten für die Frauen sind jedoch die Männer, die ihren Gedanken auch Taten folgen lassen, weil sie gerne mit Frauen zusammenarbeiten. Einer der Interviewpartner ging sogar soweit zu sagen, daß er der Auffassung ist, daß die Zusammenarbeit zwischen Männern und Frauen effizienter und effektiver, weil problemloser sei, als die Zusammenarbeit zwischen Männern und Männern und ebenso die Zusammenarbeit zwischen Frauen und Frauen. Er ist der Überzeugung, daß Männer und Frauen sich besser aufeinander einstellen können, daß Männer und Frauen mehr Rücksicht aufeinander nehmen und das zu einer Verbesserung der Atmosphäre in den Führungsetagen beitragen würde. Das ist – gemessen an den vielen abwehrenden Argumenten – eine geradezu sensationelle Einstellung, die dem entspricht, was mit der Forderung nach der androgynen Organisation gemeint ist. Die androgyne Organisation ist die Form der Zusammenarbeit, in der negative Spannungen durch gegenseitige Rücksichtnahme in ihren schädlichen Auswirkungen gemildert werden können, positive Spannungen, indem sie eine angenehme und stimulierende Atmosphäre schaffen, zum persönlichen Erfolg und zum Unternehmenserfolg beitragen.

Derartige Beziehungen zwischen Mann und Frau am Arbeitsplatz sind allerdings kaum vorstellbar, wenn – was angesichts der Anforderungen an zukünftige Manager naheliegend erscheinen mag – das androgyne Wesen zum Idealtyp des zukünftigen Managers erhoben würde. Die zumeist auf erotischer Spannung basierenden positiven Wirkungen der androgynen Organisation setzen Weiblichkeit und Männlichkeit voraus, die nicht stilisierte Fassade, sondern so authentisch ist, daß jedes Individuum ohne Verlust der eigengeschlechtlichen Identität auch seine gegengeschlechtlichen Züge in die Arbeitssituation einbringen kann.

Die Besetzung von Führungspositionen und die Rekrutierung der Führungsnachwuchskräfte kann nur dann im Sinne des Ziels, den «richtigen Menschen an den richtigen Platz» zu bringen, erfolgreich sein, wenn Frauen dabei genauso berücksichtigt werden wie Männer, wenn insofern Personalpolitik geschlechtsunabhängig gemacht wird. Andererseits darf Personalpolitik im Interesse der Qualität von Führungsentscheidungen nicht neutral sein: Wenn es tatsächlich eine weibliche Perspektive geben sollte, die auch nur um eine Nuance von der männlichen Orientierung abweicht, dann muß diese in existenziell bedeutende Unternehmensentscheidungen einbezogen werden, da solche Entscheidungen unser aller Wohlstand und Wohlbefinden betreffen. Und wenn die Zusammenarbeit von Frauen und Männern auf den Führungsetagen Konflikte entschärfen hilft, auf Problemlösungen positiv stimulierend wirkt, in diesem Sinne Entscheidungsprozesse effizienter und effektiver macht, dann muß eine verantwortungsvoll handelnde Unternehmensleitung dies bei Personalentscheidungen berücksichtigen. Und: Wenn die Beschäftigung von Frauen in Führungspositionen auch nur einen Schritt in die Richtung der Einführung des «menschlichen Maßes» im Führungskräftebereich bewirkt, dann ist die Komplementarität zu den Interessen der Männer gewährleistet, da Männer dann gleichermaßen von Karrieredruck und Familiendruck entlastet werden. Das Dilemma der Männer, gleichzeitig in erster Linie für den hohen Lebensstandard der Familien sorgen zu sollen wie auch den zeitlichen Ansprüchen, die an sie als

Partner und Väter gestellt werden, nachzukommen, wird sich nur lösen lassen, wenn die Arbeitsbedingungen im Führungskräftebereich die Bedürfnisse von Frauen und Familien in Zukunft mehr berücksichtigen. Dabei geht es nicht nur um diejenigen, die bereits ihre Karriere gemacht haben, sondern vor allem auch um diejenigen, die sie noch machen sollen oder wollen. Wenn Führungsnachwuchskräfte hinter der glänzenden Erfolgsfassade ihrer Vorbilder ein durch die Karriere belastetes oder gar zerstörtes Familienleben erkennen, dämpft das Motivation und Aufstiegswillen.

Das Gebot des Zusammenwirkens von Mann und Frau ist schließlich eines der ältesten der Welt: So findet sich schon im Tao Te King bei Lao Tse der Satz: «Erkenne das Männliche, aber bewahre das Weibliche.» Nehmen wir uns die Freiheit, diesen Imperativ als Motto für die Personalpolitik der 90er Jahre umzuformulieren: «Erkenne das Weibliche, aber bewahre das Männliche!»

Anhang: Die Interviewpartner

Der folgende Überblick erhebt keinen Anspruch auf einen statistischen Aussagewert, wenn auch Übereinstimmungen mit den Ergebnissen der schriftlichen Befragung von 1986 eine gewisse Signifikanz signalisieren. Den Lesern soll lediglich eine zusammengefaßte Information über die Interviewpartner gegeben werden; auf Einzelheiten zur Persönlichkeit wurde verzichtet, da den Interviewpartnern Anonymität zugesichert wurde.

Wie auch schon die schriftliche Befragung 1986 konzentriert sich die Interviewstudie auf angestellte Frauen und Männer im Mittelmanagement; und wie auch schon bei der schriftlichen Befragung sind – was sich aufgrund des Adressenmaterials nicht vermeiden ließ – Unternehmer mit dabei. Es handelt sich um einen Unternehmer, eine Unternehmerin und eine Frau, die über ihre familiäre Beziehung zu den Eigentümern des Unternehmens in die Position gekommen ist. Deren Positionen sind jedoch von der Größenordnung der Unternehmen her mit denen angestellter Geschäftsführer, die Tochtergesellschaften innerhalb eines Konzerns leiten, vergleichbar.

Zwei Drittel der Männer, die befragt wurden, sind in der Industrie beschäftigt. Das Spektrum reicht von der Kosmetikindustrie, Textilindustrie, Holzindustrie, Möbelindustrie, Pharmazeutischen Industrie, Baustoffindustrie, Chemieindustrie, Elektrotechnischen Industrie bis hin zum Maschinenbau. Nur ein einziger Mann ist in einem reinen Handelsbetrieb als Geschäftsführer angestellt. Ein Drittel der Männer ist im Dienstleistungsbereich beschäftigt; dazu gehören eine Beratungsgesellschaft, Banken, Versicherungen, eine Kapitalanlagegesellschaft und ein Softwarehaus. Eine deutlich andere Verteilung auf die verschiedenen Branchen zeigt sich bei den Frauen: Die Hälfte der Frauen arbeitet im Dienstleistungsbereich, ein Viertel in Handelsbetrieben und ein Viertel in Industriebetrieben. Im Dienstleistungssektor häufiger vertreten sind Versicherungen und Banken, daneben eine Public Relations-Agentur, eine Werbeagentur, ein Verkehrsbetrieb und eine gemeinnützige Organisation. Unter den Handelsbetrieben, in denen die Frauen beschäftigt sind, befindet sich ein Warenhausunternehmen, ein Einkaufsverband, ein Textilgroßhandel, ein genossenschaftlicher Handels- und Verwertungsbetrieb und ein Unternehmen des Computervertriebs. Zu den Industriebetrieben, in denen die Frauen beschäftigt sind, gehören Unternehmen des Maschinenbaus, der Möbel-, der Nahrungsmittel- und Kosmetikindustrie.

Betrachtet man die Unternehmensgrößen, so sind ein Drittel der Männer in Unternehmen mit mehr als 1000 Beschäftigten tätig, zwei Drittel der Männer in Unternehmen mit weniger als 1000 Beschäftigten, die Frauen jeweils zur Hälfte in jeder dieser Unternehmenskategorien. Was die Umsätze angeht, so ist ebenfalls eine etwa hälftige Verteilung festzustellen. Sowohl die Hälfte der Männer wie auch die Hälfte der Frauen sind in Unternehmen mit Umsätzen bis zu DM 100 Mio. p. a. und mit Umsätzen über DM 100 Mio. p. a. beschäftigt.

Nur drei der 27 männlichen Interviewpartner befinden sich auf der Abteilungsleiterebene, dagegen sind es bei den Frauen immerhin sechs von 22, die dort ihre Position einordnen. Insgesamt kann man jedoch feststellen, daß die meisten Männer (14 auf der Ebene der Hauptabteilungsleiter und 10 als Geschäftsführer bzw. Vorstände von Tochtergesellschaften) und auch die meisten Frauen (10 auf der Hauptabteilungsleiterebene und 6 als Geschäftsführer bzw. Vorstände von Tochtergesellschaften) dem oberen Segment des Mittelmanagements angehören, da alle – auch fast alle Abteilungsleiter – der obersten Unternehmensleitung unmittelbar unterstellt sind.

Die Gehaltsstatistik zeigt, daß der mit der schriftlichen Befragung von 1986 so eklatant nachgewiesene Einkommensnachteil der Frauen auch in etwa die Situation bei den Interviewpartnern beschreibt. Die Gehaltsunterschiede werden deutlich an der 150000 DM-Schwelle: 12 der Männer bleiben unter dieser Gehaltsschwelle, während die meisten Frauen, nämlich 17, hier rangieren. Anders ausgedrückt: 15 der Männer – und damit die Mehrzahl – verdienen mehr als DM 150000 im Jahr, was aber nur für 5 der Frauen – und damit für eine Minderheit der Frauen – gilt.

Wie schon in der schriftlichen Befragung von 1986 schlägt sich auch unter den männlichen Interviewpartnern nieder, daß der Bereich Marketing/Vertrieb/Verkauf ganz offenbar immer noch eine Männerdomäne ist. 11 von 27 Männern ordnen sich hier ein, was nur für 4 von 22 Frauen zutrifft. Die häufigsten Nennungen – und damit wird dokumentiert, daß es sich überwiegend um Führungskräfte des oberen Segments des Mittelmanagements handelt – finden sich bei den Männern für den Bereich General-Management (8), bei den Frauen ebenfalls (5). Immerhin haben 6 Frauen angegeben, sich in die vorgegebenen Funktionsbereiche Marketing/Vertrieb/Verkauf, Personalwesen, Produktion, Werbung/PR/Kommunikation, Finanzen/Rechnungswesen/Controlling, Einkauf/Materialwirtschaft, Forschung und Entwicklung und General-Management nicht einordnen zu können, sondern haben ihre Funktion unter «sonstiges» eingeordnet; damit war dann unter anderem die Leitung der Rechtsabteilung, die Leitung einer Stabstelle Unternehmensplanung, die Leitung des zentralen Schreibdienstes gemeint. Die von den Männern nach Marketing/Vertrieb/Verkauf und General-Management am häufigsten besetzte Funktion war der Bereich Produktion mit fünf Nennungen, dem folgten die Bereiche Finanzen/Rechnungswesen/Controlling und Einkauf/Materialwirtschaft mit jeweils vier Nennungen, dann kam das Personalwesen mit drei Nennungen und die Bereiche Werbung/PR/Kommunikation und Forschung und Entwicklung mit jeweils zwei Nennungen. Im Unterschied zur schriftlichen Befragung 1986 ließen sich bei den Frauen so deutliche Schwerpunkte, wie sie damals für die Bereiche Finanzen/Rechnungswesen/Controlling und Personalwesen ermittelt wurden, im Kreis der Interviewpartnerinnen nicht erkennen. Bei den Interviewpartnerinnen rangierte neben Marketing/Vertrieb/Verkauf mit vier Nennungen gleichrangig das Personalwesen mit vier Nennungen, gefolgt von den Bereichen Finanzen/Rechnungswesen/Controlling und Forschung und Entwicklung mit jeweils drei Nennungen und den Bereichen Produktion/Werbung/PR/Kommunikation mit jeweils zwei Nennungen.

Die Frage nach den Arbeitszeiten ergab, daß die «Regelarbeitszeit» männlicher und weiblicher Führungskräfte im oberen Segment des Mittelmanagements normalerweise 50 bis 60 Stunden pro Woche beträgt. Nur drei Frauen und drei Männer meinten, mit 50 Stunden pro Woche auszukommen und sechs Männer und sieben Frauen meinten sogar mehr als 60 Stunden pro Woche zu arbeiten.

Was den berufsqualifizierenden Ausbildungsabschluß angeht, zeigte sich ebenfalls das, was die schriftliche Befragung von 1986 deutlich gemacht hatte, daß nämlich wesentlich mehr Männer als Frauen studiert hatten. Von den 27 befragten Männern hatten 12 eine Lehre, 21 ein Studium und immerhin 8 Lehre und Studium gleichermaßen absolviert. Dies galt nur für eine einzige Frau. Von den 22 Frauen hatte nur die Hälfte studiert und die Hälfte war ohne Studium, nur mit dem Lehrabschluß aufgestiegen. Was die Voraussetzungen für die Aufnahme eines Studiums angeht, waren diese bei den Frauen anteilsmäßig sogar etwas günstiger; immerhin 8 der Frauen – und das sind 8 von 22 – hatten Abitur, was nur für 9 und damit ein Drittel der Männer galt. Dennoch haben sehr viel mehr Männer studiert, d. h.

also, auf einem irgendwie gearteten sogenannten zweiten Bildungsweg die Qualifikation zum Studium erworben.

Zum Schluß noch einen Blick auf das Alter: Das Alter der interviewten Männer lag zwischen 37 und 62 Jahren, im Durchschnitt bei gut 47 Jahren, das der Frauen zwischen 34 und 63 Jahren, im Durchschnitt um ein knappes Jahr höher, nämlich bei etwa 48 Jahren.

Die Autorin:

Prof. Dr. Sonja Bischoff studierte Betriebswirtschaft in Hamburg mit den Schwerpunkten Marketing, Wirtschaftsprüfung, Steuern. Von 1971 bis 1975 war sie Assistentin bei Prof. Dr. Wilhelm Strobel am Seminar für Allgemeine Betriebswirtschaftslehre, Wirtschaftsprüfung und Steuerwesen der Universität Hamburg. 1974 promovierte Sonja Bischoff zum Dr. rer. pol. mit einer Arbeit über Langfristplanung in Wirtschaftsprüfungsunternehmen. Seit 1975 ist sie Dozentin für Betriebswirtschaftslehre an der Hochschule für Wirtschaft und Politik in Hamburg.

1980 Veröffentlichung von Fallstudien unter dem Titel «Investitions-Management – Methoden, Fälle, Lösungen». Seit 1983 Forschungen über Männer und Frauen in Führungspositionen. Neben zahlreichen Aufsätzen 1986 Veröffentlichung der Studie «Männer und Frauen in Führungspositionen in der Bundesrepublik Deutschland – Ergebnisse einer schriftlichen Befragung» (zu beziehen über den Verlag Gruner + Jahr, Herrn Joachim Haack, Warburgstr. 50, 2000 Hamburg 36, Tel.: 040/81182139).

Foto: Gebhard Krewitt